本书受广西一流学科建设项目、广西财经学院海上丝绸之路
与广西区域发展研究院2022年度开放基金项目资助

推动中国文化产品出口增长问题研究

王洪涛 ◎ 著

西南财经大学出版社
Southwestern University of Finance & Economics Press

中国·成都

图书在版编目(CIP)数据

推动中国文化产品出口增长问题研究/王洪涛著.—成都:西南财经大学
出版社,2023.4
ISBN 978-7-5504-5206-0

Ⅰ.①推… Ⅱ.①王… Ⅲ.①文化产品—出口贸易—研究—中国
Ⅳ.①G124②F752.68

中国国家版本馆 CIP 数据核字(2023)第 020879 号

推动中国文化产品出口增长问题研究
TUIDONG ZHONGGUO WENHUA CHANPIN CHUKOU ZENGZHANG WENTI YANJIU

王洪涛　著

责任编辑:植苗
责任校对:廖韧
封面设计:何东琳设计工作室
责任印制:朱曼丽

出版发行	西南财经大学出版社(四川省成都市光华村街 55 号)
网　　址	http://cbs.swufe.edu.cn
电子邮件	bookcj@swufe.edu.cn
邮政编码	610074
电　　话	028-87353785
照　　排	四川胜翔数码印务设计有限公司
印　　刷	郫县犀浦印刷厂
成品尺寸	170mm×240mm
印　　张	15.75
字　　数	339 千字
版　　次	2023 年 4 月第 1 版
印　　次	2023 年 4 月第 1 次印刷
书　　号	ISBN 978-7-5504-5206-0
定　　价	78.00 元

前　言

伴随着 20 世纪 80 年代以来世界各国文化产业的兴起，文化贸易逐渐发展成为当今国际贸易中颇具活力的新增长点和新兴贸易领域。中国紧跟世界经济发展趋势，从战略层面高度重视文化经济和对外文化贸易发展，在不同时期提出了不同的发展目标并出台了一系列针对性的支持政策以促进我国对外文化贸易发展。自 21 世纪初以来，我国明确提出"走出去"战略并逐步构建了文化"走出去"从宏观到微观的政策体系。2005 年出台的《中共中央办公厅 国务院办公厅印发〈关于进一步加强和改进文化产品和服务出口工作的意见〉的通知》和 2006 年出台的《国务院办公厅转发财政部等部门〈关于鼓励和支持文化产品和服务出口的若干政策〉的通知》确定了我国文化"走出去"政策的基本思路和框架。2011 年，党的十七届六中全会将"文化强国"提升为国家战略，明确提出要实施文化"走出去"战略，不断增强中华文化国际影响力这一目标。党的十八大就增强国家文化软实力目标进行了战略部署。党的十九大报告指出"要坚持中国特色社会主义文化发展道路，激发全民族文化创新创造活力，建设社会主义文化强国"。党的十九届五中全会把"社会文明程度得到新提高，中华文化影响力进一步提升"作为"十四五"时期经济社会发展的主要目标之一，并提出"到 2035 年建成文化强国，国家文化软实力显著增强"的战略目标。

当今世界正经历百年未有之大变局，如何在各种文化交流、交融、交锋更加纷繁复杂的国际环境下实现从文化大国到文化强国的跨越，是当代中国面临的重大课题。推动中华文化"走出去"，提升中华文化影响力，不仅需要将中华文化对外传播的内容丰富化，也需要将传播的途径多样化，这样才能有效地产生文化的长期影响。文化产品出口作为中华文化"走出去"和提升国家文化软实力的重要传播途径，近年来在我国对外贸易中发展迅猛并在全球文化贸易中占据重要份额。根据联合国贸易和发展会议（United Nations Conference on Trade and Development，UNCTAD）统计，2002—2015 年中国文化产品出口平均增长率为 14.36%，是世界文化产品出口平均增长率的近 2 倍；2015 年中国文化产品出口额为 1 685.07 亿美元，占中国商品与服务出口总额的 7.14%，占世界文化产品出口额的 33.06%，在全球文化产品贸易领域占据举足轻重的地位①。推动文化产品出口增长不仅成为我国文化"走出去"和增强国家文化软实力的重要途径，还是我国建设文化强国的重要保障。

虽然中国文化产品出口规模取得了令人瞩目的成绩，但是相对于发达经济体来说却存在着出口产品结构失衡的突出问题，即出口的文化产品当中缺乏创新创意文化内容、附加值不高的中低端文化产品的出口数量大且保持较大顺差，经济效益显著，而图书版权、电影、音像、创意研发服务、建筑设计等富有文化创意、科技含量高、附加值高的高端文化产品出口数量较少，难以在国际文化贸易市场产生较大的文化影响，对于提升国家文化软实力的辐射作用较小。中国文化产品出口结构失衡的本质原因在于国内文化产业未实现高质量发展，对外文化产品出口贸易未实现向中高端转型升级。在当前资源和环境日益成为发展瓶颈的背景下，如何在推动文化产品出口增长过程中寻求文化出口结构向中高端转型升级以达到高质量发展，同时实现中华文化的有力传播和对外文化形象塑造是我们亟须解决的重大问题。

联合国教育、科学及文化组织（以下简称"联合国教科文组织"）的创意经济年度报告认为，文化产品不仅具有商业价值，还具有文化价值，对社会凝聚力起着重要的作用。因此，在推动中国文化产品出口增长过程中我们尤其需要注意文化产品具有经济和文化双重属性。文化产品生产中体现出的文化含量高、附加值高、关联性强、人才素质高和与知识产权保护紧密相关等特征与一般商品生产不同，文化产业发展中体现出的文化资源非稀缺性、文化资本内生性、边际收益递增性、竞争机制变化性和增长模式安全性等特性也与传统产业发展不同，因此文化贸易过程中受到的影响因素也与一般商品贸易存在着较大的差异，如进口国知识产权保护、国际文化差异、贸易成本和规模经济效应等因素正向或反向会对其产生重要的不确定性影响。如何对影响中国文化产品出口的因素进行科学判别和因势利导，是解决推动中国文化产品出口增长问题的关键和前提。解决此问题的前提，是必须认清和把握文化贸易的内在规律，尤其是厘清学术界长期争论的影响中国文化产品出口的几个重大问题。具体来说，其一是文化产品贸易受进口国知识产权保护影响的方向性问题。作为国际贸易当中与知识产权保护关联程度最强的产品领域，进口国知识产权保护到底

---

① 中国文化产品出口相关数据根据 UNCTAD 网站（http://unctadstat.unctad.org/）数据库按照现行物价和汇率水平计算的美元核算。需要说明的是，该网站数据更新到 2015 年，另 2015 年欧盟 28 个成员（含英国）的文化产品出口额为 1 710.53 亿美元。

对出口国文化产品的出口有什么样的影响？进口国加强知识产权保护是否能够真正促进出口国文化产品贸易的增长？进口国知识产权保护对进口国和出口国的福利影响是怎样的？其二是文化产品贸易受异质性国际文化市场影响的方向性问题。文化产品在跨越国界的消费过程中会对文化差异较大的消费群体同时产生"文化折扣"（cultural discount）和"偏好强化"（preference reinforcement）两种方向相反的作用与效应，不同国家之间的文化差异因素到底是文化产品贸易的有利因素还是阻碍因素，是关系到中国文化产品出口流向、国际市场定位与开拓的重要问题。其三是贸易成本影响文化产品贸易的效应问题。贸易成本是国际贸易的重要影响因素之一，但是与传统的农产品或工业制成品的贸易更多是受到运输成本、仓储保存和关税影响有所不同，文化产品具有文化或精神属性，使得其贸易更多受到的是交易成本和非关税壁垒成本的影响。当前我国文化产品出口过程中的贸易成本究竟有多大？与传统商品尤其是制造业产品贸易相比，贸易成本对我国文化产品出口的影响究竟有何不同？贸易成本如何影响我国文化产品出口的规模和流向？这些都是需要我们深入研究的重要问题。其四是我国文化产品贸易是否存在规模经济效应问题。随着新兴技术的发展以及人们对文化产品品质要求的提高，文化产业内部分工日益复杂，也更趋细化，往往需要各种文化人才的协同配合才能完成产品的创造，这就使得文化企业集体的互动和在地理上的集聚成为文化产业发展的必要条件。文化产业集聚所导致的规模经济是文化产业和文化贸易得以快速发展的重要原因，但是新贸易理论所提出的规模经济的基础是产品生产过程中存在的可复制性与批量性特征，这与文化产品本质上需要创造性的产出，追求产品本身独特性、差异性、超越性和艺术性的内在品质以满足市场个性化、小众化需求之间似乎存在着天然的矛盾。研究中国文化产品出口过程中是否存在本地市场效应，是为了探求规模经济效应是否为促进我国文化产品出口的有效因素，这有利于认清我国文化产品出口增长的动力来源是否来自新贸易理论提出的规模经济等因素，也有益于探索在传统优势资源与要素日益匮乏背景下我国文化产品出口贸易结构转型升级的有效途径。

　　本书基于文化贸易视角，在系统梳理相关文化贸易文献和分析中国文化产品出口现状的基础上，采用联合国贸易和发展会议数据库中的中国文化产品贸易对象包括工艺品、视听、设计、新媒体、表演艺术、出版和视觉艺术等文化产品的贸易数据，围绕如何推动中国文化产品出口增长这一核心问题，重点针对文献当中长期争论的进口国知识产权保护、国际文化差异、贸易成本和新贸易理论的本地市场效应四大亟须厘清的重要问题，通过模型设定和计量方法对上述问题进行机理梳理和效应检验，研究得出了影响中国文化产品出口的重要结论。详情如下：

第一，与一般货物商品相比，知识产权保护对中国文化产品出口的影响更大。作为文化产品最重要的影响因素，进口国知识产权保护对中国文化产品出口贸易主要存在市场扩张效应和市场势力效应两种方向相反的影响效应，不同的发展阶段，中国文化产品最优出口量和均衡价格不唯一。现阶段，中国文化产品在国际市场仍处于价值链的低端，未形成垄断性的优势，知识产权保护对中国文化产品出口以市场扩张效应为主。无论进口国是发达经济体还是发展中经济体，其知识产权保护水平提升对中国文化产品出口均有促进作用，但相对于发展中经济体，发达经济体的知识产权保护水平变动更能影响中国文化产品的出口。

第二，国家之间文化差异因素会导致进口国消费者对文化产品消费的"文化折扣"效应和"偏好强化"效应同时发生。对于与中国文化差异水平较小、经济发展水平相对较低的发展中经济体来说，因其消费者更多关注的是文化产品的"实用性需求"，故"文化折扣"效应凸出，即在一定范围内随着文化差异水平的不断提高，发展中经济体对中国文化产品的需求水平下降，进而对中国文化产品出口有阻碍作用；而对于与中国文化差异水平较大、经济发展水平相对较高的发达经济体来说，因其消费者更多关注的是文化产品的"体验性需求"，故"偏好强化"效应凸出，即在一定范围内随着文化差异水平的不断提高，发达经济体对能带来多样性文化体验的中国文化产品的需求水平上升，进而对中国文化产品出口有促进作用。当然，无论是发展中经济体还是发达经济体的文化差异水平应该是有度的，即在一定文化差异的范围内上述结果会发生，若超出了这个度，结果可能会出现逆转。

第三，通过构建模型对影响中国文化产品出口贸易成本的经济、地理、文化和制度等在内的诸多因素的实证检验结果显示，考察期内中国文化产品的出口贸易成本总体呈现下降趋势，中国与全球文化产品的分工贸易一体化程度越来越紧密。相对于发达经济体来说，中国文化产品出口发展中经济体的贸易成本总体上较低，但向贸易伙伴国的出口贸易成本与中国文化产品出口规模水平之间存在着"抓沙效应"，即在有限度的范围内，贸易伙伴国的贸易成本尤其是隐性贸易成本越强，越有利于中国文化产品出口规模水平的提升，贸易成本对于中国文化产品出口来说表面上是阻力，而更多时候表现出的是动力，中国文化产品正是在不断克服出口贸易对象经济体存在的各种形式贸易成本的过程中获得了出口竞争力水平的提升。文化产品之所以表现出与主观判断不一样的结果，除了与其自身具备兼顾经济与文化双重属性特质有关系外，也与其中很多产品具有"异质性"特征有关系。

第四，传统贸易理论不能较好地解释中国文化产品贸易，以新贸易理论为代表的本地市场效应所体现出来的规模经济正逐渐成为推动中国文化产品出口贸易快速发展的重要因素。中国在对美国文化产品出口过程当中除了新媒体和出版两类文化产品以外，其在整体文化产品和包括工艺品、视听、设计、表演艺术及视觉艺术五类文化产品的出口中均存在本地市场效应，可见本地市场效应已经逐渐取代要素禀赋优势成为中国文化产品出口优势形成的重要来源。

第五，本书依据实证检验得出的基本结论提出了新时期进一步将文化创意与现代科学技术、现代传播手段、现代叙事方式有机结合，丰富其文化内涵和时代价值，促进中国文化产品出口转型升级，提升国际文化贸易市场竞争力，加快中华文化更好地"走出去"，推动中国文化产品出口增长的对策与建议。

本书的创新之处在于：一是在文化产业发展过程中对传统生产方式的跨越和扬弃进行创新性分析与总结的基础上，对文化产品贸易过程当中表现出的相对于传统商品贸易的不同特质进行拓展性的深入研究；二是对进口国知识产权保护、国际文化差异、出口贸易成本和新贸易理论的本地市场效应等对中国文化产品出口具有重要影响效应但是作用方向判断不明的四大类因素进行检验，从实证角度解决了理论认知问题；三是将新贸易理论和文化贸易理论与中国文化产品出口实践相结合，探索促进中国文化产品出口的主要途径和具体方法；四是运用国际贸易理论、新贸易理论、文化经济学、文化产业学、文化传播学和产业经济学等多元学科知识，结合面板数据和计量工具实证研究问题，突破了传统单一学科、定性方法为主的研究思路和方法，丰富了国际文化贸易的研究成果。

王洪涛

2023 年 2 月 16 日

目　录

第一章　导论

第一节　研究背景与意义

一、研究背景

文化贸易是伴随着 20 世纪 80 年代以来全球文化产业的兴起而快速发展起来的一个新兴贸易领域。文化产业是在世界经济逐步由物质形态向文化形态转型的背景下，在工业化和信息化充分发展的基础上发展起来的一种新兴经济业态，它所具有的鲜明知识产权特征以及表现出的能够集文化创意、科技创新和经济效益为一体的促进关联产业向价值链高端攀升、推进产业跨部门强力渗透及深度融合的功能，使得文化产业逐渐显现出比传统经济业态更强劲的经济发展推动力。这也使得世界各国政府高度重视文化产业，纷纷将其作为促进本国经济发展的战略性或支柱性产业加以发展。于是，伴随着世界各国文化产业的兴起，文化贸易成为当今国际贸易当中快速发展、颇具活力的新增长点。

2000 年以后，中国文化产业进入快速发展期，国家从战略层面高度重视对外文化贸易的发展。党的十七大报告明确指出将"激发全民族文化创造力，提高国家文化软实力"作为文化发展目标，党的十八大也明确提出让文化"走出去"，并增强国家文化软实力的战略目标，这是国家增强自身文化软实力的重要战略部署。此外，政府还制定出台了一系列政策和措施以推动文化产品和服务的出口。2014 年国务院出台的《国务院关于加快发展对外文化贸易的意见》明确提出提升我国文化贸易整体实力和竞争力，扩大文化产品和服务在国际市场份额的要求。实践当中，中国对外文化贸易尤其是出口贸易高速增长，并在全球文化贸易当中占据重要份额。根据联合国贸易和发展会议的统计，2002—2015 年中国文化产品出口平均增长率为 14.36%，是世界文化产品出口平均增长率的近 2 倍；2015 年，中国文化产品出口额为 1 685.07 亿美元，占我国商品与服务出口总额的 7.14%，占世界文化产品出口总额的 33.06%，略低于欧盟 33.50% 的水平，是世界文化产品出口的第二大经济体①；同年，中国文化产品进口额为 147.77 亿美元，进出口贸易额为 1 832.84 亿美元，占世界文化产品贸易总额的 19.01%，是继欧盟之后的第二大文化贸易经济体②。

二、研究的理论价值

在全球文化贸易发展过程当中，有 4 个对文化贸易产生重大影响的问题亟须我们重视并从理论上梳理清楚。尤其是对于中国这样一个致力于促进中华文化"走出去"的国家而言，深入研究这 4 个问题可以更加清楚地认清对文化产品出口具有重要影响因素的作用机制和影响方向，这对于中国文化产品出口无疑具有非常重要的理论价值。这 4 个问题包括文化产品贸易受进口国知识产权保护影响的方向性问题、文化产品贸易受异质性文化市场影响的方向性问题、贸易成本影响文化产品贸易的效应问题和文化产品贸易是否存在规模经济效应问题。

（一）文化产品贸易受进口国知识产权保护影响的方向性问题

文化产业与知识产权保护有着最为密切的关系，文化产品最核心的东西是创新和创造力，这些创新和创造力必须是独特的、原创的、有价值的，而知识产权制度正是从产权和法律的角度对人类基于智力的文化活动进行激励的制度性设计。因此，文化产业的存在和发展是建立在知识产权保护的基础之上的，一旦知识产权保障力度不足，文化过程中所有智慧和精力的耗费都有可能白费。特别是文化产业当中诸如软件、动漫、作品、歌曲等都具有无形性的特点，产品创造成本高、投入大，但是易复制且复制成本低，若没有知识产权的保护，互联网传播时代其受到侵权伤害的概率非常大，文化主体的合法权益就得不到保障。

然而，在与贸易相关的知识产权保护理论研究方面，学者们却存在着一定的分歧。学者们常用南北贸易模型来研究与贸易相关的知识产权保护问题：以 Markusen（2001）为代表的经济学家认为，南方国家强化知识产权保护的行为能够鼓励北方企业的创新，阻止南方企业的模仿，有利于南北双方贸易流量的增加；以 Helpman（1993）和 Deardorff（1992）为代表的经济学家则认为，虽

---

① 根据 UNCTAD 网站（http://unctadstat.unctad.org/）资料整理，按现行物价和汇率水平计算的美元来衡量。

② 2015 年欧盟 28 个成员（含英国）的文化产品出口额为 1 710.53 亿美元，进口额为 1 697.36 亿美元，贸易总额为 3 407.89 亿美元。

然南方国家保护知识产权的行为短期内能够获得上述效果，但是长期则会导致北方创新企业市场力量的强化，降低北方企业的创新积极性与技术革新率，南方国家的福利水平也会受损，而当这种严格的保护涵盖整个南方国家时，对于世界整体经济增长和福利水平增加并无益处。

作为国际贸易当中与知识产权保护关联程度最强的产品领域，进口国知识产权保护到底对出口国文化产品的出口有什么样的影响？进口国加强知识产权保护是否能够真正促进出口国文化产品贸易流量的增加？会对进口国和出口国的福利各自造成什么样的影响？这些都是需要我们进一步分析与研究的问题。

（二）文化产品贸易受异质性文化市场影响的方向性问题

在文化贸易过程当中，其最终的产品价值可以体现为使用价值和观念价值。前者体现为客观的具有一定使用功能的商品特性，这是商品的物质基础；后者是因文化渗透而生，蕴含的是文化的观念，可以被消费者主观体会和感受（也可以理解为消费者的心理效用）。在全球化时代，技术交流与扩散的速度加快，文化产品中的"精神性"观念价值所占比重越来越大，文化产品中所包含的一些无形附加物如品位、感受、情趣、意味等则更是消费者大力追求的东西。正是因为全球化时代消费者更多是关注文化产品的观念价值，所以造成文化产品在贸易过程当中表现出的与传统商品所不同的特征之一就是受不同文化背景的消费市场的影响巨大。

从表象上看，文化背景相异较大的国家或地区相对于文化背景相同或相似的国家或地区之间的文化贸易流量较少。很多学者认为，造成这种结果的原因大多数主要是"文化折扣"现象的存在。理论界对于"文化折扣"的通常理解是，因文化背景差异，文化产品不被其他不同文化地域的民众认同或理解而导致其内在文化价值的降低。显而易见，文化产品价值降低的部分主要是其观念价值部分。从文化产品的市场需求角度来看，进口国消费者对来自不同经济体的文化产品当中所包含的文化内涵、价值观念、生活方式、环境制度等诸多文化元素不熟悉，很难引起自身思想与情感的"共鸣"，对文化产品认可的程度自然会削弱，因此诸多学者认为"文化折扣"会降低对文化差异背景较大国家或地区的文化产品需求。比如，Kogut 和 Singh（1988）提出了国家文化距离综合指数的构建方法，并认为国家文化距离综合指数越小，"文化折扣"也就越低；Ferreira（2010）认为两国语言越相近，文化贸易额相对就越大。

但是，也有学者持相反观点，并不认为文化产品贸易所表现出来的现象就是事物的本质。例如，Linders（2005）认为，国家文化距离与贸易额呈现正方向变动，他的理由也很充分，认为进口国不需要内容相同的文化产品。部分学者坚持认为，在注重体验性需求的时代，消费者对文化产品的个性需求很强，这就要求文化产品在文化内涵、风格、基调、艺术特色等诸多方面具有更多的差异性。另外，也有学者从生产者角度得出相似的观点。他们认为，文化产品在生产过程中对独特性与超越性的追求是其产品本质的要求，它的产品价值就是要突破常规，带来新奇的艺术审美体验，激发新的消费欲望，创造新需求，赢得市场；而且在虚拟化、数字化的时代，人们获取信息资源的渠道和便利程度增加，思维和想象力跳出传统束缚的需求更强，这本身对于文化产品差异化程度的需求也会更强。

以上学者持有的相反观点似乎都有一定的道理。由此可见，国家之间的文化差异因素到底是文化产品贸易的有利因素还是阻碍因素，是关系到文化贸易未来发展流向和文化产品市场定位与开拓的重要问题。

（三）贸易成本影响文化产品贸易的效应问题

贸易成本是国际贸易的重要影响因素之一，但是与传统的农产品或工业制成品的贸易更多是受到运输成本、仓储保存和关税影响有所不同，文化产品贸易更多是受到交易成本和非关税壁垒成本的影响。

文化产品当中除了工艺品中的部分产品属于传统的以制造业为主的实物商品以外，视听、设计、新媒体、表演艺术、出版和视觉艺术等大部分文化产品属于内容商品，特别像电影和设计等产品，更多的是因为其融入了"文化"元素而存在的，其产品价值一般是以无形的思想或文化体现出来的，其观念价值均远高于其使用价值。这些产品易于运输或流动，在互联网、卫星等现代技术已经广泛应用的背景下，借助现代化的交通工具和交流工具，交换或交易是可以瞬间完成的事情，几乎不存在交通运输成本，其产品成本更多是体现为买卖双方为达成交易的完成而产生的一系列交易成本。

另外，文化产品贸易当中所体现出的除经济功能以外的文化功能和政治功能对于进口国政府来说是非常敏感的问题。Singh（2007）认为，发展中国家可以利用对外文化贸易出口提高自身的"软实力"，通过这些文化的声音提高其政治地位。无论是发达国家还是发展中国家，很多进口国出于对各自文化保护的目的，对兼具经济与文化双重属性的文化产品采取较为谨慎的保护性政策。例如，以法国和加拿大为代表的国家联合推动联合国教科文组织通过了《保护和促进文化表现形式多样性公约》，对事关敏感的文化贸易采取更为严格的配额制度，还有一些国家利用WTO（世界贸易组织）协定下的"文化例外"条款对包含文化的各种文化产品实施限制。2002年，中国与东盟为降低关税和减少贸易限制措施而签署了《中华人民共和国与东南亚国家联盟全面经济合作框架协议》，将涉及国家安全、人类健康、公共道德、文化艺术保护等领域相关产品直接列为允许例外产品。因此，与传统的贸易商品相比，非关税壁垒成本也是文化产品贸易成本的最重要组成部分。

文化产品贸易中的贸易成本究竟有多高？与传统商品尤其是制造业产品贸易相比，贸易成本对文化产品贸易的影响究竟有何不同？这些都是需要我们深入研究和分析的重要问题。

（四）文化产品贸易是否存在规模经济效应问题

贸易的起因是国际贸易理论一直探索的重要问题。以亚当·斯密（1776）和大卫·李嘉图（1817）为代表提出的古典贸易理论认为，以劳动生产效率为体现的技术差异造成的产品成本差异是贸易的起因；以瑞典经济学家赫克歇尔（1919）和俄林（1933）为代表提出的要素禀赋理论则认为，各国由资本与劳动的比例构成的要素禀赋差异造成了要素价格的不同，又导致各国生产过程当中产品成本的差异，进而形成国际的贸易。但是传统的贸易理论在解释国际"产业间贸易"现象的时候合乎情理，而在解释相同产业内部之间的"产业内贸易"问题时却较为牵强。经济学家莫瑞·坎姆在1964年借鉴北北贸易模型说明了规模经济的存在可以导致国际贸易，解释了为什么贸易也可以发生在两个技术相同、资源禀赋相同，甚至消费者需求偏好相同的国家之间。以克鲁格曼（1985）为代表的经济学家从规模经济与垄断竞争的角度较为完整地解释了"产业内贸易"的现象，从而构建了新贸易理论。

很多学者认为，作为文化产品贸易基础的文化产业应具有产业集群的特征，因为随着新兴技术的发展以及人们对文化产品品质要求的提高，文化产业内部分工日益复杂，也更趋细化，往往需要各种文化人才的协同配合才能完成产品的创造。这就使得文化企业集体的互动和在地理上的集聚成为文化产业发展的必要条件，而文化产品贸易恰恰极有可能诱发一国文化产业在集聚的过程当中发生规模效益递增的现象，产生本地市场效应（home market effects）[①]。因此，这些学者认为，规模经济理论可以用来分析文化产品贸易，且文化产品贸易更多是发生在经济水平相近国家之间的"产业内贸易"，甚至有时已经体现出"产品内贸易"的特征，传统贸易理论已经不能很好地解释全球范围内

---

① 关于"home market effects"的译法问题，国内以梁琦（2004）为代表的学者将其译为"本地市场效应"，而以张帆和潘佐红（2006）为代表的学者则将其译为"本土市场效应"。钱学锋和梁琦（2007）认为，在国际贸易中，将其翻译成"本土市场效应"或"国内市场效应"是没有问题的，但翻译成"本地市场效应"，其应用范围将不仅适用于国际贸易，还适用于一国内部次级区域之间产生贸易的情况。本书赞成并借鉴钱学锋和梁琦（2007）的观点。

的文化产品贸易，规模经济正是导致文化产品贸易快速发展的重要原因。

但是，也有学者认为，文化产品当中如戏剧演出、电影、建筑设计等文化产品本质上需要创造性的产出，独特性与超越性是其产品追求的重要内在品质，不存在批量生产的特征，产品提供的差异化和多样化是其满足市场需求以获得价值回报的本质要求。因此，文化产品贸易当中不存在规模经济特征或现象。

学者们持有的相反观点似乎都具备合理的逻辑和论据，但是观点明显对立。故从理论上梳理此问题，有助于我们对国际文化贸易模式形成原因问题的探索以及解决一国文化产业发展模式与比较优势构建的问题。尤其是对于劳动力出现"用工荒"现象和环境因素成为发展瓶颈的发展中国家来说，传统优势资源与要素已经不能为贸易的可持续发展提供支撑，寻找贸易结构的转型和升级已经成为对外贸易发展的必然。作为贸易结构转型和升级重要着力点的文化产品贸易，是否存在新贸易理论提出的规模经济效应，或者说哪些类型的文化产品存在着较为明显的规模经济效应？对此问题的研究和探索将会成为中国文化产品出口发展和贸易结构转型升级的关键。

总之，在全球文化贸易快速发展的大背景下，在梳理国际文化贸易理论的基础上，深入研究中国对外文化贸易中占比最大的文化产品出口增长问题，即知识产权保护、文化差异等与文化贸易紧密相关的因素是通过什么途径或机制影响中国文化产品出口的？影响的方向到底如何？我国文化产品出口是否具有新贸易理论指出的本地市场效应？如何培育新贸易理论下的本地市场效应优势参与全球文化产品分工，以促进中国文化产品和中国文化更好地"走出去"？都是具有重要的理论价值和现实意义的。

三、研究的现实意义

中国文化产品出口贸易快速发展的背后，应当是诸多影响因素的共同推动，然而，目前国内针对中国文化产品贸易问题的研究主要集中在文化产品出口的现状、存在的主要问题、贸易模式等理论分析，较少涉及其产品出口影响因素问题的研究，尤其是缺乏用实证方法对其出口影响的研究。本书将在对中国文化产品出口发展现状进行深入分析的基础上，借助一系列进出口数据，重点检验包括文化差异、知识产权保护和本地市场效应等影响中国文化产品出口的重要因素对其作用机理及效果水平；同时，在结合评价分析及实证检验的基础上，针对发现的问题提出推动中国文化产品出口的政策选择与对策措施。

（一）有助于我国重要贸易商品出口问题的研究

一个国家或地区的重要商品贸易变动往往会引起其国际贸易商品结构的较

大变化，并对其对外贸易产生重大冲击和影响。深入研究文化产品出口问题及其影响因素，有助于深化对我国贸易有重要影响的贸易商品出口问题的研究和探索。20世纪90年代之前，中国初级产品占据对外贸易出口的大部分份额，如何促进中国工业制成品的对外贸易发展成为学者们的研究重点。东南亚经济危机之后，中国工业制成品逐渐成为其对外贸易的最重要商品，但是由于中国参与国际分工及对外贸易的增长依旧没有摆脱粗放型贸易发展模式，劳动密集型商品占比过大、产品附加值过低、生产过程当中环境污染过大，当中国"人口红利"逐渐消失、资源和环境逐渐成为发展的瓶颈之时，探索提高生产要素质量和效率的集约型对外贸易发展模式就成为学者们的研究重点。文化产品贸易具有的知识产权和高附加值特征以及对相关产业的高整合与优化性功能，完全符合我国集约型对外贸易发展的方向和要求。然而，中国文化产品的出口在国际文化产品市场当中的真实情况是怎样的？什么因素在影响着中国文化产品出口的进一步发展？知识产权保护、文化差异等这些与文化产品紧密相关的因素是如何影响其对外出口的？具体机制如何？中国文化产品出口是基于传统的要素禀赋优势还是基于新贸易理论所倡导的规模经济优势？对这些问题的研究有助于探索新时期我国重要贸易——商品贸易尤其是出口发展的途径和促进贸易发展方式转变的有效路径。

（二）有益于增强中国"文化软实力"和促进文化"走出去"战略的实施

文化产品不仅具有商品属性，还具有精神与意识形态属性，文化产品对外贸易不仅能够实现经济功能，还是对外意识形态、文化理念和价值观念传播的有效载体。西方发达国家都把以文化产品为核心的文化贸易作为增强本国"文化软实力"的重要途径，如美国通过对图书、音乐、动画、电影、游戏、体育、主题公园等产品的开发和对外销售，不仅为本国带来了巨大的经济利益，更是将美国文化、极具个人主义色彩的价值观念和美式民主观念在全球进行了推广，展示了其渗透力极强的文化软实力。因此，全球化背景下的文化产品贸易具有经济和文化两层重要意义。中国已经确立了增强自身"文化软实力"和促进文化"走出去"的重大发展战略，而实现其发展目标的关键途径就是推动中国文化产品出口并在国际文化产品市场当中占据重要份额。深入研究中国文化产品出口及其影响因素，不仅有助于中国文化产品出口的有效提升、份额的扩大，从而实现外贸经济的健康发展，更有助于向世界传播具有深厚底蕴的中国文化，让世界人民享受中国文化成果，扩大中国文化的影响力，塑造国家文化名片，使我国在世界诸多领域获得更大的影响力和话语权，有益于提升中国"文化软实力"和促进文化"走出去"战略的实施。

（三）有利于探索全球生产网络背景下中国文化产业发展的途径

文化产品出口既是一个国家对外贸易综合实力的重要组成部分，又是产业、企业和产品优势的集合。当前，生产体系已经从封闭走向开放，从区域走向全球，产业、企业和产品优势的获取和不断提升不仅取决于该国生产力发展水平、要素禀赋、市场需求、文化传统、企业治理结构、政府政策和法律状况等因素，更取决于在全球生产网络体系下对全球要素的优化协调能力和对文化需求市场的精准把握水平。全球生产网络发展背景下，中国如何综合运用全球优势文化资源，将各国所拥有的资本、技术、信息和知识等高级生产要素与低成本劳动力等初级要素，以自我为中心，按照文化产品的不同生产环节或工序配置到具有不同要素禀赋的国家和地区，构建分工合理的"生产链"和"价值链"，同时把握全球文化需求市场，完成文化产品的"价值创造"，实现本国文化产品在全球生产贸易体系下的利益最大化，这是推动中国文化产品出口增长的关键。本书所做研究有利于探索基于全球生产网络背景下，中国文化产业发展从产品分工转向要素分工，贸易模式从产业间贸易向产业内贸易转变的合理途径与方式。

第二节　研究思路、内容与方法

一、研究思路

本书遵循现代经济学分析思路，整体框架分为理论分析和实证检验两个部分，其中理论分析主要研究中国文化产品贸易发展现状、出口宏观环境、结构演变和发展趋势，实证检验主要研究进口国知识产权保护、国际文化差异、贸易成本和本地市场效应等因素对中国文化产品出口影响机制和作用方向。最后，在得出基本结论的基础上，本书给出推动中国文化产品出口增长的对策与建议。本书研究路线如图 1-1 所示。

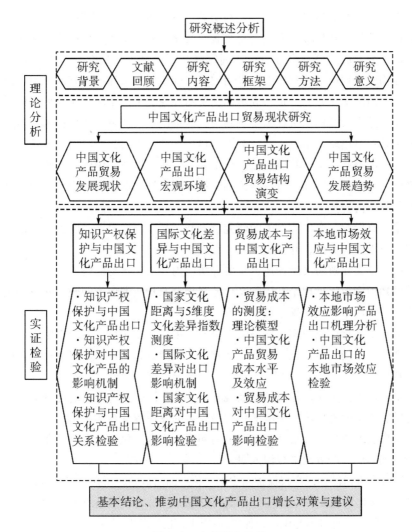

图 1-1　本书研究路线

二、研究内容

本书主要研究推动中国文化产品出口增长问题，即在研究当前中国文化产品出口贸易发展现状、出口宏观环境、出口产品结构演变和发展趋势的基础上，重点运用模型构建和实证检验方法研究长期以来困扰中国文化产品出口的四项重要因素对其作用机制和影响效应，即进口国知识产权保护、国际文化差异、贸易成本和本地市场效应四种因素对中国文化产品出口的影响。

研究的框架结构主要是：①梳理分析与文化产品出口相关的理论与文献；

②对中国文化产品出口发展现状进行分析，主要包括文化产品贸易发展现状、文化产品贸易宏观环境、文化贸易政策、文化产品出口贸易结构演变和文化产品出口未来发展趋势五个方面；③利用联合国贸易和发展会议数据库相关数据，在构建系列模型的基础上，采用实证检验分析方法深入研究进口国知识产权保护、国际文化差异、贸易成本和新贸易理论的本地市场效应四种因素对中国文化产品出口的作用机理和影响效应，这也是本书的重点部分；④在前期研究的基础上给出基本结论，并针对性地提出推动中国文化产品出口增长的政策与建议。本书有九章，其研究范式突出表现为研究概述、中国文化产品出口发展现状、影响因素实证分析、结论和对策等现代经济学研究的基本逻辑和框架结构，具体内容如下：

第一章导论，主要对本书的研究背景与意义，研究思路、内容与方法，研究的创新点进行介绍，并指出本书存在的不足等。

第二章文化贸易文献评述，主要介绍国内外文化贸易的研究现状、与贸易相关的知识产权保护理论和国际文化差异理论及相应的成本问题，并对新贸易理论中的本地市场效应理论展开研究。

第三章文化产业与文化贸易发展特质，主要介绍文化产业的概念界定与分类、文化产业的发展特征与功能、文化产业发展方式的特质、文化贸易发展方式的特质。

第四章中国文化产品出口发展现状，主要从国际文化贸易统计分类，文化贸易发展的国内外环境，中国文化贸易政策的发展演变与体系构成，中国文化产品出口发展历程、贸易结构与竞争力测度，中国文化产品出口存在的主要问题与发展趋势五个方面进行深入研究。

第五章进口国知识产权保护与中国文化产品出口问题研究，主要研究知识产权保护与文化贸易关系、知识产权保护强度测度、知识产权保护对文化贸易的影响机理，并针对进口国知识产权保护对中国文化产品出口影响进行了实证检验。

第六章国际文化差异与中国文化产品出口问题研究，主要包括国际文化差异与文化贸易关系、国际文化差异水平测度、国际文化差异对中国文化产品出口影响的机理与实证检验、文化差异背景下中国文化企业对"一带一路"沿线国家和地区出口分析等内容。

第七章贸易成本与中国文化产品出口问题研究，主要包括贸易成本构成与测度方法评述、贸易成本测度模型构建、中国文化产品出口贸易成本的水平测度与增长效应、中国文化产品出口贸易成本的影响因素检验、出口贸易成本对中国文化产品出口影响的实证检验等内容。本章重点研究了贸易成本对中国文化产品出口竞争力的影响，在传统测度贸易成本的基础上提出创新的成本理论模型，并以此对中国文化产品出口贸易成本的水平及效应进行实证检验，进而研究中国文化产品出口贸易成本变动对中国文化产品出口的影响。

第八章本地市场效应与中国文化产品出口问题研究，主要对本地市场效应与国际贸易、本地市场效应存在性检验模型与方法、本地市场效应对文化产品出口影响的机理展开研究，并从整体层面和分行业层面对中国文化产品出口中的本地市场效应存在性进行检验，旨在检验中国文化产品出口发展过程当中是否存在本地市场效应，进而为推动我国文化产品出口提出针对性政策建议。

第九章基本结论、策略建议与研究展望，在对相关研究结论进行总结的基础上，为推动中国文化产品贸易出口提供有针对性的对策建议，并结合本书特点，指出研究存在的局限，提出进一步的研究展望。

三、研究方法

本书以国内外关于文化产品贸易问题的相关研究为基础，对中国文化产品出口及其影响因素问题进行系统性归纳和梳理；综合运用国际贸易学、文化经济学、国际经济学、产业经济学、文化传播学等相关学科理论，采用系统分析、实证分析、分类分析相结合以及静态与动态分析相结合等方法，在对中国文化产品出口现状分析的基础上，对影响中国文化产品出口的因素进行了较为深入的研究。具体研究方法的特点如下：

（一）在宏观分析框架下注重微观基础研究

本书在宏观层面分析知识产权保护、国际文化差异和本地市场效应对中国文化产品出口影响的同时，还注重从微观类别产品和细分市场角度寻找文化产品出口的影响因素；同时，在考虑总体影响因素对文化产品出口影响的同时，还考虑个体文化企业的生产贸易决策与行为对出口的影响，在宏观分析框架下进行微观机理的探讨，以期得出更为直接的结论和更具操作性的对策与建议。

（二）以实证分析为主，结合运用规范分析

本书在对中国文化产品出口分析的基础上，运用联合国贸易和发展会议数据库中的文化产品出口相关数据，采用适当的实证检验方法对相关问题进行实证分析，力求得出中国文化产品出口更为精准的科学结论；同时，对各种因素对中国文化产品出口的作用机制等问题进行规范分析。

（三）纵向历史剖析和横向产品分类比较研究相结合

本书主要对中国文化产品出口的演进发展进行纵向历史分析，以文化产品包含的详细分类进行横向比较，同时也对其他发达经济体和发展中经济体①的

---

① 发展中经济体是指工业化程度大幅度增长的经济体。

文化产品出口情况进行对比分析，为研究中国文化产品出口问题提供了两个参照系。

第三节　研究创新点

本书在对中国文化产品出口数据观测、梳理与分析的基础上，对影响中国文化产品出口的四大影响因素进行机制分析与实证检验，这有助于对当前中国文化贸易强国建设的推进问题进一步深化并促进中国文化产品出口增长。本书的创新点主要体现在以下三个方面：

一、研究视角的创新

本书以较为先进的文化贸易理论、新贸易理论和新新贸易理论为视角，以提升中国"国家文化软实力"和促进中华文化"走出去"的实践需要为导向，研究解决学者们在促进中国文化产品出口增长研究中未达成共识的一系列重要问题，以实现理论突破与实践指导耦合发展，具有较强的开拓性与创新性。

二、研究内容的创新

本书对知识产权保护、国际文化差异、出口贸易成本和本地市场效应等对中国文化产品出口有重要影响但效应结果认识不明朗的因素进行检验，从实证角度解决上述理论领域长期认知不明确的问题；同时，对中国文化产品出口提升过程当中是否存在本地市场效应进行检验，并构建了新贸易理论（IRS）框架下研究中国文化产品出口问题的理论基础，针对未来中国对外贸易结构升级背景下的文化产品出口发展目标、重点领域、机制、模式和对策等问题进行综合研究，为中国文化产品出口问题研究搭建新框架。

三、研究方法的创新

本书以新贸易理论、文化产业学、文化经济学、民族文化学、文化传播学、产业经济学等学科为理论框架，综合运用多元学科知识，采用面板数据和计量工具并结合经济学规范分析方法对中国文化产品出口影响因素进行深入研究，突破了以定性方法研究中国文化产品出口问题的传统方法，得出的结论也更具科学性和说服力。

第二章　文化贸易文献评述

第一节　国内外文化贸易的研究现状

目前，国内外对文化贸易的研究主要集中在中国文化产品贸易发展现状、影响因素和贸易竞争力三个方面，其中关于文化产品贸易影响因素的研究是最为重要的核心领域，因为相对于传统货物贸易商品，文化产品贸易呈现出更多的易受其他因素影响的特征。识别各类因素的作用机制和影响方向，是一个国家有效开展文化产品贸易的重要前提。

一、关于文化贸易发展现状的研究

Florida 和 Richard（2002）、Jones 和 Peteretal（2004）、Markusen（2006）、厉无畏（2006）、刘晓惠（2007）以及张京成（2007）等人对文化产品国际贸易发展的特点和发达国家促进文化产品贸易的发展经验进行了分析和介绍；白远和陶英桥（2009）、何伟和常深（2009）、曲如晓和董程（2012）等人针对中国文化产品贸易现状进行了分析，研究表明中国文化产品对外贸易发展较快，竞争力提升迅速，并在世界文化产品贸易中占据重要位置，但存在商品结构单一、文化服务贸易逆差等问题；李嘉珊（2007）对中国与英国文化产业发展及对外贸易状况进行了分析，结果表明中国文化产业已经初步形成规模，但文化贸易的逆差现象在短时期内不能克服；聂聆和薛元（2012）对中国与东盟文化商品贸易的比较优势与分工模式进行了研究。

二、关于文化贸易影响因素的研究

Marvasti（1994，2005）、Schulze（1999）、Hanson 和 Xiang（2008）、Gabriel 和 Farid（2009）、Disdier（2010）等人分析了诸如共同语言、殖民关

系、国界毗邻、宗教信仰、和平年代、文化相似性等变量对文化贸易的影响；Head（1998）、Kogut 和 Singh（1988）、Hofstede（2001）、Linders 等（2005）、White 和 Tadesse（2008）、Nicola（2009）等人从"文化距离"的角度研究了文化差异对文化贸易的影响效应；赵有广（2007）、周锦和顾江（2009）、曲如晓和韩丽丽（2010）、张宏伟（2011）、方惠（2012）等人针对中国文化贸易影响因素进行了深入的研究，研究表明对象国的经济水平、产业规模、市场发育度、国土面积、共同的语言和与中国的文化距离对中国文化产品贸易有正向影响，而地理距离、贸易条件对中国文化产品贸易有反向影响；戴翔（2010）对创意产品贸易决定因素以及其对双边总贸易的影响进行了系统性研究，认为世界文化产品贸易具有的消费偏好的传递性，对后期的文化产品贸易具有明显的促进作用。

三、关于文化贸易竞争力的研究

胡飞和葛秋颖（2009）运用一系列贸易指数将中国与英国、美国等发达国家文化产品贸易的国际竞争力进行了对比；尚涛（2010）对 1996—2006 年的中国文化商品贸易情况进行了分析，认为中国文化商品的比较优势和国际竞争力较强，并且有进一步增强的趋势，但文化服务整体则处于比较劣势，国际竞争力较弱，且劣势在进一步增加；周经（2011）运用显示性比较优势指数和产业内贸易指数发现，发达国家在文化产品贸易中占据主导地位，但发展中国家的潜力巨大；尚涛（2011）通过对 1996—2006 年的数据分析认为，中国的文化产品在高文化附加、资本和技术密集型产业部门的国际竞争力低下，具有低收入发展中国家的典型特征；曲国明（2012）运用显示性比较优势指数（RCA）和贸易竞争力指数（TC）并根据"钻石"模型剖析了中美两国文化产业的国际竞争力，认为中国文化产品依靠低成本优势提升了较强的国际竞争力水平，但目前仍处于初级形态，文化服务竞争力虽然有了一定程度的提高，但相关的资源优势还没有被充分利用，依然停留在较低水平；周升起和兰珍先（2012）针对中国文化及相关产业服务的国际竞争力进行研究，认为中国文化及相关产业服务的国际竞争力整体仍处于较低水平，但近年来上升趋势明显；李红和章超斌（2012）针对中国文化产品贸易竞争力的研究表明，中国在工艺品、设计、音乐和新媒体等文化产品的贸易有显著的国际比较优势，但在文化服务及一些包含大量文化元素在内的产品的国际竞争力仍然偏低。

第二节　与贸易相关的知识产权保护理论研究

Chin 和 Grossman（1990）使用了一个较为简单的双头垄断模型对南北双方知识产权保护对一国福利水平的影响进行的研究，是首次针对开放经济条件下知识产权保护问题的分析。随后，Grossman 和 Helpman（1991）、Helpman（1993）、Barro 和 Sala（1997）等人不断进行研究拓展，使得与贸易相关的知识产权保护理论逐渐形成体系。关于该领域的研究基本上是基于南北分析模型框架进行的，研究内容主要包括知识产权保护水平与南北双方的利益分配、知识产权保护与世界技术水平提升、经济增长与福利水平的变化、动态最优的知识产权保护等，但是研究结果并不统一，结论仍然存在分歧。

以 Helpman（1993）为代表的经济学家研究的主要结论认为，南方国家强化知识产权保护的行为从短期来说，能够鼓励北方企业的创新，阻止南方企业的模仿，从而导致发达国家的加速发展，而发展中国家则陷入次优的发展模式（Helpman，1993；Glass et al.，2002）；长此以往，则会进一步导致北方创新企业市场力量的强化，致使南方国家进口价格的提高和贸易条件的恶化，国家福利水平受损（Deardorff，1992）。此外，长期严格的知识产权保护政策也会降低北方企业创新积极性，降低其技术革新率，进而降低技术转移率以及南方国家的技术进步率（Helpman，1993；Lai，1998；Mondal et al.，2008）。而当这种严格的保护涵盖整个南方国家时，对于世界整体经济增长和福利水平无益（Deardorff，1992）。Helpman（1993）在 Grossman 和 Helpman（1991）南北贸易模型的基础上构建了一个关于创新、模仿和知识产权保护与经济增长的分析框架，认为知识产权保护主要通过贸易条件、地区间制造业的分配、产品的可得性、MD 投资模式四种不同渠道对南北双方贸易和经济造成影响，并得出南方国家绝对不能从知识产权保护当中获益的结论。Ginarte 和 Park（1997）、Maskus 等（2005）提出，对于技术劣势的南方国家来说，过早提高知识产权保护的政策和措施不是建立推进技术创新和经济发展的充分条件。Shapiro（2001）认为，尽管知识产权的"专属效应"有利于激励技术创新，但过强的知识产权保护将导致北方国家过分依赖专利保护而失去创新动力，同时南方国家的学习成本也会因此而增加，所以过高的知识产权保护并不利于技术创新。

以 Markusen（2001）为代表的经济学家的研究结论则认为，加强南方国家知识产权保护不仅会提高南北双方的贸易水平，有利于两国福利水平的增加

（Markusen，2001；Yang et al.，2001），还会提高北方国家的技术创新水平，加大其向南方国家技术转移的力度，最终会促进世界总体技术水平的进步和福利水平的提高（Markusen，2001；Yang et al.，2001）。而对南方国家更重要的是，加强知识产权保护可以改善吸引 FDI（外商直接投资）的投资环境，提高引进外资的质量和获得更多的国外技术，这有益于国家经济的增长（Smith，2001）。Zigic（2001）用技术溢出效应作为知识产权保护水平的指示性指标，通过构建南北双寡头动态知识溢出模型，证明了南方降低知识产权保护和北方弱化技术溢出效应之间方向的一致性，说明知识产权保护对于南方国家不能是例外的结论，而且会带来北方国家更加高密度的研发和促进高技术的溢出效应，并通过知识快速传播的渠道促进经济全球化的发展。

国内学者韩玉雄和李怀祖（2003）、邹薇和代谦（2004）、张亚斌和易先忠（2006）、董雪兵等（2012）的研究也大多是在 Grossman 和 Helpman（1991）的模型扩展基础上对知识产权保护与相关问题进行的探讨。然而，针对转型期的中国，短期内较弱的知识产权保护程度还是较强的知识产权保护程度更有利于中国对外贸易和经济增长的问题同样存在着较大的分歧。

从上述研究可以看出，无论是从理论角度还是从实证角度对与贸易相关的知识产权保护进行的研究均表明，知识产权保护对贸易的影响具有不确定性。这其中的原因是多方面的，从理论研究的角度来看，可能与理论模型假设的前提不同有关系，而从实证研究的角度来看，可能与采用的变量指标存在差异有关系。当然，最大的原因可能是知识产权保护在实践中对贸易和经济增长的影响复杂，既与知识产权保护的实际力度和水平有关系，也与发展中国家自身包括经济发展水平、人力资本存量、实际技术能力、FDI 的利用质量有关系，同时还与不同商品对知识产权保护的敏感度存在差异相关。

第三节　与贸易相关的国际文化差异理论研究

Hoskins 和 Mirus（1988）最早将"文化折扣"的概念引入影视节目国际贸易的研究，认为一国的影视作品在被引入价值观、信仰、历史、社会制度等文化背景存在差异的不同地域时，会存在吸引力减退的现象。目前，诸多研究表明，文化差异会带来贸易当中的"文化折扣"效应，即文化差异的存在，使得一国出口商品当中包含的信息或功用无法被进口国的消费者所理解和认同，效用水平和产品本身价值因此而降低，消费者进而减少对进口商品的需求，形成对贸易的阻碍作用。因此，目前主流的研究理论认为，文化差异的存在所导致"文化折扣"现象的发生，直接影响进口国消费者的效用水平，从而降低其对进口商品的需求量，对一国贸易有阻碍作用。在实证研究方面，Tadesse 和 White（2010）使用扩展贸易引力模型对美国与 75 个国家或地区贸易数据的检验表明，较大的文化差异会降低美国对贸易对象国家或地区的出口。Min Zhou（2011）利用 1950—2000 年国际双边贸易数据研究发现，国与国之间的文化共性会提升双边贸易，而文化差距会阻碍双边贸易。国内学者白玲和吕东峰（2007）、陈晓清和詹正茂（2008）、阚大学和罗良文（2011）、陈昊和陈小明（2011）、田晖和蒋辰春（2012）、万伦来和高翔（2014）的相关研究也得出了类似的结论。另外，在关于文化差异对中国文化产品贸易影响的研究方面，臧新、林竹和邵军（2012）的研究表明，由文化距离、地理距离和共同语言等变量共同组成的"文化亲近"是中国文化产品出口中最具决定性的因素，促进文化产品出口的关键是减少国家文化距离或者是加强贸易对象国对中国文化的接近度。许陈生和程娟（2013）针对中国文化产品出口的研究表明，国家文化距离总体上对中国文化产品出口存在显著的消极影响。

另外的研究理论则从消费者偏好于体验"多样性文化"的假设出发，认为文化差异会增强进口国消费者对来自不同语言、文化背景和历史传统国家的商品猎奇性或体验性的需求，在了解、认知和认同的基础上会逐渐形成消费偏好，从而带来消费偏好在群体之间的传递、"传染"和"成瘾"的现象，即文化差异的"偏好强化"效应。文化差异的存在不仅能够促进具有多样性文化特征的差异化产品的生产与创造，还对一国的贸易有促进作用。如 Linders 等（2005）认为，国家文化距离应该与贸易规模呈现同方向变动，因为进口国不需要内容相同的文化产品。他们通过对 1999 年 92 个国家双边贸易数据的实证分析结果表明，厂商更倾向于与那些文化差异较大的东道国进行贸易来满足国内消费者对产品多样性的需求，文化差异对双边贸易存在正向效应。Lankhuizen 等（2011）运用最小二乘法估算时也发现，文化差异对一国出口具有正向影响。国内学者曲如晓和韩丽丽（2010）利用 1992—2008 年中国对 9 个国家的双边文化贸易数据的研究表明，国家文化距离对中国文化商品出口有正向影响，如中国与贸易伙伴国之间的文化距离每增加 1%，文化产品的贸易流量就会增加 2.906%。

国内外前期研究对于分析文化差异对一国贸易发展的影响问题提供了基本方法，但目前现有文献仍存在三个方面的缺陷：一是国外研究多是以西方发达国家为研究对象，且关于文化差异对一国贸易影响方向问题未达成共识；而国内基于本土数据研究文化差异对贸易影响问题的成果相对较少，结论同样也存在着分歧。二是现有文献多是注重文化差异对国际货物贸易的影响，并未过多关注其对文化产品贸易的影响。三是专门研究文化差异对一国重要贸易商品影响的针对性分析较为缺乏，而重要贸易商品的变动往往会对一国对外贸易结构造成较大的冲击。目前，针对重要贸易商品之一的文化产品的研究相对较少。例如，许陈生和程娟（2013）运用 UNCTAD 的统计数据对 2002—2010 年的中国文化产品受国家文化距离的影响进行了实证分析，结果表明，总体上讲，国家文化距离对中国文化产品出口贸易存在显著的消极影响，但在不同特征的进口国或地区，其影响存在显著差异。

第四节　与贸易相关的成本问题研究

在制度经济学中，学者们将为追求贸易利益而进行的跨期贸易所面临的交易成本认为是贸易成本[①]。在 Tinbergen（1962）和 Poyhonen（1963）提出的贸易引力经典模型当中，交易主体之间的地理距离所造成的运输成本就是贸易成本。随着研究的深入，学者们不断基于贸易引力模型加入关税、贸易便利化、基础设施完善程度等影响贸易流量的变量因素，这些变量因素与地理距离一起共同形成了贸易成本。随着空间经济学和国际经济学的发展，学者们对于贸易成本的研究更加深入。Melitz（2003）将随着商品交易数量变动而变化的运输费用称为可变成本，商品销售过程中产生的费用、广告费用、市场开发过程中的隐性支出等称为固定成本，可变成本与固定成本共同构成了贸易成本。Anderson 和 Wincoop（2004）认为，产品从生产出来，除了生产成本以外其到达消费者终端过程中所发生的运输成本、信息成本、合同执行成本、汇率成本、政策壁垒、法律和规制成本以及当地批发和零售销售成本等一切费用构成了贸易成本。Fujita 和 Mori（2005）认为，交通运输、关税及非关税壁垒、生产标准差异和文化异质等所有因地理空间距离而造成障碍进而形成的"运输成本"就是贸易成本。Novy（2006）认为贸易成本呈"冰山型"特征，即商品在贸易过程中会因为受到距离和边界等地理原因、关税壁垒和对外贸易政策等制度原因、共同语言和共同货币等历史原因的影响，而使贸易流量损耗掉一部分，

　　[①]　杨小凯、黄有光和张玉纲在 1999 年出版的《专业化与经济组织：一种新兴古典微观经济学框架》一书中将交易成本分为由商品市场化交易过程中发生的储藏、运输等外生交易费用和由交易主体做出决策过程中发生的内生交易费用两类。

这部分损耗就是贸易中必须付出的成本代价。Combes（2010）认为商品在跨境交付过程中产生的全部成本就是贸易成本，具体包括地理距离造成的运输成本、贸易政策和法规造成的政策成本、通信设备引起的信息成本以及文化差异导致的交易成本四大类。

关于贸易成本对贸易的影响问题，国内外学者主要集中在考察不同贸易成本对企业出口行为影响以及出口商品的种类和贸易流量影响等方面。

20世纪90年代中期以来，诸多学者的研究主要集中在固定贸易成本以及企业生产率水平差异对于企业出口行为的影响。Melitz（2003）认为，以生产效率水平差异为标志的企业的异质性以及固定贸易成本是造成"大部分企业产品内销，出口仅集中在少部分生产率较高的企业"现象的主要原因。以固定贸易成本决定的生产效率水平为临界值基准，只有那些生产效率水平高于该基准的企业才可以从事对外出口业务，而低于该基准的企业主要从事国内贸易，且该基准越低，更多企业从事出口的行为将使得一国出口产品呈现多样化的特征越明显。

在Helpman和Kmgman（1985）所构建的传统贸易模型中，消费者对产品种类的偏好促使企业的出口增加，即一个国家出口仅由集约边际（intensive margin）来决定，也就是偏好促使已经存在的出口企业增加出口额来影响贸易流量。Aderson和Wincoop（2003）的研究也表明，可变贸易成本的降低会进一步促进一个国家产品的出口。而在综合考虑企业异质性和固定贸易成本后，贸易成本的降低不仅会通过集约边际效应促进已有企业的出口，还会通过扩展边际吸引更多新企业参与到出口活动中。Das等（2007）、Bernard等（2007）、Frensch（2010）和Eaton等（2011）的研究表明，市场进入成本的降低、与目标市场间的地理距离、目标市场的GDP（国内生产总值）以及贸易壁垒的削减等是通过扩展边际（extensive margin）影响贸易总量的主要因素，即上述诸多因素主要通过出口产品种类的增加或新的企业进入出口市场来影响贸易规模和贸易流量。Chaney（2008）在对Melitz（2003）模型进行拓展的基础上，进一步研究了不同贸易成本对于不同行业出口的影响，研究发现，在产品替代弹性较低的行业当中，贸易成本的降低会促使更多企业从事出口活动，即这类行业的出口主要是通过扩展边际发挥作用。Lawless（2010）综合考察多种贸易成本对美国出口企业的影响后认为，贸易成本主要是通过扩展边际效应影响贸易。但Amurgo-Pacheco和Piérola（2007）研究发现，贸易成本削减也有利于集约边际的增长，即贸易成本的降低有利于单位出口企业平均的贸易额的增加。

国内学者钱学锋（2008）、陈勇兵等（2012）、陈阵和隋岩（2013）以及王孝松等（2014）利用中国微观企业数据均发现，贸易成本削减或贸易壁垒对中国出口增长的二元边际都产生了显著的抑制作用，且主要作用于扩展边际。冯晓玲和马彪（2018）利用2001—2015年中国与10个主要国家或地区的六位数出口产品数据研究发现，固定贸易成本对扩展边际产生抑制作用，而可变贸易成本对集约边际产生负向作用。综合来看，关于贸易成本影响出口经济的考察离不开对出口集约边际和扩展边际的研究，中国的微观数据研究发现，贸易成本的负面作用主要体现在扩展边际。

在文化产品出口方面，Hanson 和 Xiang（2010）认为，受全球固定贸易成本的影响，美国影视产品的出口主要沿着集约边际变动，且地理距离、语言距离等可变贸易成本与每部电影出口的平均销量呈显著负相关。刘慧和綦建红（2014）通过对中国文化产品出口进行二元边际分解，并深入探讨了中国文化产品出口二元边际的影响因素，得出了中国文化产品出口主要是通过扩展边际来实现的。

第五节　新贸易理论中本地市场效应理论研究

Krugman（1980）在构建新贸易理论框架的过程中指出，在一个存在报酬递增和贸易成本的世界中，那些拥有相对较大国内市场需求的国家将成为净出口国，即所谓的本地市场效应。由于本地市场效应假设的前提是基于 IRS-MC 范式，此效应不可能出现在 CRS-PC 范式中，因此探索一国从事对外贸易当中是否存在本地市场效应就成为甄别该国开展对外贸易是基于传统的比较优势还是基于新贸易理论的递增规模报酬，并进而成为判断其贸易模式的标准。然而，虽然 Krugman（1980）在模型中证明了本地市场效应的存在，但是模型中的假设条件极为严格，导致本地市场效应存在的普遍性受到质疑。因此，后续诸多学者从多个方面对本地市场效应的普遍性进行了探索和证明。

Krugman（1980）、Helpman 和 Krugman（1985）构建的是两个国家、单一劳动生产要素、两个生产部门的模型，这个模型当中的一个部门在 CRS-PC 框架下生产同质产品且不存在运输成本，另一个部门在 IRS-MC 框架下生产水平差异化的产品，存在固定成本和不变边际成本，运输成本符合冰山型模型，效用函数是 CD 函数和 CES 函数的复合形式。Krugman（1980）证明了当一个国家符合 IRS-MC 框架部门产品的需求扩大时，该国有可能会成为该部门产品的净出口国，这就是所谓的"本地市场效应"。Krugman（1980）将本地市场效应产生的原因简单地归结为企业集聚于扩大需求的市场，以减少运输成本和实现规模经济的需要。

Davis 和 Weinstein（1996）将 Krugman（1980）的理论以模型化的方式表述为：$\mu = (\lambda - \varphi)/(1 - \varphi\lambda)$，$\mu$ 是本国某一产品相对于外国生产的数量之比，$0 < \varphi < 1$ 是贸易自由度，λ 是本国该产品相对于外国的需求数量之比。若 $\lambda = 1$，本国和外国的需求规模相等，则存在 $\mu = 1$，即本国和外国生产的产品数量相同；若 $\lambda > 1$，则本国 IRS-MC 部门的产品将会出现 $\mu > 1$，即本国成为该部门产品的净出口国；若 $\lambda < 1$，则 $\mu < 1$，说明外国 IRS-MC 部门可能会出现生产份额变化小于需求份额变化，但两者仍然存在正相关关系的"逆向本地市场效应"（Reverse-HME）或生产份额变化与需求份额变化存在负相关关系的"反向本地市场效应"（Anti-HME）。Davis 和 Weinstein（1996）同时证明：$\partial\mu/\partial\lambda = \lambda - \varphi^2/(1 - \varphi\lambda)^2 > 1$，这从理论角度将本地市场效应存在的普遍性问题研究推进了一大步。另外，在解释本地市场效应存在原因的研究中，Davis 和 Weinstein（1996，1999，2003）以 IRS-MC 范式构建了能够证明现实中存在"超常需求—集聚生产—贸易出口"演化逻辑的"超常需求"模型（idiosyncratic demand model），即一国对某种商品的超常需求将导致对这种商品的大量进口，该国往往会因为运输成本和贸易壁垒等因素而成为优良的生产区位，进而引起国内外关联生产商在地理空间上的集聚。集聚易产生规模报酬递增，而在报酬递增的生产过程当中，集聚区域的生产能力对于该国的需求是一个大于 1∶1 的专业化模式，最终会导致该国成为这种商品的净出口国。

Head 和 Ries（2001）以及 Head、Mayertt 和 Ries（2002）对本地市场效应的市场结构假设进行了拓展性研究；Amiti（1998）、Davis 和 Weinstein（1999，2003）、Gordon 和 Chong（2002）对两个部门假设进行了拓展性研究；Martin 和 Gogers（1995）、Melitz（2003）、Crozet 和 Trionfetti（2007）对贸易成本假设进行了拓展性研究；Davis（1998）、Yu（2005）、Crozet 和 Trionfetti（2007）对外部商品假设进行了拓展性研究；Davis 和 Weinstein（2003）、Behrens 等（2004）、Suedekum（2007）、Uchikawa 和 Zeng（2011）对两国假设向多国模型拓展方面进行了研究；Davis（1998）、Fujita 等（1999）、Xiang（2004）和 Yu（2005）对本地市场效应所带来的福利含义进行了较为深入的研究。由于学者们采用的模型不同，本地市场效应在各个领域拓展性的研究结论并不统一，甚至存在着较大分歧。

国外学者对于本地市场效应存在性的判断标准以及本地市场效应的福利经济等问题进行了深入的研究，但如前所述，本地市场效应在各个领域拓展性的研究结论并不统一，甚至存在着较大分歧。

国内对本地市场效应的研究相对较晚，研究内容主要是通过借鉴国外相关方法实证检验中国相关行业本地市场效应的存在性问题，行业数据主要集中在中国传统制造业行业，对本地市场效应理论的拓展性研究相对薄弱。钱学峰和梁琦（2007）对本地市场效应理论的产生、进展、基本框架和检验情况进行了较为全面的梳理。邓慧慧和孙久文（2009）在 Ottaviano 等（2003）构建的模型基础上提出了两国三区域的附加贸易成本模型，对传统的两国模型向多国模型进行了有益拓展。张帆和潘佐红（2006）将 Fujita、Krugman 和 Venables（1999）理论模型与 Davis 和 weinstein（1996，1999）理论模型结合起来，利用中国各省份产业的投入产出数据，对中国各省份生产和贸易中的本地市场效应存在性进行检验。结果表明，中国区域之间生产和贸易的基础主要是基于本地市场效应而非传统禀赋优势。钱学锋和陈六傅（2007）利用引力模型对1996—2006 年的中美双边贸易进行实证检验，结果表明，中国 35 个制造业行业中有 16 个行业存在显著的本地市场效应。邱斌和尹威（2010）对 2001—2008 年中国制造业 28 个细分行业的贸易模式进行的研究表明，除了在加工贸易中不显著以外，本地市场效应广泛而显著地存在于中国的一般贸易中，效应引致的规模经济和生产率提高能够有效促进中国企业的出口。颜银根（2010）通过对超额需求和总产出关系考察的方法对中国各行业本地市场效应进行的检验结果表明，中国 42 个行业当中只有 11 个行业存在本地市场效应，目前中国出口模式以产业间贸易为主，出口基础仍是基于传统比较优势，故不断扩大内需无论是对于产业结构升级还是对于中国长期经济增长来说，都是未来需要关注的重点。范剑勇和谢强强（2010）对中国制造业行业的研究得出了类似的结论。林发勤和唐宜红（2010）在控制加工贸易原材料和零部件进口及传统比较优势的基础上，对我国制成品出口过程中的本地市场效应进行了检验，结果表明，基于规模经济的比较优势在我国制成品出口中突出，本地市场效应可以较好地解释改革开放以来我国制成品出口的复杂现象。陈健生和李文宇（2012）通过区位基尼系数度量了成都地区的本地市场效应对地区产业集聚的作用和影响规模。

现有文献对本地市场效应做出了大量卓有成效的研究，基本厘清了本地市场效应发生的市场环境、多国背景下普遍发生该效应的条件以及对产业发展和福利分配导致的影响等，且对本地市场效应存在性的检验方法也日臻成熟。然而，受客观因素的影响，现有文献对本地市场效应影响一国出口贸易机理的研究相对偏少，其中国内文献对新兴贸易业态本地市场效应存在性的研究相对较少。

第六节　本章小结

文化贸易问题的研究起始于对文化产业国际化发展问题的研究，具体来说是隶属于国际文化贸易理论体系。国外对国际文化贸易的研究起步于 20 世纪 80 年代以后，从概念、理论、实证方法等方面对其进行了深入研究，具有重要借鉴意义。国内研究则起步较晚，自 2000 年以后才逐渐重视文化贸易理论的研究，研究内容主要是从宏观角度关注中国文化贸易的现状及困境、文化"走出去"战略、影响因素、文化安全、国外文化贸易发展经验借鉴和文化贸易竞争力等问题。虽然国内外对于文化贸易理论的研究日益深入，但目前仍然没有形成统一的研究范式，甚至在知识产权保护、文化差异等因素对出口国的影响，贸易成本对文化贸易影响与传统货物贸易是否存在不同，文化贸易当中是否存在本土市场效应等影响文化贸易发展的核心问题的研究也存在着较大的认知分歧和研究结论的差异。

未来，国内外学者对文化贸易及中国文化贸易问题研究的发展方向可以从四个方面入手：一是突破传统的基于完全竞争、规模报酬不变的新古典贸易理论（CRS）框架假设，探索基于垄断竞争、规模报酬递增的新贸易理论（IRS）框架假设下文化贸易的全球化分工网络、贸易模式、结构和利益分配等一系列相关问题的研究；二是突破文化研究学派的传统论题、论点和研究思路，不拘泥于以往某个专门学科或单一民族国家的研究方法，面对国际政治、跨文化传播和国际经济竞争相互影响的现实，综合多元化学科和全球分工贸易的系统框架，对文化贸易中的文化、经济与政治问题进行深入综合分析；三是突破前期以定性和描述为主的研究方法，运用计量经济学最新的研究方法、模型和工具，对隐藏在诸多数据背后的文化贸易内在发展变化和影响规律进行深入实证分析；四是加大对包括北美、欧盟和东盟等在中国对外文化贸易当中占据重要位置的区域文化贸易问题的研究力度。

目前学术界越来越关注文化产品贸易的现象和问题，研究成果也在不断涌现，并随着文化贸易在全球国际贸易中的占比的逐步提高而逐渐趋热。然而，针对中国文化产品出口的系统性分析的研究仍然较少，特别是对文化产品出口具有较大影响的知识产权保护、国际文化差异、贸易成本等问题的分析和中国文化产品出口当中是否存在本土市场效应即新贸易理论是否对文化贸易具有适用性等问题的研究更是极具探索的理论空间。

第三章　文化产业与文化贸易发展特质

第一节　文化产业的概念界定与分类

一、文化产业的概念界定

文化贸易的基础是文化产业发展，只有各国文化产业不断蓬勃发展，文化贸易才能走向繁荣，在国际贸易总额当中的比重才能不断增加。

国外对文化产业的研究始于 20 世纪 40 年代，其概念最早由德国法兰克福学派的阿多诺（THeodor Adono）和霍克海默（Max Horkheimer）在《启蒙的辩证法》（1947）一书中提出，本意是为了对 20 世纪初期工业技术推动下的大众文化消费兴起现象进行否定性的批判，该学派对文化产业从生产方式、目的和文化功能三个方面批判的思路及观点至今仍然产生影响。20 世纪 60~80 年代，随着大众文化传播进入新阶段，人们已经开始习惯于大众文化消费，学者们对文化产业化现象的观点出现了分化，以法国思想家让·鲍德里亚（1968）和英国文化理论家雷蒙·威廉斯（1958）、斯图亚特·霍尔（1980）、特里·伊格尔顿（1976）为代表的伯明翰学派对文化产业的符号生产机制及原则进行了深入的研究，并使用包括"霸权、批判、符号、编码、解码"等概念重新对"文化"进行界定，重新解释"消费"并矫正了"法兰克福学派"的批判精神，为后来学者开展文化产业的专题研究奠定了理论基础。20 世纪 80 年代以后，随着发达国家的大众文化消费社会形态的成熟，文化产业的形态呈现多样化发展趋势，文化产业在世界范围内获得了跨越式发展。以 1989 年美国时代娱乐公司和华纳公司合并进军国际市场为标志，文化贸易现象逐渐兴起并成为全球性的必然趋势，理论领域对文化贸易问题的研究也逐渐进入文化产业理论研究的主流并获得迅速发展。

在我国，新中国成立至改革开放以前，"文化"始终作为意识形态的工具，发挥着宣传党的方针政策和宣扬社会主义意识形态的功能。改革开放以后，随着计划经济体制向市场经济体制的转变，"文化"作为一个产业的作用才逐渐被人们所认识。在研究领域，我国理论界最早主要认同法兰克福学派的观点，对其以后的文化产业理论与实践缺乏了解，所以很多学者从民族文化主义立场的角度对文化产业持怀疑甚至否定的态度。20世纪90年代，随着文化产业在中国的逐步发展，中国学术界也开始对大众文化和文化产业进行更加深入的研究，学术界曾在这个时期针对"文化工业"和"文化娱乐业"等问题进行过争论和探讨。1992年国务院办公厅首次使用"文化产业"的表述，1999年原国家发展计划委员会将"推进文化的产业化"第一次正式纳入国家发展规划。21世纪至今，随着中国加入世贸组织，文化产业和文化贸易都进入了繁荣发展时期。国家统计局分别于2004年和2012年发布了《文化及相关产业分类》，对文化产业的统计范围进行了规范。党的十八大明确提出，让文化"走出去"并增强"国家文化软实力"的重要战略目标与要求。2014年，国务院出台了《国务院关于加快发展对外文化贸易的意见》。由此，"经济全球化趋势下中国文化产业发展的机遇和挑战""中国文化'走出去'和建设文化强国的方法与路径"等成为国内文化产业领域的研究焦点，这也使得对文化产业理论和政策的研究逐渐引向深入。近年来，一些高校和科研机构纷纷成立文化产业研究院，对文化产业展开了专门研究，进而也推动了文化产业及文化贸易等理论的发展。

对于"文化产业"概念的界定，我国习惯引用联合国教科文组织的定义，即文化产业就是按照公允标准，生产、再生产、储存以及分配文化产品和服务的一系列活动。其最新的界定是2018年4月国家统计局发布的《文化及相关产业分类（2018）》中提出的，即"为社会公众提供文化产品和文化相关产品的生产活动的集合"。实际上这一定义一直沿用的是《文化及相关产业分类（2004）》中对文化及相关产业的定义。

对于与文化产业相关常用的提法与称谓，世界各国和国际组织均有所不同。例如，荷兰等一些欧洲国家就习惯用"文化产业"这一称谓；而在美国，人们认为如绘画作品、音乐、电影、游戏、广播节目等一切由创造力而产生的产品都是有知识产权的，未经授权其他人不能使用，所以美国人习惯把与知识产权相关的所有行业总称为"版权产业"；日本通常采用"内容产业"这一称谓；而在英国和韩国，人们更习惯使用"创意产业"这一称谓；我国除了"文化产业"这一提法外，也有很多时候使用了"文化创意产业"这一称谓。

"创意产业"的概念起始于1994年澳大利亚公布的一份提出构建"创意

国家"为目标的文化政策报告，后来英国政府受其启发，于 1997 年成立英国创意产业特别工作小组（creative industries task force，CITF），CITF 随后于 1998 年、2001 年、2004 年和 2012 年分别发布了一系列《创意产业图录报告》，在 1998 年的报告当中，CITF 首次将"源于个人创造力、技能与才华，通过知识产权的生产和取用，具有创造财富并增加就业潜力的产业"作为对创意产业的界定，这个概念具有较为广泛的影响。之后又有诸多知名学者从文化经济学、消费者和知识产权保护等角度又对"创意产业"的概念和内涵进行了不同的界定及阐释，当然，诸多典型的界定及其包含的内涵并不完全相同，除了反映各自视角的不同之外，从另一个角度也折射出创意产业理论研究还远未达到统一范式的程度。

从上述分析可以看出，目前理论界对于文化产业和创意产业概念与内涵的认知并没有达成广泛共识。从理论发展角度来看，创意产业概念的提出要晚于文化产业概念出现的时间，它是文化产业发展到一定阶段的产物；从产业分类角度来看，创意产业与文化产业在产业类别上存在交叉和重复，但又不相互隶属；从理论范畴角度来看，创意产业的一部分属于文化产业，但还有很大一部分与其他产业相关联。因此，从整体上讲，文化产业与创意产业既是高度关联，存在部分领域的融合现象，又是相互独立的产业领域。

二、文化产业的分类

2006 年对于习惯称之为"创意产业"的英国来说，其公布的《英国创意产业竞争力报告》（*Comparative Analysis of the UK's Creative Industries*）中将创意产业分为三个产业集群：生产性行业（production industries）、服务性行业（service industries）和艺术品及相关技术行业（arts and crafts industries），具体包括广告、建筑、艺术和文物交易、工艺品、设计、时装设计、影视、互动休闲软件、音乐、表演艺术、出版、软件和计算机服务、电视与广播 13 个行业。美国则是将所谓的版权产业分为核心版权产业（core copyright industry）、交叉版权产业（cross copyright industry）、部分版权产业（partial copyright industry）和边缘版权产业（marginal copyright industry）四大类。日本的文化产业则包括内容制造产业（content manufacturing industry）、休闲产业（leisure industry）和时尚产业（fashion industry）三大类。

对于中国的文化产业来说，2004 年为贯彻落实党的十六大关于文化建设和文化体制改革的要求，规范文化产业的统计范围，建立科学可行的文化产业统计，国家统计局在与中宣部及国务院有关文化部门共同研究的基础上，依据

《国民经济行业分类》（GB/T 4754—2002），研究制定了《文化及相关产业分类（2004）》，并作为国家统计标准颁布实施。该分类首次明确了我国文化产业的统计范围、层次、内涵和外延，分类的主要目的是摸清我国文化产业的家底，为反映文化产业在国民经济中的地位和对社会经济的作用提供了规范和标准。2012年，为适应我国文化产业发展的新情况、新变化，国家统计局参考了联合国教科文组织发布的《2009年联合国教科文组织文化统计框架》，根据《国民经济行业分类》（GB/T 4754—2011）对分类进行修订完善，形成了《文化及相关产业分类（2012）》，使分类更加切合发展需要。以此分类为基础开展的统计工作，为反映我国文化产业的发展状况，以及为文化体制改革和文化产业发展宏观决策提供了重要的基础信息。但随着互联网时代的到来，以"互联网+"为依托的文化产业新业态不断涌现并发展迅猛，日益成为文化产业发展新的增长点，理论上应把这些新业态纳入统计范围。2017年6月30日，新的《国民经济行业分类》（GB/T 4754—2017）正式颁布；同年8月29日，国家统计局发文要求从2017年统计年报和2018年定期统计报表开始统一使用新标准。作为派生产业统计分类标准，客观上需要根据新的国民经济行业分类标准进行修订。

按照这一定义，《文化及相关产业分类（2004）》将文化产业分为"文化产品的生产"和"文化相关产品的生产"两大部分。其中，第一部分以文化为核心内容，是为直接满足人们的精神需要而进行的创作、制造、传播、展示等文化产品（包括货物和服务）的生产活动，具体包括新闻信息服务、内容创造生产、创意设计服务、文化传播渠道、文化投资运营、文化娱乐休闲服务六个领域；第二部分是为实现文化产品的生产活动所需的文化辅助生产和中介服务、文化装备生产和文化消费终端生产（包括制造和销售）等活动（包括为文化产品的生产提供辅助服务的内容），具体包括文化辅助用品制造、文化装备生产、文化消费终端生产三个领域。该分类为文化及相关产业统计制度的建立，深化文化体制改革，以及推进文化强国建设提供了科学的统计保障。实际上，国家统计局于2012年和2018年分别发布的《文化及相关产业分类（2012）》与《文化及相关产业分类（2018）》则继续沿用这一分类标准。

总体上看，由于文化产业是一个新兴产业，目前理论界对文化产业概念及其内涵的认知并未统一，各国政府实践部门在文化产业的分类标准、统计口径、管理机构和支持政策等方面也不尽相同。为了尽量消除分歧，促进文化产业的快速发展，联合国贸易和发展会议在2008年出版了该年度的世界文化经济报告，对文化产业具有的特征予以界定，并对其归类和全球创造的经济价值及发展情况进行了统计。虽然国内对于文化产业的分类和统计标准相对科学且比较适合中国国情，但是从研究全球文化贸易的实际角度出发，基于 UNCTAD 数据库对文化贸易进行分类和统计，才是开展全球文化贸易研究的可行方法。

第二节　文化产业的发展特征与功能

许多国家尤其是发达经济体普遍将文化产业和文化产品贸易作为促进经济增长方式和贸易结构转变的重要战略举措，在发展的背后，我们能感觉到这当中不仅是一个产业发展或产品贸易问题，它们的发展对我们传统经济发展模式造成了一定的冲击，与我们传统的产品贸易存在着较大的区别。因此，在深入研究文化产品出口贸易之前，我们需要对文化产业发展与文化产品贸易的特质进行分析。

虽然目前理论界并没有对"文化产业"给出一个普遍意义上的定义，但是多数学者认为，文化产业需有三项共同的核心构成元素①，即"以文化为产品内容""利用符号意义创造产品价值"和"知识产权受到保障"。

本书认为，在知识经济基础上发展起来的文化产业，其发展的核心是来自人的文化，其发展的目标是满足人们的精神文化娱乐需求。全球化背景下，以互联网为核心的高新技术发展又为其产业发展提供了支撑，使得其发展极具扩张性和开放性。文化产业在自身发展过程当中，也因为其在人的智力、创新和信息技术之间建立起复杂而深刻的联系，并与其他产业产生了广泛而复杂的关联，不断促进着社会经济的快速发展。

一、文化产业的发展特征

文化产业是经济发展到一定阶段，由文化和科技等要素不断融合而在经济产业层面表现出来的新兴业态，其发展极大地改变着一个国家或地区传统的社会经济和文化的发展状态。文化产业在发展过程当中表现出了与传统产业有所不同的发展特征，如文化含量高、附加值高、关联性强等。

（一）文化含量高

文化产业与信息产业、传媒产业和高新技术产业的发展密切相关，其发展

---

① 厉无畏，王慧敏. 创意产业促进经济增长方式转变：机理·模式·路径 [J]. 中国工业经济，2006（11）；5-13.

过程中多是以文化理念为核心，将人的知识、智慧和灵感在特定行业进行物化而产生经济效益，故其产业发展过程中往往呈现出集文化性、知识性、智力化和智能化为一体的特征。相对于一般的传统商品，文化产业所生产的产品往往也凝结着更多的文化、知识内容和技术在其中，更能够把人们的思想和创新等智力成果转化为现实的财富，从而体现出精神的价值。

（二）附加值高

相对于传统产业要求更多的物质资源投入，文化产业的发展则在很大程度上更加注重技术的创新和研发的投入，这使得文化产业处于整体产业价值链的高端，具有较高的附加值，并且在生产环节中具有分配利润的特权。因此，相对于普通的产品和服务，其科技和文化的附加值明显偏高。尤其是现代网络传播等新媒体技术的发展，使得部分文化产品的单位成本递减，其产品附加值提升的空间陡增。

（三）关联性强

文化产业在发展过程中与其他产业表现出较强的融合性和渗透性，具备关联性强的特征，而且这种关联性一般是以直接辐射的形态与其他产业相关联，而非传统的上下游产业之间的关联形态。比如，文化产业可以与第一、第二、第三产业直接融合，衍生出休闲生态农业、文化工业园区或文化服务等行业或产业；又如，文化产业的核心业务文化设计能够为其他较多的行业生产提供服务，表现出对多种行业或产业的强力渗透和融合。

（四）从业人才素质高

人才是发展文化产业的第一要素，由于文化产业需要信息技术、文化及市场经营环境的有力支撑，因此从业所需要的人才必须要兼具文化创作、信息和经营的理念。

（五）与知识产权保护紧密相关

由于文化产业发展过程当中，文化、知识、思维和技术的外溢性极强，如果缺乏知识产权保护，产业受到侵权的伤害就较大，发展就比较羸弱。因此，文化产业的发展一定是与知识产权保护密切相关的。

二、文化产业的功能

文化产业主要是通过向市场提供有确切文化内容的产品或服务来满足消费者需求，进而达到盈利的目的。有别于传统产业需要物质资本投入的方式，文化产业更多是以文化资本的形式，通过市场机制与其他产业进行关联和融合，创造经济价值，实现文化价值。具体来说，其在发展过程中能够直接体现四种功能，即经济功能、文化功能、政治功能和文化资本开发利用功能。

（一）经济功能

在市场经济条件下，文化产业之所以形成产业，就在于其本质是追寻经济利益。文化产业的经济利益来源途径主要有三个方面：一是文化商品作为文化资本的物质载体，其本身具有经济价值，其收益服从市场经济的利润原则；二是文化商品蕴含的文化资本向经济资本转化过程中释放的经济价值；三是文化产业通过现代工业技术对有文化价值的原型物品进行复制或创新，不仅可以获取仿制品的规模经济收益，而且该物品还可以通过市场推广来实现价值增值。另外，文化产业作为消耗资源少、产生污染小的低碳产业新类型，适应了全球自然资源和能源紧缺、环境污染加剧亟待寻求产业转型的现实，这也体现了其未来产业发展的趋势。

（二）文化功能

文化产业所提供的文化产品或服务当中蕴含着较高的精神价值。当文化产品面向市场流通的过程中，从宏观层面来看，能够对国家、民族和民众产生强大的凝聚力，消除离心的力量，稳定社会；从中观层面来看，能够通过积累和升华社会实践成果，促进社会文化进步的活力和创新发展；从微观个体层面来看，能够通过促进文化的传播、交流和融合，增进个人的思想创新，为个人的心智增进提供帮助。

（三）政治功能

一般来说，文化产业及其产品在面向市场的时候，不经意间会将一种社会意识形态的价值观念宣扬出来。当然，这种意识形态并不具备强制性特征，文化产品的消费者往往是在无意识的状态下，直接或间接地被文化产品所承载的艺术情趣、生活态度或思想倾向所感染，并逐渐接受或认可这种主张或取向。

（四）文化资本开发利用功能

文化产业在发展过程当中一般是将现代工艺作为工具或手段，将商业化运作作为其盈利的途径，但其发展基础一般是各种类型的文化资本。通过对各类文化资本的开发和利用，文化产品得以在市场当中完成生产、流通、交换、传播和盈利的过程。

第三节 文化产业发展方式的特质

文化产业是具有可操作性的知识经济形态之一，同时也是知识经济当中最重要的实践现象。文化产业当中的出版业、古玩、绘画和各种表演艺术，很早就以知识传播的方式和文化娱乐消遣的现象出现，但是这些文化现象并不构成人类规模性的经济行为，更不能成为人类统一的且具有共识的使文化变成产品直至构成产业的社会价值观念基础。只有到了后工业化时代和知识经济时代，科学技术高度发展，形成了人类社会和谐发展意识和高度重视文化积淀的价值理念之后，才逐渐出现了以文化为核心的产业形态。与此同时，按照 Florida（2006）的观点，以创意经济兴起为特征的"文化时代"已经到来[①]。但是文化产业在运行和实际发展过程中表现出了一系列深刻的知识经济内涵，展现出多处与传统产业发展有所不同的原理和性质，这从本质上讲，是对传统产业发展方式的跨越和扬弃。

一、部分文化资源非稀缺性

从亚当·斯密开始到萨缪尔森的经济学，是适应工业经济时代的经济理论。工业经济发展的基础主要依赖于自然资源，而绝大多数自然资源具有的最重要的特征就是稀缺性。当然，工业经济发展的基础除了自然资源外，还包括劳动、资本和企业家才能等传统生产要素，但是这些要素或资源同样存在着稀缺性。传统西方经济学研究的核心问题就是如何在稀缺资源与人类社会发展需求之间达成最优，实现以最小的代价促进社会的进步。作为知识经济外在表征的文化产业发展的资源基础，除了需要传统生产要素以外，核心还包括知识、智力和文化在内的文化资源，这种资源潜藏在人类的大脑当中，具有无穷性，当其作为知识或智力成果传承的时候，又具有可再生性。因此，从原理上讲，文化产业发展所依赖的核心文化资源可以无限创造和开发，这部分资源的存在

---

① 美国学者 Florida（2006）在其《创意经济》一书中，依据推动一国经济增长的主要动力把世界的经济社会发展分为农业经济时代（A）、工业经济时代（M）、服务经济时代（S）和文化经济时代（C）四个时期。他认为，1900 年以前世界处于农业经济时代；1900—1960 年是工业经济时代；1961—1980 年是服务经济时代；1981 年至今，虽然服务经济依然占据主导地位，但是创意经济增长速度很快，有着越过服务经济的趋势，因此以创意经济兴起为特征的文化经济时代已经到来。

和表现出的非稀缺性已经对传统西方经济理论的立论提出了一定程度的挑战。

二、文化资本的内生性

经济学一直试图寻找能够克服传统物质资本投入过程中遇到的边际成本递增、边际收益递减这样一个制约经济发展的瓶颈，为此，内生经济增长理论做出了有益的探索。目前，内生经济增长理论体系当中有三种具有影响力的观点：一是罗默（Romer，1986）的强调生产知识的外溢效应的内生增长模型；二是卢卡斯（Lucas，1988）的强调人力资本的投资和积累效应的人力资本理论；三是格罗斯曼和赫尔普曼（Grossman et al.，1991）的强调研究与开发投入的横向创新模型（horizontal innovation）以及阿吉恩和豪伊特（Aghion et al.，1992）的强调研究与开发的纵向创新模型（vertical innovation）。

文化产业强调人力资本积累、知识、科技和文化的创新，所以文化产业自然是建立在内生增长理论基础之上的一种经济形态。文化产业发展内生性的逻辑使得其发展的基础——文化人才或文化资本从一开始就具备内生性的特征，这与传统的物质资本有着重大的区别。从经济学的角度来看，文化人才是文化产业发展的资本形态——文化资本，而且这是对经济发展更有意义的资本形式。文化经济学者认为，凡是能够构思新理念、新技术、新商业模式、新文化形式或新产业的人才都是"文化资本"，与人力资本是建立在教育水平或学历水平基础之上有所不同，文化资本是在职业基础上形成的。实际上，文化水平并不单纯是指普通的教育水平，它能够更好地解释经济长期繁荣的原因。Florida（2006）认为，知识和文化代替自然资源和有形的劳动生产率成为财富创造和经济增长的主要源泉将成为一种趋势。

三、边际收益的递增性

现代经济学理论认为，生产过程当中随着生产要素的不断增加，产量最终会遇到随着要素的增加而递减的困境。这个经济规律揭示的是以有形物质的投入为发展基础的传统农业和工业的生产规律，但是对于文化产业来说，这一定律并不能完全适用，因为部分文化产业显示的是与传统经济学相悖的边际收益递增规律。约翰·霍金斯认为，文化产业在发展过程当中存在着"文化思想的非竞争性"，非竞争性使得文化思想在被多人多次使用过程当中不仅不会削弱自身的价值，反而会随着人们的广泛关注或使用而产生价值增值，即所谓的边际收益递增现象。这种现象产生的原因主要与文化产业生产过程当中所依赖的部分非稀缺性文化无限的文化资源有关系，这对于传统经济学来说无疑是一个挑战。

四、竞争机制的异质性

价格竞争是传统产品最基本的竞争机制，但是一些文化产品能够改变传统的价格竞争方式。一种文化思想在被用于开发成文化产品的过程当中，有时的定价模式会完全不同于传统产品的定价模式。霍金斯认为，文化经济当中成本与价格之间往往没有关联，价格竞争已经不再扮演决定性的角色，需求成为市场的主要推动力①。这其中的原因在于，文化产品更多时候不像传统商品那样用于满足大众的物质需求，而是用于满足大众的精神需求，但不同的消费者对文化产品满足自身精神需求的价值水平进行判断时，并没有统一的标准。例如，文化产品当中的艺术品是非标准化的商品，任何一件真正的艺术品因具有唯一、无法复制等特征故其价格只能是一个大概的范围，这其中既受到收藏家眼光、喜爱程度等因素影响，也有历史的认可、市场的铺垫，还存在着各种同类艺术品之间的比较等诸多因素影响。因此，文化产品很多时候在市场当中的价格变化有别于传统商品，这就使得其与传统的竞争机制相比有很大的异质性。

五、经济增长模式的变迁性

传统经济理论一般只考虑劳动、资本、土地和企业家才能四大要素对经济增长的贡献，经典的生产函数和经济增长模型也只分析资本和劳动力对经济增长做出的贡献。文化产业发展过程当中，文化要素在一些时候能够超越物质资本而发挥主导作用，其他要素依赖和从属于文化要素，这样就使得文化要素在一些条件下相对于其他生产要素更具有资源配置上的主动权和选择权。比如，文化思想或智力文化可以形成文化资本的作用，直接用于产品的构思、策划，若与其他有形的资源或产业结合，能创造出比传统商品更高的价值，更能促进经济的增长。当文化逐渐转化为经济增长的资本，经济增长模式必然发生一定程度的变迁，而且这种变迁代表着人类社会经济发展的方向。

闻名世界的迪士尼童话和《哈利·波特》系列就是文化的典型，它们根据故事和小说等文化形式，注入现代科技并运用现代市场运作方式，构建了一系列衍生产品并形成了完整的产业链条，缔造了完全不同于传统产业的发展模式，创造了巨大的经济效益，且这种模式不断成为带动一国经济发展的原动

---

① 霍金斯. 创意经济如何点石成金 [M]. 洪庆福，孙薇薇，刘茂铃，译. 上海：三联文化出版社，2006.

力。当知识、智力和由此而产生的文化产业对经济增长的贡献越来越大，越来越成为主要的增长要素时，这就使得传统经济增长理论发生了一定的变化。如何将知识、技术、信息、文化作为经济发展内生因素建立新的增长理论模式，就成为未来经济学研究的一个重点。

六、促进经济结构的转换性

从社会消费结构角度来说，如果说传统商品消费的目的主要是满足物质的需要，那么文化产品的消费则更多是为了通过知识、文化和思想的获取达到精神的娱乐和情感的满足。从社会分配结构来说，如果说传统经济是以物质资本占据价值分配主体的状况，那么文化产业在发展过程当中，当文化转化为经济增长资本的时候，智力要素也将会在价值分配当中占据重要地位。从产业结构来说，文化产业发展当中的文化资本除了能够和广播电视、音像制品、报刊与杂志、艺术表演、旅游娱乐业、设计等为代表的高科技产业融合，形成"高附加价值含量"的文化产业之外，也能够和传统的农业融合形成文化休闲农业产业，以及和工业制造业融合形成文化观光工业等产业形态，实现传统行业的创新和价值增值，承担引领传统行业升级的重任。可以说，文化产业向传统行业的渗透和发展，进一步促进了"经济的文化化"和"文化的经济化"，弥补了行业的隔阂，强化了产业的融合，对产业结构造成了较大的冲击。

第四节　文化贸易发展方式的特质

世界各国文化产业的快速发展极大地促进了全球文化产品贸易的发展，而信息技术、全球网络、交通便利化的发展又起到了推波助澜的作用。如今，作为国际贸易的重要组成部分，文化产品贸易不仅能够为一国带来巨大的经济效益，其承载的文化也随着文化产品市场占有率的扩大而传播开来，该国的影响力和国际社会的文化软实力也随之不断加强。正是因为这样，各个国家或地区都采取各种政策措施提高自身文化产品的出口贸易竞争优势，以期获得国际市场份额的不断增加，最终获得经济与文化的双重效益。文化产品贸易正在成为国际贸易领域中一个新兴的竞争激烈的领域，但是，文化产品贸易在发展过程当中表现出了与传统产品贸易有所不同的诸多独特性。

一、文化贸易受进口国知识产权保护影响的复杂性

文化产业与知识产权保护有着最为密切的关系，文化产品最核心的东西是

创新的思维、思想及创造力，这些必须是独特的、原创的和有价值的，而知识产权制度正是从产权和法律的角度，对人类基于智力进行的文化活动进行激励的制度性设计。因此，文化产业的存在和发展是建立在知识产权保护的基础之上的，一旦知识产权保障力度不足，文化过程中所有智慧和精力的耗费都或将白费。特别是文化产业当中诸如软件、动漫、作品、歌曲等都具有无形性的特点，产品创造成本高、投入大，但易复制且复制成本低，若没有知识产权的保护，互联网传播时代其受到侵权伤害的概率非常大，文化主体的合法权益就得不到保障。如2012年"苹果"对"三星""谷歌"等电子产品用户界面外观设计的专利诉讼，再次证明了这样的事实。

二、文化贸易受国际文化差异影响的矛盾性

文化产品在贸易过程当中，其最终的产品价值可以体现为使用价值和观念价值。前者体现为客观的具有一定使用功能的商品特性，这是商品的"物质属性"特征；后者体现为主观体会和感受的"精神属性"特征，这是文化产品的心理效用，它因文化渗透而生，蕴含的是文化的观念或某种文化思想。当经济发展到一定的阶段以后，尤其是经济到了全球化时代，文化产品中的观念价值所占比重将会超越其使用价值，人们将更多地关注于文化产品中所包含的一些品位、档次、情趣、意境等可以为自身带来的心理体验。正是因为全球化时代消费者更多是关注文化产品的观念价值，因此承载不同地域文化的文化产品对进口国消费市场的影响十分巨大，表现出与传统贸易商品有所不同的贸易特征。

从贸易实践的表象上看，相对于文化背景相同或相似的国家或地区，文化背景差异较大的国家或地区之间的文化产品贸易流量较少。很多学者认为，造成这种结果的原因主要是"文化折扣"现象的存在。但是，也有学者持相反观点，并不认为文化产品贸易所表现出来的现象就是事物的本质。因此，国家或地区之间的文化差异因素到底是文化产品贸易的有利因素还是阻碍因素，是需要我们进一步深入探讨和研究的问题。

三、文化贸易受贸易成本影响的特殊性

贸易成本是国际贸易的重要影响因素之一，但是与传统的农产品或工业制成品的贸易更多是受到运输成本、仓储保存和关税影响有所不同，文化产品贸易更多受到的是交易成本和非关税壁垒成本的影响。

如前所述，文化产品当中除了工艺品部分产品属于传统的以制造业为主的实物商品以外，视听、设计、新媒体、表演艺术、出版和视觉艺术等大部分文化产品属于内容商品。另外,文化产品贸易当中所体现出的除经济功能以外的文化功能和政治功能,对于进口国政府来说是非常敏感的问题。无论是发达国家还是发展中国家,很多进口国出于对各自文化保护的目的,对兼具经济与文化双重属性的文化产品采取较为谨慎的保护性政策。还有一些国家利用WTO协定下的"文化例外"条款对各种文化产品实施各种限制。如2002年中国与东盟为降低关税和减少贸易限制措施而签署的《中华人民共和国与东南亚国家联盟全面经济合作框架协议》,就将涉及国家安全、人类健康、公共道德、文化艺术保护等领域相关产品直接列为允许例外产品。因此,与传统的贸易商品相比,非关税壁垒成本也是文化产品贸易成本的最重要组成部分。

四、文化贸易存在本地市场效应的不确定性

贸易的起因是国际贸易理论一直探索的重要问题。如前所述,以亚当·斯密(1776)和大卫·李嘉图(1817)为代表提出的古典贸易理论认为,以劳动生产效率为体现的技术差异造成的产品成本差异是贸易的起因。以瑞典经济学家赫克歇尔(1919)和俄林(1933)为代表提出的要素禀赋理论认为,各国由资本与劳动的比例构成的要素禀赋差异造成了要素价格的不同,又导致各国生产过程当中产品成本的差异,进而形成国际的贸易。但是传统的贸易理论在解释国际"产业间贸易"现象的时候合乎情理,而在解释相同产业内部之间的"产业内贸易"问题时却较为牵强。

很多学者认为,作为文化产品贸易基础的文化产业应具有产业集群的特征,因为随着新兴技术的发展以及人们对文化产品品质要求的提高,文化产业内部分工日益复杂,也更趋细化,往往需要各种文化人才的协同配合才能完成产品的创造。但是也有学者认为,文化产品当中如戏剧演出、电影、建筑设计等文化产品本质上需要创造性的产出,独特性与超越性是其产品追求的重要内在品质,不存在批量生产的特征,产品提供的差异化和多样化是其满足市场需求以获得价值回报的本质要求。

学者们持有的相反观点似乎都具备合理的逻辑和论据,但是值得关注的问题是,在劳动力出现"用工荒"现象和环境限制成为发展瓶颈的今天,传统优势资源与要素已经不能为贸易的可持续发展提供支撑,寻找贸易结构的转型和升级已经成为一个国家或地区对外贸易发展的必然。

五、文化贸易受创意阶层影响的基础性

虽然诸多影响因素使得文化产品表现出具有本身独特的贸易特征,但是直

观判断和大量的理论研究也表明，文化阶层或者是创意阶层是影响一国文化产品贸易流量和该国文化产品贸易结构的重要基础性因素。

弗罗里达（Florida）在其《创意阶层的兴起》（*The Rise of the Creative Class*）一书中明确指出，创意在当代经济中的异军突起表明了一个职业阶层的崛起①。他认为，创意阶层已经成为继农业阶层、工业阶层和服务业阶层以后美国社会的第四个主要职业群体。创意阶层包括两个圈层：第一个圈层由"从事科技、建筑和设计、教育、艺术、音乐和娱乐等领域的工作者"构成，这是整个创意阶层的"超级文化核心"（super-creative core），这个核心的工作是"创造新理念、新技术和（或）新的创造性内容"；第二个圈层由更为广泛的"分布在商业和金融、法律、卫生保健等相关领域的创造性专业人才"构成，这个专业性人才群体需要具备较高的教育背景，因为他们的工作主要是负责解决复杂问题。这两个圈层人员共同组成了美国的创意阶层，据他估计，这个创意阶层在美国劳动力当中占有30%的比例，将近3 900万人。创意阶层为城市的发展提供了强大的推动力。正是得益于创新型人才的集聚，美国"硅谷"才形成了城市文化群落，获得城市发展不竭的创新活力。在自身不断发展繁衍的过程中，创意阶层需要在发展本圈层文化的同时还要吸纳、借鉴其他文化，也只有这样，才能不断创新文化。因此，创意阶层的兴起也是一国进行文化贸易规模和贸易结构最基础的影响力量。

目前，中国的文化阶层已经初露端倪。随着经济、科技与文化体制转型的不断深化，大力发展文化产业，科学家、工程师、设计师、广告人、经济人、建筑设计师、传媒人等智力密集人群最终将完成自身角色的转型，中国真正意义上的"文化人"和"文化阶层"会不断兴起，由此促进以集聚、培养高端创新型人才为基础的中国城市文化产业的发展，最终促进中国文化产品贸易从劳动力密集型、初始技能型向具有中国文化元素、原创性和真正的创新型、文化型转变，中国文化产品出口的数量和品质也将随之不断提升，中国文化"走出去"的步伐将会更加坚定而迅速。

第五节　本章小结

文化产业是知识经济时代背景下发展起来的新兴产业，其本质是满足人们

---

① EDWARD. Review of richard Florida's the rise of the creative class［J］. Urban research，2004：17-22.

在现代社会生活当中的精神文化娱乐需求，高新技术是其产业发展的基础，网络是其产业发展的传播方式，与其他产业融合是其产业发展的模式。文化产业所表现出的文化含量高、附加值高、关联性强、人才素质高以及与知识产权保护紧密相关的特征，与传统产业相区别，其在发展过程当中能够发挥出经济功能、文化功能、政治功能以及文化资本的开发利用等功能。

文化产业发展中体现出来的部分文化资源的非稀缺性、文化资本的内生性、边际收益的递增性、竞争机制的变化性、经济增长模式的变迁性和经济结构的转换性是其发展模式的特质。

世界文化产业的发展促进了文化产品在全球的贸易。由于文化产品兼有经济与文化双重效益，在以文化产品为对象的贸易当中，表现出受进口国知识产权保护影响的复杂性、受不同国际文化市场影响的矛盾性、受贸易成本影响的特殊性、存在本地市场效应的不确定性和受创意阶层影响的基础性等特征和问题，需要通过理论推导和实证检验对其进行深入研究。但作为与其他学者达成共识的文化阶层对一国文化产品贸易具有重要影响的论断，本书认为，在构建理论模型和实证分析的过程中，会遇到相关数据缺失等一系列问题，因而未进行深入研究。

从总体上讲，全球文化产品贸易过程当中所表现出的受进口国知识产权保护影响的复杂性、受国际文化差异即不同文化市场影响方向的不确定性、受贸易成本影响的特殊性和是否存在新贸易理论指出的本地市场效应的不确定性等特征的深层次原因无疑与文化产品兼具"经济"与"文化"双重属性的特质有关系；而且在贸易过程当中，"文化"属性因素的影响被进一步放大，如进口国消费群体的需求因素，进口国对外来文化的敏感度以及对加强知识产权保护对本国利益所造成影响的判断，文化产品本身因为兼具文化属性而造成生产工艺性复制流程的适用性等原因均会从不同角度和层面影响文化产品的贸易，进而使其表现出与传统贸易商品尤其是与工业制成品有所不同的贸易特征。而文化产品当中的"文化"属性也明确表明，决定一国文化产品贸易的核心基础是一国文化人才的存储量和培养量，或者说是取决于该国文化阶层的兴起。

第四章　中国文化产品出口发展现状

第一节　国际文化贸易统计分类

　　文化贸易是基于文化产业基础之上发展起来的贸易业态，文化产业本身也是一个新兴的经济业态。目前，理论界对文化产业概念及内涵的理解并未形成范式，各国政府的实践部门在对文化产业的分类标准、统计口径、管理机构和支持政策等方面也存在着较大的差异。为了尽量消除分歧，并促进全球文化产业和文化贸易的快速发展，2008 年 UNCTAD 在其出版的年度世界文化经济报告中对文化产业具有的特征予以界定，对其包含的商品进行分类，并对全球创造的文化价值和贸易发展情况进行统计。UNCTAD 认为文化产业通常应具备以下 5 个方面的特征：一是使用文化和知识为关键投入的产品与服务生产、创造及销售的活动；二是由诸多以知识和智慧为基础的活动构成，不仅侧重于文化和艺术，还可以通过贸易和知识产权的保护产生潜在收入；三是包括有形产品和具有文化内容、经济价值和市场目标的无形智力与艺术服务；四是处于艺术、服务和制造业部门的交叉领域；五是文化产品是全球贸易中一个充满活力的新兴贸易领域。

　　在分类方面，UNCTAD 最初将文化产业分为文化遗产、艺术品、媒体和功能文化 4 个大类、9 个中类和 30 个小类，但文化产业是一个不断发展的经济业态，无论是其商品分类还是统计范畴总会经常性发生一些变动，如 2014 年 4 月在 UNCTAD 公布的文化贸易统计分类中，就将原来 2013 年属于表演艺术类的 CD、DVD、磁带等商品调整归类至视听类产品当中，而在表演艺术类中新增了乐器等产品。根据最新公布的资料，UNCTAD 从贸易角度考虑，将文化产业整体分为文化产品和文化服务 2 个大类、11 个中类和 36 个小类，具体统计分类如表 4-1 所示。

表 4-1　联合国贸易和发展会议（UNCTAD）对文化产业的贸易统计分类

大类	中类	小类
文化产品	工艺品	地毯；庆祝用品；纸制品；藤制品；纱制品；其他
	视听	电影；CD；DVD；磁带等
	设计	建筑；时装；玻璃器具；室内设计；首饰；玩具
	新媒体	媒介录制；视频游戏
	表演艺术	乐器；音乐印刷品
	出版	图书；报纸；其他印刷品
	视觉艺术	古玩；绘画；摄影；雕塑
文化服务	计算机与信息服务	计算机服务；信息服务（包括新代理服务和其他信息服务）
	版税和许可费用	特许和类似权；其他版税和许可费
	其他商业服务	广告；市场调研和民意调查；研发服务；建筑；工程；其他技术服务
	个人、文化和休闲服务	视听及相关服务；其他个人、文化和休闲服务

资料来源：根据 UNCTAD 官方网站于 2016 年 12 月 22 日公布的统计资料整理。

UNCTAD 的文化产品包括工艺品、视听、设计、新传媒、表演艺术、出版、视觉艺术 7 个中类和 24 个小类；文化服务包括计算机与信息服务、版税和许可费用、其他商业服务以及个人、文化和休闲服务 4 个中类和 9 个小类。需要特别指出的是，尽管 UNCTAD 官方网站原则上公布了世界各国文化贸易的数据，但只有文化产品和文化服务当中的其他商业服务中的 3 小类以及个人、文化和休闲服务当中的 2 小类的统计数据相对齐全。

此外，还有一个在文化产业和文化贸易领域影响较大的组织，即联合国教科文组织，该组织对文化产品的界定是"具有象征、审美、艺术或文化价值的特殊商品"。联合国教科文组织发布的《2009 年联合国教科文组织文化统计框架》将文化贸易商品划分为文化和自然遗产、表演和庆祝活动、视觉艺术和手工艺、书籍和报刊、音像和交互媒体、设计和创意服务 6 大类，并列出了基于 HS2007 代码定义的文化产品和服务国际贸易内容，其具体数据可以从联合国商品贸易数据库（UN COMTRAD）中查询获得。该文化贸易分类标准也是目前颇具影响力的统计标准之一。根据联合国教科文组织 2009 年的框架划分的统计口径，按照与世界海关组织发布的 2007 年的 HS 编码，基于联合国的国际货物贸易数据库，我们可以查询到一国具体文化贸易数据情况。联合国教科文组织对文化产品分类与对应海关商品编码如表4-2所示。

表4-2　联合国教科文组织对文化产品分类与对应海关商品编码

一级类别	二级类别	海关统计商品编码（2007）
文化与自然遗产	收藏品	970500
	古董	970600
视觉艺术与工艺品	首饰	711311、711319、711320、711411、711419、711420、711610、711620
	手工艺品：手工编织挂毯、刺绣、针织物等	580500、580610、580620、580631、580632、580639、580640、580810、580890、581010、581091、581092、581099、581100、600240、600290、600310、600320、600330、600340、600390、600410、600490
	摄影：胶片等	370510、370590
	绘画：绘画、拼贴图等	970110、970190、491191
	其他视觉艺术：塑料饰品、玻璃饰品、木雕、陶瓷制品等	970200、970300、392640、442010、442090、691310、691390、701890、830621、830629、960110、960190
表演和节庆	乐器：钢琴、弦乐器、打击乐器、音乐盒等	830610、920110、920120、920190、920210、920290、920510、920590、920600、920710、920790、920810、920890
	记录媒体：光盘、磁盘等	852321、852329、852351、852359、852380、490400
图书和出版物	图书	490110、490191、490199
	报纸	490210、490290
	其他印刷品：儿童画/绘画/着色书、印刷类地图、明信片、日历等	490300、490591、490510、490599、490900、491000
视听和互动媒体	电影、视频、电子游戏	370610、370690、950410
设计和创意服务	建筑和设计：用于建筑、工程等类似用途的计划和手工绘制图纸；手写文本；摄影复制品等	490600

数据来源：根据《2009年联合国教科文组织文化统计框架》相关资料整理。

2015年，商务部、中宣部、原文化部等五部门联合发布了《对外文化贸易统计体系（2015）》，整个体系依据 HS2015 共包含 268 种海关商品编码，并将文化产品分为核心层和相关层。其中，核心层包括图书、报纸、音像制品等纸质出版物和电子出版物，相关层则包括工艺美术品及收藏品、文化用品、文化专用设备。

目前，虽然不同统计体系都将文化产品进行了一定的分类，但是分类标准并不统一，细分小类有所区别。本书主要采用的是以 UNCTAD 官方网站于2016 年 12 月 22 日公布的分类标准和统计数据，但是部分章节对于相关问题研究时涉及与相关变量数据匹配问题，也采用联合国教科文组织对文化产品的分类与海关商品编码相关匹配数据进行相关问题研究。当然，这并不影响整体对中国文化产品出口增长问题研究的相关结论。

第二节　文化贸易发展的国内外环境

一、世界文化产业蓬勃发展

文化产业在实践过程中显现出蓬勃发展的态势，根据 Potts 和 Cunningham (2008) 的观点，发达国家文化产业的增加值、就业增长率等正以其他产业两倍的速度在递增[①]。2001 年，被誉为“创意产业之父”的英国著名文化学家约翰·霍金斯（John Howkins）在其代表作《创意产业》中指出，全球每天的文化产业产值约 220 亿美元，并以 5% 的速度递增。根据英国创意产业协会（Creative Industries Council）的统计，2012 年英国文化产业贡献的总附加值为 710 亿英镑，比 2011 年增长了 9.4%，其中版权输出量在全球位居前三，每10 英镑的出口额中便有 1 英镑属于文化产业，高于英国其他任何一个产业部门[②]。美国经济分析局（BEA）和国家艺术基金会（NEA）于 2013 年 12 月公布的《艺术和文化生产附属账户（ACPSA）》是美国首次在有关艺术和文化领域对国内生产总值贡献力进行深度分析的评估报告蓝本，报告中指出2011 年美国艺术和文化总产值达 9 160 亿美元，增加值约为 5 040 亿美元，占GDP 的近 3.2%[③]。联合国教科文组织与联合国开发计划署联合发布的《文化

---

① POTTS, CUNNINGHAM. Four models of the creative industries [J]. International journal of cultural policy, 2008, 14 (3)：233-247.

② 根据 2014 年英国文化经济协会年度报告相关资料整理。

③ 根据相关资料整理。

经济报告 2013（专刊）》指出，文化经济是目前世界增速最快的经济领域之一，其发展不仅对当地的创收、创造就业机会以及出口收入有重要的促进作用，且对提升全社会创造力、保护文化独特性、丰富大众生活具有重要意义。

二、国际文化贸易发展迅速

各国文化产业的蓬勃发展有力地促进了全球文化贸易的发展，而信息技术、全球网络、交通便利化的发展又起到了推波助澜的作用。如今，作为国际贸易的重要组成部分，文化贸易不仅能够为一国带来巨大的经济效益，其承载的文化和依附在其中的价值观念及精神内涵也随着文化商品市场占有率的扩大而扩散开来，并在贸易进口国居民的不断消费中逐渐被认可、接受和维持，出口国的影响力和在国际社会的文化软实力也随之不断加强。正是因为兼具经济与文化的双重属性和功能，各发达国家采取各种政策措施助推本国文化出口贸易发展和在国际文化市场当中份额的扩大，以期获得经济与文化的双重效益。UNCTAD 数据库显示，2015 年全球文化贸易额达到 9 641.48 亿美元，占世界货物与服务贸易总额的 2.30%，其中文化出口为 5 097.53 亿美元，进口为 4 543.95 亿美元，分别占世界货物与服务出口和进口的 2.41%、2.19%，文化贸易已经成为国际贸易中一个快速发展的新兴领域和极为重要的增长点。

三、文化贸易全球竞争激烈

在全球文化贸易格局中，发展中经济体不断追赶发达经济体，并与之形成激烈的竞争态势[①]。从全球文化产品贸易的角度来看，2015 年发展中经济体的文化产品进出口额为 4 412.37 亿美元，发达经济体的文化产品进出口额为 5 779.64 亿美元，各自占全球文化产品贸易总额的 41.62% 和 56.58%。虽然发展中经济体低于发达经济体 14.96 个百分点，但这个差距有不断缩小的趋势。从全球文化产品出口角度来看，发展中经济体的文化产品出口额在 2010 年就已经超越了发达经济体。2015 年，发展中经济体的文化产品出口额为 2 650.81 亿美元，而发达经济体的文化产品出口额为 2 416.24 亿美元，各自占全球文化产品出口额的 52.00% 和 47.40%。由此可见，发展中经济体高于发达经济体 2.6 个百分点，而且未来有不断扩大的趋势。从全球文化产品进口角度来看，2015 年发展中经济体的文化产品进口额为 1 397.27 亿美元，发达经济体的文

---

① UNCTAD 将世界文化经济贸易的经济体类型划分为发达经济体、发展中经济体和转型经济体三类，其中转型经济体的文化经济贸易量相对较小。

化产品进口额为 3 426.10 亿美元，各自占全球文化产品进口额的 28.13% 和 68.97%。虽然发展中经济体低于发达经济体 40.84 个百分点，差距较大，但是从 2007 年开始，发展中经济体以年均 11.32% 的速度在弥补进口比重的差距缺口。

然而，从商品贸易结构角度来看，发达经济体依托其在内容文化、技术创新和品牌营销方面的比较优势占据着文化价值链的高端，其出口主要集中于高附加值、知识技术密集型的视听、表演艺术、出版和视觉艺术 4 类文化产品，并在文化服务出口当中占据绝对优势，而发展中经济体的优势出口商品则主要集中于低附加值、劳动密集型的设计、工艺品和新媒体 3 类产品。2015 年，发达经济体上述 4 项文化产品在全球同类文化产品出口额当中所占比重分别为 62%、57%、71% 和 64%，而发展中经济体上述 3 项文化产品在全球同类文化产品出口额当中所占比重分别为 56%、74% 和 70%。

四、贸易规则存在"文化例外"

当前，西方国家的文化政策主要分为美国模式和法国—加拿大模式。美国的文化政策秉承自由主义传统，主张文化产品生产与销售的高度市场化和政府干预的最小化，且没有统一的文化产业政策。尤其是当 1996 年美国文化产品出口首次超过以汽车为代表的传统工业品出口上升为第一出口产业后，美国愈加坚持全球文化市场自由开放，坚决反对通过贸易壁垒、政府补贴和配额制等形式对文化产业及贸易进行干预。因此，美国在文化贸易领域也要求其他国家开放本国文化市场、取消文化壁垒，以实现全球文化产品的自由贸易和资本的自由流动。

作为 20 世纪末期首次提出"文化例外"的法国来说，其认为文化产品与其他产品不同，本身具有较强的文化价值和精神意义，文化商品和服务传达的价值观念和生活方式的作用已经超过了其本身的商业价值。因此，文化产业与一般产业存在着本质上的不同，文化贸易与一般的商品贸易也存在着较大的差异性。大量国外文化产品进口会对一个主权国家民族文化的存在和发展构成威胁，尤其是美国文化发展的商业化倾向将会对别国的文化安全构成威胁。

法国认为，全球化时代当中的文化贸易，不是使各国的个性特色及民族文化削减，而是使其能够实现文化上的有效统合，即实现文化的多样性，而本国的文化产品反映了该国的多重身份及其公民的创新多样性。因此，法国出于文化对于一个国家和民族文化独立具有异常的重要性缘由，坚决反对把文化列入关于关贸总协定谈判的一般性服务贸易内容当中，提出以"文化例外"作为保护文化贸易的有效手段。对法国而言，"文化例外"并不是一项应付对外谈判的权宜之计，而是确保国家文化安全的长期国策。

英国、加拿大和法国的文化政策在强调政府加大对本国文化产业理性规划力度的方向基本一致，只是在文化发展目标及调节力度和方式上存在区别。在法国政府的大力倡议下，欧洲各国也主张通过加强文化保护措施、保障文化主权、提高文化安全等措施抵制美国影视作品的侵入，主要体现在两个方面：一是对国产电影实行补贴制度，如法国政府对电影票房收入加收11%的特别税补贴到国产电影制作当中；二是对电视节目实行配额制度，如1989年10月当时的欧共体通过一项关于"无国界电视"指导政策，建议各国所有电视频道至少播放50%的欧洲原产电视节目。

在1994年启动的WTO乌拉圭回合贸易谈判中，欧美双方发生了激烈争执，美国方面以产品贸易自由流动原则为由，要求欧盟取消市场准入限制、扩大进口份额，同时美国还指责欧洲各国政府对本国文化产品的补贴过多，对自身产品实施了贸易保护主义。针对美国方面的指责，欧盟发表了法国积极推动下制定的旨在保护欧洲视听工业的《共同行动纲领》，这项文件要求在乌拉圭回合谈判中把文化产品排除在"商品"和"服务"的范畴之外，使之享有"文化例外"权。这样一来，欧洲各国就可以对本国产品实行补贴、对外来产品加以限制，从而有效地保护自己民族文化不被外来产品所吞噬。欧盟还提出建议，应当在WTO总协定框架下设立一个单独规范文化产品的协定。经过长时间激烈交锋和讨价还价，双方相互做出了让步，最终达成了妥协性协议。虽然在美国的顽固抵制下，"文化例外"没有正式写进WTO文本，但是美国被迫同意欧盟继续对电影业等领域进行补贴，同时认可了规范文化产品贸易的"服务贸易总协定"与其他领域产品协定的差别。不过，这项"服务贸易总协定"不是强制性的，而是承诺性的，因此实施这项协定具有很大的弹性，也为欧美日后的继续争执埋下了伏笔。尽管如此，法国通过"文化例外"条款还是在欧美贸易谈判中维护了国家的文化安全和自身的文化利益。2003年7月，法国提议将"文化例外"条款写入欧盟第一部宪法，当存在影响欧盟语言和文化多样性风险时，欧盟对文化和视听服务国际贸易谈判的决策将以一致通过的方式进行，这就使得法国在欧盟宪法当中持有否决权。2013年7月，欧美跨大西洋自由贸易协定（TTIP）谈判正式启动，谈判启动之前，欧盟各国就参与者谈判和确定谈判范畴进行内部磋商。最终，经过反复协商后，欧盟作为一个整体最终还是认可了法国提出的"文化例外"主张，并根据协商一致原则，欧盟决定暂时把文化影视产品置于TTIP谈判的议题之外。

但需要注意的是，直至目前，"文化例外"条款还没有被正式写入WTO这一当今规范全球多边贸易规则的正式文件中，这就意味着"文化例外"的应用在一定程度上仍旧缺乏国际法律的基础。

五、中国高度重视文化贸易发展

中国紧跟世界经济发展变化趋势，高度重视文化贸易的发展。2006年11月，《国务院办公厅转发财政部等部门〈关于鼓励和支持文化产品和服务出口的若干政策〉的通知》明确指出，要加大中央和省级宣传文化发展专项资金与文化"走出去"专项资金对文化产品和服务出口的支持力度，对境外文化市场推广绩效突出的文化企业进行奖励，资助电影、图书和音像制品的翻译与出口工作，并对参加境外文化商业性演出的相关费用给予补贴。同时，中国利用中央外贸发展基金以及从援外资金当中安排专门预算，支持和推动文化产品和服务出口。党的十七大报告明确指出，把激发全民族文化创造力和提高国家文化软实力作为文化发展的目标。党的十八大又顺应时代发展需要，将文化"走出去"和增强文化软实力作为重要战略进行部署。2014年3月，《国务院关于加快发展对外文化贸易的意见》进一步提出，在财税支持方面，要加大文化产业发展专项资金在文化服务出口、境外投资、市场开拓和人才培养等方面的支持力度，为加快我国发展对外文化贸易以及拓展我国文化发展空间给出了具体指导意见和支持措施。

政府支持并鼓励文化企业参加国家重点支持的文化展会，通过这些国际性文化博览与交易平台推动文化出口。政府打造的中国（深圳）国际文化产业博览交易会和中国北京国际文化创意产业博览会是国家级、国际化的综合性国际文化产品和服务交易平台，为中国文化企业的展示及推介提供了窗口和平台。同时，中国国际广播影视博览会、中国国际动漫节、上海国际电影节和北京国际图书博览会等行业内大型展会或节庆活动，也在推动中国文化产业与国际接轨的速度以及促进中国文化产业"走出去"的过程中发挥了重要作用。

伴随着一系列旨在推动我国文化产业与文化贸易发展政策与措施的出台以及文化市场需求的驱动，作为文化发展核心内容的文化贸易已经逐渐发展成为我国文化"走出去"和文化软实力建设的重要着力点。大连万达集团股份有限公司、江苏凤凰出版传媒集团有限公司等一批具有国际竞争力的龙头文化企业正在全球掀起并购浪潮，《非诚勿扰》《完美世界》等一系列具有原创性和中国文化元素的内容产品正在全球形成品牌输出的发展势头。从2012年开始，中国就已经跃居成为全球文化产品最大的出口国，中国对外文化贸易正在创造着与对外贸易增长相似的奇迹①。中国文化贸易的发展不仅促进了国内经济和全球文化贸易的增长，还为推动世界文化内容与艺术表现形式上的多样化做出了积极贡献。

第三节　中国文化贸易政策的发展演变与体系构成

一、中国文化贸易政策的发展演变

改革开放以来，我国经济水平显著提升，特别是加入 WTO 之后，我国推进宽领域、深层次的对外开放，加强对外经济合作，国际影响力日渐增强。从 2002 年开始，我国文化产品出口整体呈增长态势，文化产品出口额由 2002 年的 320 亿美元上升到 2015 年的 1 685.07 亿美元，是世界第一大文化产品出口经济体。2015 年，中国文化产品进出口贸易额为 1 832.84 亿美元，占世界文化产品贸易总额的 19.01%，是仅次于欧盟（3 407.89 亿美元）的第二大文化贸易经济体。中国已经崛起成为世界文化贸易重要的经济体。中国文化贸易的迅猛发展，既得益于中国文化产业整体的快速发展，也得益于在不同时期中央政府所颁布实施的一系列文化贸易政策。

根据特定时期政治形势和宏观经济社会环境变化，我国文化贸易政策在不断被建构、调整和完善中发展演变，按照"改革开放""加入 WTO"和"进入经济新常态"等关键时点，我们将中国文化贸易政策划分为改革窗口期（1978—2001 年）、积极推进期（2002—2011 年）和战略发展期（2012 年至今）三个重要阶段。

（一）改革窗口期（1978—2001 年）

1979 年，邓小平同志在中国文艺工作者第四次代表大会上祝词时提出，文化的对外开放不仅是学习资本主义的现代文明成果，还要借鉴和学习我国古代及外国的文艺作品、表演艺术中一切进步的和优秀的东西。1986 年，《中华人民共和国国民经济和社会发展第七个五年计划》（1986—1990 年）提出了包括积极开展文化艺术、广播电影电视、新闻出版界人员和表演团体交流等对外文化交流措施，但这些是放在文化事业发展专题方面表述的。1997 年，国务院发布了《出版管理条例》，对出版单位的设立与管理、出版物的出版、出版

---

①　中国对外文化贸易进出口额从 1980 年的 381.40 亿美元发展到 2013 年的 4.16 万亿美元，增长了约 108 倍，并于 2013 年成为世界货物贸易第一大国，同时也是首个货物贸易超过 4 万亿美元的国家，创造了世界贸易发展史上的奇迹。

物的印刷或者复制和发行、保障与奖励、法律责任等方面进行了规范。2000 年,《中共中央关于制定国民经济和社会发展第十个五年计划的建议》中第一次提出"文化产业"的概念,文件中要求完善文化产业政策,加快文化产业的发展,这也是第一次提出"文化产业"概念的中央正式文件。

2000 年 6 月,原国家广播电影电视总局和原文化部共同印发了《国家广播电影电视总局 文化部关于进一步深化电影业改革的若干意见》,对促进建立起完善的电影市场体系,形成全国统一开放、竞争有序的电影市场格局奠定了政策基础。2001 年 8 月,中共中央办公厅、国务院办公厅转发了《中央宣传部 国家广电总局 新闻出版总署关于深化新闻出版广播影视业改革的若干意见》,提出要从组织结构调整入手,积极推进文化行业集团化建设,组建一批主业突出、品牌名优、综合能力强的大型文化集团,实行多媒体兼营、跨地区经营,以此为突破口,加大市场整合力度,迅速提高文化企事业的竞争力。2001 年 10 月,原文化部发布的《文化产业发展第十个五年计划纲要》和《文化部关于深化文化事业单位改革的若干意见》提出,"十五"计划期间,我国要积极应对加入 WTO 的机遇与挑战,对外开放、对内搞活,为文化产业的发展提供良好的政策环境。2001 年 12 月,国务院颁布了《音像制品管理条例》,对录有内容的录音带、录像带、唱片、激光唱盘和激光视盘等音像制品的出版、制作、复制、进口、批发、零售、出租等活动进行了规范。

总体来看,这一时期我国文化贸易战略的政策聚焦点是如何对文化产品和服务进口及对外文化交流进行规制管理,而对文化贸易的经济价值关注度不够。只有到了"十五"计划时期,国务院政策文件在文化领域不再是单纯聚焦于组织结构调整和职能配置,各类文化政策中开始涉及开拓我国文化产业国际市场的贸易内容,文化交流与贸易进入了中央政策文件的视野。

(二) 积极推进期 (2002—2011 年)

2001 年 12 月 11 日,中国正式加入 WTO,成为第 143 名成员。中国加入 WTO 后至 2012 年进入经济新常态之前这段时期,是我国文化产业快速发展的历史阶段,大量相关政策文件相继出台。文化贸易政策经历了从规制管理逐渐转向如何对文化产品"引进来"的同时,鼓励和扶持我国文化产品和服务的出口,积极促进文化"走出去",推动文化产业的国际化发展。2003 年,原文化部发布了《文化部关于支持和促进文化产业发展的若干意见》,在发展文化产业的主要措施中提出了对出口的文化产品和文化服务给予优惠及支持以促进实施文化"走出去"的发展战略。在体制改革支持政策方面,国务院于 2005 年颁布了《国务院关于非公有资本进入文化产业的若干决定》,鼓励非公有资本从事文化产品和服务出口业务。在出口补贴政策方面，国务院办公厅于2006年转发了《财政部 商务部 文化部 人民银行 海关总署 税务总局 广电总局 新闻出版总署关于鼓励和支持文化产品和服务出口的若干政策》；同年，商务部等部门共同制定了《文化产品和服务出口指导目录》，并于2010年发布了《商务部等十部门关于进一步推进国家文化出口重点企业和项目目录相关工作的指导意见》，以及颁布了一系列有关分类文化产品出口奖励等措施，以此提高对出口文化产品和服务的补贴力度。在税收支持方面，财政部等部门于2005年发布的《财政部 海关总署 国家税务总局关于文化体制改革试点中支持文化产业发展若干税收政策问题的通知》以及于2009年发布的《财政部 海关总署 国家税务总局关于支持文化企业发展若干税收政策问题的通知》等，为文化出口企业实施退税免税以及降低税率提供优惠和支持。在金融支持政策方面，有代表性的是原文化部于2009年与中国进出口银行签订的《关于扶持培育文化出口重点企业、重点项目的合作协议》和商务部等部门同年制定的《商务部 文化部 广电总局 新闻出版总署 进出口银行关于金融支持文化出口的指导意见》等措施，其主要政策目标在于寻求解决文化出口企业面临的融资与风险问题。这一时期的文化贸易政策逐渐出现了意见、规划、决定等政策性文件，说明在传统的规定、审查、管理办法等行政法律手段以外，政府制定政策的手段更为柔性和多元化。此外，政策的现实性、适用性也有了明显的提高，针对不同现实文化贸易政策问题出台了专题政策。

总体来看，这一时期我国文化贸易政策主要集中在体制改革支持、设立出口补贴、税收支持、金融支持等层面，以具体的措施有力地促进了我国文化产品和服务出口，以扭转我国文化贸易长期处于逆差的不利局面。

（三）战略发展期（2012年至今）

中国GDP增速从2012年起开始回落，2012年、2013年、2014年增速分别为7.7%、7.7%、7.4%，告别过去数年来平均10%的高速增长，经济增长速度进入换挡期。2014年5月，习近平总书记在河南考察时强调，我国发展仍处于重要战略机遇期，我们要增强信心，从当前我国经济发展的阶段性特征出发，适应新常态，保持战略上的平常心态。新常态是近年来中国经济从高速增长进入中高速增长后经济发展的阶段性特征，是国际金融危机外部压力持续释放负面影响和支持经济增长的内部条件出现新特点共同作用的结果，这也符合经济发展内在逻辑的变化过程和国际经验。

战略发展期的文化贸易政策主要针对中国文化的国际影响力逐步提高，文化产品的竞争力得到增强，但对外贸易总额所占比重小、文化贸易结构不平衡，在科技文化含量高的文化产品和文化服务贸易当中存在"文化逆差"和"文化赤字"现象等问题，旨在重点扩大知识与技术密集型文化服务和内容文化产品的对外贸易，以支持经济新常态下的经济结构优化升级目标，同时加快中国文化"走出去"战略实施，实现党的十七大提出的"提高国家文化软实力"战略。政策内容涵盖了"知识产权保护""高新科技""数字化""互联网""文化安全"等新议题，使得涵盖这些文化服务和内容的文化产品出口成为新时期文化贸易发展的重点领域。

2014 年，国务院专门印发了《国务院关于加快发展对外文化贸易的意见》，这是我国第一部将"对外文化贸易"纳入标题的政策性文件。该意见从明确支持重点、加大财税支持力度、强化金融服务、完善服务保障四个方面提出了加快发展对外文化贸易的具体措施。2015 年 3 月，《财政部办公厅关于申报 2015 年度文化产业发展专项资金的通知》明确表示，为推动对外文化贸易发展，要重点对列入《2013—2014 年度国家文化出口重点企业目录》的有文化服务出口业绩的企业给予奖励，并对列入该目录的文化出口重点企业的境外投资等项目给予补助。

国务院于 2016 年印发的《"十三五"国家战略性新兴产业发展规划》鼓励多业态联动的创意开发模式，提高不同内容形式之间的融合程度和转换效率，努力形成具有世界影响力的数字创意品牌，支持中华文化"走出去"。2017 年 1 月，为贯彻落实《推动共建丝绸之路经济带和 21 世纪海上丝绸之路的愿景与行动》，加强与"一带一路"沿线国家和地区的"文明互鉴"及"民心相通"，切实推动文化交流、文化传播、文化贸易创新发展，构建文化交融的命运共同体，原文化部编制了《文化部"一带一路"文化发展行动计划（2016—2020 年）》，该行动计划着力实现与"一带一路"沿线国家和地区的文化交流合作机制逐步完善、文化交流合作平台基本形成、文化交流合作品牌效应充分显现以及文化产业及对外文化贸易渐成规模四大发展目标。

2018 年，国务院办公厅印发的《知识产权对外转让有关工作办法（试行）》制定了知识产权对外转让的审查机制，以维护国家安全和重大公共利益。

2020 年 11 月，国务院办公厅发布的《国务院办公厅关于推进对外贸易创新发展的实施意见》明确提出，要加快发展对外文化贸易，加大对国家文化出口重点企业和重点项目的支持力度，加强国家文化出口基地建设，并将其作为实现创新业态模式、培育外贸新动能的路径之一。

2021 年 10 月，商务部、中宣部等 17 部门联合发布的《商务部 中央宣传部等 17 部门关于支持国家文化出口基地高质量发展若干措施的通知》认为，建设国家文化出口基地是激发文化产业发展活力、健全现代文化产业体系、推动对外文化贸易高质量发展的重要途径，也是推进社会主义文化强国建设的重要举措。从 2018 年商务部、中宣部、文化和旅游部、国家广播电视总局认定首批基地以来，各基地积极创新支持政策、培育市场主体、开拓海外市场，其发展动能不断增强、集聚效应逐步显现，但也存在政策体系不够完善、发展合力有待凝聚等问题。未来，相关部门应通过健全共建机制，引导相关基地发挥与自贸试验片区重叠的优势，加大文化领域改革创新力度，发挥好改革开放试验田和排头兵作用；引导和支持各基地积极参与中华优秀传统文化传承发展工程、文艺作品质量提升工程以及文化产业数字化战略的实施；引导并加强各基地间的交流与合作；支持建立国家文化出口基地联席机制，定期举办文化出口基地论坛，分享基地建设创新成果和典型经验，条件成熟的还要及时面向全国推广；支持各基地建立文化出口重点企业名录和重点项目库，建立重点企业联系制度，畅通基地所在省份相关部门与企业间的联系渠道，及时协调解决企业发展中遇到的问题和困难等途径，并不断加以完善和发展。

2022 年 7 月，商务部等 27 部门联合发布的《商务部等 27 部门关于推进对外文化贸易高质量发展的意见》明确提出了我国对外文化贸易发展的目标：对外文化贸易规模稳步增长，结构持续优化，高附加值文化服务出口在对外文化贸易中的比重稳步提升；到 2025 年，建成若干覆盖全国的文化贸易专业服务平台，形成一批具有国际影响力的数字文化平台和行业领军企业；我国文化产品和服务的竞争力进一步增强，文化品牌的国际影响力进一步提高；文化贸易对中华文化"走出去"的带动作用进一步提升，且对文化强国建设的贡献显著增强。

总体来看，这一时期的政府政策一方面越来越重视对中外文化创意产品研发人才的培育、配备和引进，鼓励支持具有自主知识产权、高技术含量的大型文化企业参与国际竞争；另一方面为贯彻总体国家安全观，文化贸易政策中出现了文化产品和服务进出口知识产权保护及维权的新主题。同时，为推动共建"一带一路"高质量发展，我国出台了针对开拓"一带一路"沿线国家和地区市场、促进"一带一路"文化贸易合作与文化交流的文化贸易相关细则，以提升中华文化软实力为核心的文化贸易战略思路也逐步形成，并在相关政策文件中进行表述。

1978—2022 年我国对外文化贸易政策演变的三个阶段如表 4-3 所示。

表 4-3　1978—2022 年我国对外文化贸易政策演变的三个阶段

时期	战略背景	聚焦重点	政策目标	典型政策
改革窗口期 (1978—2001 年)	改革开放	①文化产品和服务进口规制管理； ②对外文化交流	扩大对外文化交流，借鉴引进世界优秀文化精品	《进口影片管理办法》(1981 年)； 《文化产业发展第十个五年计划纲要》(2001 年)； 《音像制品管理条例》(2001 年)； 《文化部关于"十五"期间文化建设的若干意见》(2001 年)； 《文化部关于深化文化事业单位改革的若干意见》(2001 年)
积极推进期 (2002—2011 年)	加入 WTO	①加强外资引进； ②积极制定政策，鼓励和扶持对外文化贸易	扩大对外文化贸易，缓解文化贸易逆差较大局面	《文化部 国家广播电影电视总局 新闻出版总署 国家发展和改革委员会 商务部关于文化领域引进外资的若干意见》(2005 年)； 《财政部 商务部 文化部 人民银行 海关总署 税务总局 广电总局 新闻出版总署关于鼓励和支持文化产品和服务出口的若干政策》(2006 年)； 《文化产业振兴规划》(2009 年)； 《商务部 文化部 广电总局 新闻出版总署 进出口银行关于金融支持文化出口的指导意见》(2009 年)
战略发展期 (2012 年至今)	进入经济新常态	①以重点鼓励文化服务和内容文化产品出口为主，加大知识产权保护力度； ②支持"一带一路"沿线国家和地区文化贸易发展	深化文化体制改革，推进重大项目布局，促进核心文化产品和文化服务逆差改善，推动文化贸易高质量发展，维护国家文化安全	《文化部"十二五"时期文化改革发展规划》(2012 年)； 《国务院办公厅转发〈发展改革委等部门关于加快培育国际合作和竞争新优势指导意见〉的通知》(2012 年)； 《国务院关于深化文化体制改革推动社会主义文化大发展大繁荣工作情况的报告》(2012 年)； 《国务院关于加快发展对外文化贸易的意见》(2014 年)； 《国务院关于加快实施自由贸易区战略的若干意见》(2015 年)； 《财政部办公厅关于申报 2015 年度文化产业发展专项资金的通知》(2015 年)； 《文化部"一带一路"文化发展行动计划(2016—2020 年)》(2016 年)； 《"十三五"国家战略性新兴产业发展规划》(2016 年)； 《文化部"十三五"时期文化产业发展规划》(2017 年)； 《国家"十三五"时期文化发展改革规划纲要》(2017 年)； 《财政部办公厅 中宣部办公厅 商务部办公厅关于申报 2018 年度文化产业发展专项资金(重大项目方面)转移支付项目的通知》(2018 年)； 《国务院关于同意深化服务贸易创新发展试点的批复》(2018 年)； 《国务院办公厅关于推进对外贸易创新发展的实施意见》(2020 年)； 《国务院关于同意全面深化服务贸易创新发展试点的批复》(2020 年)； 《商务部 中央宣传部等 17 部门关于支持国家文化出口基地高质量发展若干措施的通知》(2021 年)； 《商务部等 27 部门关于推进对外文化贸易高质量发展的意见》(2022 年)

　　我国文化贸易政策的出台数量与针对重点是随着国内外政治、经济发展形势变化而不断变化的。总体上讲，未来在实现"文化强国"既定文化发展战

略目标的背景下，我国政府会继续出台与文化贸易相关的各项政策，有关对外文化贸易相关政策的制定数量会呈现出逐渐上升的趋势，与文化相关的政策法规中的对外文化贸易所占篇幅、内容的针对性也会有大幅度提高，以文化贸易为主题的战略性规划将更为密集的出台，从而形成全面、系统、科学的对外文化贸易政策体系。这也必然成为我国文化贸易政策的未来发展趋势。

二、中国文化贸易政策的体系构成

我国现行的文化贸易政策体系主要由限制进口的文化贸易政策和鼓励出口的文化贸易政策两部分组成。

（一）限制进口的文化贸易政策

相对于传统商品来说，文化产品和服务的意识形态属性即其消费过程中的外部效应。我国政府对文化产品和服务的进口数量和内容，与国外的文化合作与境外投融资等都有着严格的规定，在保护国内文化产业发展的同时，还以维护国家的文化安全为重点。针对文化产品和服务限制进口的工具包括关税和非关税壁垒，关税壁垒则主要针对以物质形态存在的文化商品，非关税壁垒则主要针对文化服务以及内容有关的文化商品。

1. 关税措施

按照 2018 年实施的《国务院关税税则委员会关于对原产于美国的部分进口商品（第二批）加征关税的公告》相关要求，我国对"对美加征 25%关税商品清单"中的 2 493 个税目商品实施加征 25%的关税，对"对美加征 20%关税商品清单"中的 1 078 个税目商品实施加征 20%的关税，对"对美加征 10%关税商品清单"中的 974 个税目商品实施加征 10%的关税，对"对美加征 5%关税商品清单"中的 662 个税目商品实施加征 5%的关税。截至 2022 年 12 月底，我国关税总体水平已低于 10%，且高于发达国家平均关税 4%以下水平。总体上讲，关税作为贸易保护手段的重要性已大为降低。我国进口文化产品适用税率如表 4-4 所示。

表 4-4　我国进口文化产品适用税率

进口文化产品	适用税率	税率等级水平
乐器（如钢琴、弦乐器、管乐器、打击乐器和键盘乐器等）、首饰、珠宝、金银器、象牙和兽骨制品等	20%左右	高关税

表4-4（续）

进口文化产品	适用税率	税率等级水平
纺织类手工艺品、手绘绘画、原版雕像和塑像、小雕像及其他装饰品（玻璃制品、象牙和兽骨制品，以及贱金属①铸成的艺术品和收藏品除外）等	10%左右	中关税
录制媒介［包括未录制的用于录音或其他用途的磁性媒介、半导体媒介和其他媒介（生产唱片的母版和母带等）］、已曝光或冲洗的感光片和胶卷（不用于胶印）、教学专用的已曝光和冲洗的电影胶片、其他感光板和胶卷、印刷版书籍和读物、辞典和百科全书等系列出版物、报纸杂志、木质小雕像及其他装饰品、古董等	0%	低关税

资料来源：根据商务部官方网站公布的相关资料整理。

另外，为了促进我国文化产业的发展，我国政府对国家鼓励的重点文化产业项目所需要的自用设备及配套件、备件等实行免征进口关税和进口增值税政策。

2. 非关税措施

在非关税措施方面，我国主要实施数量限制、本地内容限制和市场准入三种途径保护内容文化产品及服务为重点的文化产业发展和国家文化安全。

（1）数量限制。2005年8月，中宣部等六部门联合发布的《关于加强文化产品进口管理的办法》明确规定，国家对文化产品进口实行特许经营，对文化产品经营单位实行进口许可证制度，尤其是强化对网络游戏、电影、电视、图书报刊、电子出版物、音像制品等文化产品和服务的进口审批，并对出版社年度引进版权的总体数量进行限定。同年9月，《广电总局关于禁止以栏目形式播出境外动画片的紧急通知》进一步强调，要严格执行有关境外动画片引进的审查管理和播出数量的规定。2012年2月，《广电总局关于进一步加强和改进境外影视剧引进和播出管理的通知》要求相关部门要加强对境外影视剧引进项目的立项、审批和播出管理，所有境外电影、电视剧、动画片和其他影视节目的引进都必须经过国家广播电视总局审查通过，并获得发行许可证后，方可在中国境内发行播出。在《中华人民共和国服务贸易具体承诺减让表》中，我国政府规定每年以分账形式进口的国外影片数量不得超过20部。因此，总体上讲，我国文化产品进口过程中的非关税壁垒主要使用进口配额和进口许可制度来达到进口数量的限制目的。

---

① 贱金属即比较便宜的低劣金属。

（2）本地内容限制。我国通过限制外国电视广播节目、音乐或电影在本地播放或放映的时间、频率以及最高放映总时数占比，以达到提高本国影视、音乐、广播收视和收听率的目的，从而维护自身文化内容在视听领域的传播。在影视动画领域，2000年3月，《国家广播电影电视总局关于加强动画片引进和播放管理的通知》明确规定，每天每套节目中，引进动画片的播放时间不得超过少儿节目总播放时间的25%，且引进动画片不得超过动画片播放总量的40%。2004年5月，国家广播电视总局下发的《关于发展我国影视动画产业的若干意见》明确规定，在各频道每季度播出的动画片中，国产动画片与引进动画片的播出比例不低于6∶4。在影视剧领域，国家广播电视总局于2004年9月出台的《境外电视节目引进、播出管理规定》和2012年2月下发的《广电总局关于进一步加强和改进境外影视剧引进和播出管理的通知》均明确规定，在19∶00—22∶00时段禁止播出境外影视剧，各电视频道每天播出的境外影视剧不得超过该频道当天影视剧总播出时间的25%。

（3）市场准入。由于文化产品和服务在意识形态、价值观念和民族传统等方面具备的文化属性，我国同其他国家一样，对文化领域采取市场准入不完全放开即限制为主的政策，如《外商投资产业指导目录（2015年修订）》就对鼓励、限制和禁止外商投资的具体文化行业范围进行了明确。我国在加入WTO时，对文化产品和服务的市场准入也是谨慎而有限的。《中华人民共和国服务贸易具体承诺减让表》仅对外国服务提供者从事音像制品的分销（除电影外），电影院建设或改造（外资不超过49%），图书、报纸和杂志的批发（中国加入WTO后3年内）与零售（中国加入WTO后1年内）进行承诺，并允许分账形式每年进口20部电影用于影院放映；其他均不做承诺。

（二）鼓励出口的文化贸易政策

2002年11月，中国共产党第十六次全国代表大会上题为《全面建设小康社会，开创中国特色社会主义事业新局面》的报告是我国文化产业和贸易政策发展的一个重要分水岭，报告提出要"积极发展文化事业和文化产业"，这也是"文化产业"提法首次进入国家政策层面，代表着中国宏观层面从规制文化产品和服务进口逐渐转向鼓励本国文化产品和服务出口的对外文化贸易政策转向。中国文化贸易的出口政策主要由出口奖励和补贴、税收支持、金融支持、服务保障支持以及体制改革支持等内容组成，下面我们主要针对前4个方面进行详细介绍。

1. 出口奖励和补贴

在出口奖励和补贴方面，我国政府主要是通过设立专项资金与基金对文化产品和服务出口进行出口绩效奖励，中央和地方各级财政以财政资金对文化贸易出口企业进行贷款贴息和项目补贴。

2005年4月，财政部和原文化部为支持或奖励国产音像制品的出口而设立了国产音像制品出口专项资金。

2006年11月，《国务院办公厅转发财政部等部门〈关于鼓励和支持文化产品和服务出口的若干政策〉的通知》中明确指出，要加大中央和省级宣传文化发展专项资金与文化"走出去"专项资金的投入力度，支持文化产品和服务出口，奖励对境外文化市场推广绩效突出的文化企业，资助电影、图书和音像制品的翻译与出口工作，并对参加境外文化商业性演出的相关费用给予补贴。同时，中央外贸发展基金以及援外资金也安排支持并推动文化产品和服务出口的专项预算。

2007年4月，商务部等六部门联合制定了《文化产品和服务出口指导目录》，对新闻出版类、广播影视类、文化艺术类、其他综合类出口文化产品和服务重点生产企业与重点项目的认定标准进行规定，指导国家文化出口重点企业和重点项目的筛选，明确对文化产品和服务出口奖励及补贴的重点对象。

2010年，原文化部实施动漫游戏产业"走出去"扶持项目，对经过遴选的34家动漫企业和16家游戏企业的产品译制和海外推广等"走出去"项目进行支持。

2014年3月，《国务院关于加快发展对外文化贸易的意见》进一步提出，在财税支持方面，要加大文化产业发展专项资金在文化服务出口、境外投资、市场开拓以及人才培养等方面的支持力度。另外，国家电影事业发展专项资金、国产音像制品出口专项资金以及国产动漫产品出口奖励和补贴专项资金等是我国对于影视、音像和动漫等国家重点扶持的内容文化行业所设立的专门财政资金。

2015年3月，《财政部办公厅关于申报2015年度文化产业发展专项资金的通知》明确提出，对重点列入《2013—2014年度国家文化出口重点企业目录》的有文化服务出口业绩的企业给予奖励，并对列入该目录的文化出口重点企业的境外投资等项目给予补助，以推动对外文化贸易发展。

2018年3月，《财政部办公厅 中宣部办公厅 商务部办公厅关于申报2018年度文化产业发展专项资金（重大项目方面）转移支付项目的通知》为推动由商务部牵头负责的对外文化贸易发展，鼓励和支持我国文化企业参与国际竞争，扩大文化服务出口，推动中华文化"走出去"，对列入《2017—2018年度国家文化出口重点企业目录》且在 2017 年具有较好文化服务出口业绩的地方文化企业，根据 2017 年度文化服务出口额按比例予以奖励。

2. 税收支持

在税收支持方面，我国针对文化贸易的税收优惠政策主要涉及文化产品和服务进出口环节税、增值税、营业税和企业所得税等环节的税率降低和税收减免。

2005 年 3 月，财政部、海关总署和国家税务总局联合下发的《财政部 海关部署 国家税务总局关于文化体制改革试点中支持文化产业发展若干税收政策问题的通知》明确规定，免征政府鼓励的新办文化企业 3 年企业所得税；文化产品出口享受出口退（免）税政策；对企业在境外提供文化劳务取得的境外收入不征营业税，免征企业所得税；对重点文化产品生产所需要进口的自用设备、配套件和备件等，免征进口关税和进口环节增值税；从事数字广播影视、数据库、电子出版物等研发、生产、传播的高新技术文化企业，可享受国家高新技术企业税收优惠政策。

财政部、海关总署和国家税务总局于 2009 年 3 月联合发布《财政部 海关总署 国家税务总局关于支持文化企业发展若干税收政策问题的通知》后，又于 2014 年 11 月联合发布《财政部 海关总署 国家税务总局关于继续实施支持文化企业发展若干税收政策问题的通知》，明确对从事电影制片、发行、放映的电影企业取得的销售电影拷贝收入、转让电影版权收入和电影发行收入免征增值税；对出口图书、报纸、期刊、音像制品、电子出版物、电影和电视完成片予以增值税出口退税的优惠；对从事文化产业支撑技术等领域的高新技术文化企业，减按 15% 的税率征收企业所得税；文化企业开发新技术、新产品、新工艺发生的研究开发费用，允许在计算应纳税所得额时累计扣除。

2014 年 3 月，《国务院关于加快发展对外文化贸易的意见》明确规定，对国家重点鼓励的文化产品出口和文化服务出口分别实行增值税零税率及营业税免税；逐步将文化服务行业纳入"营业税改征增值税改革"试点范围，对纳入增值税征收范围的文化服务出口实行增值税零税率或免税；对在国务院批准的服务外包示范城市从事服务外包业务的技术先进型文化服务企业，减按 15% 的税率征收企业所得税，并且企业职工教育经费可享受不超过工资薪金总额 8% 的部分税前扣除。

2021 年 10 月，商务部、中宣部等 17 部门联合发布的《商务部 中央宣传部等 17 部门关于支持国家文化出口基地高质量发展若干措施的通知》提出，要积极支持基地内企业参加技术先进型服务企业认定，对经认定的技术先进型服务企业减按 15% 税率缴纳企业所得税。

2022 年 7 月，商务部等 27 部门联合发布了《商务部等 27 部门关于推进对外文化贸易高质量发展的意见》，在落实税收政策中提出，要落实文化服务出口免税或零税率政策，积极支持文化企业参加技术先进型服务企业认定，经认定的技术先进型服务企业可按规定享受相关企业所得税优惠政策，对国家鼓励发展的文化产业项目，在投资总额内进口的自用设备按照现行政策规定免征关税。

3. 金融支持

在金融支持方面，为解决文化出口企业面临的资金支持、融资、担保和降低风险问题，2009 年 3 月，原文化部与中国进出口银行签订了《关于扶持培育文化出口重点企业、重点项目的合作协议》，该协议规定了中国进出口银行在协议签订后的 5 年内，为扶持政府鼓励发展的文化出口重点企业和重点项目开发具有国际先进艺术水平、自主知识产权、原创品牌和民族特色的高科技文化产品和服务的发展，向国内文化企业提供不低于 200 亿元或等值外汇信贷资金。同年 4 月，商务部会同有关部门联合发布了《关于金融支持文化出口的指导意见》，明确了进出口银行向国家重点文化企业和项目提供包括文化产品和服务出口信贷、境外投资贷款、进口信贷等信贷类业务产品以及结算、贸易融资、对外担保、财务顾问等中间业务产品在内的便捷、全面的融资服务，以满足文化企业多元化融资需求；同时，也明确了进出口银行除了对文化企业进行实物资产抵押担保外，还应积极探索股权、股票、债券、知识产权质押等多种担保方式，提高文化企业的融资担保能力。

2010 年 3 月，中宣部等 9 部门联合发布了《关于金融支持文化产业振兴和发展繁荣的指导意见》，从信贷投放、授信模式、融资规模、保险服务、配套机制和效果检测等方面对金融支持文化产业发展、促进文化产品和服务出口以及便利文化企业跨境投资提出指导意见。同时，原文化部与中国工商银行签订了《支持文化产业发展战略合作协议》，择优支持国家重点文化出口企业和项目。

2010 年 12 月，原中国保险监督管理委员会和原文化部联合下发的《保监会 文化部关于保险业支持文化产业发展有关工作的通知》指出，中国出口信用保险公司应积极支持国家重点扶持的文化出口企业和项目，加快出口信用保险和海外投资保险服务创新，推动文化产业出口和海外投资业务的信用保险承保。

2014 年 3 月，《国务院关于加快发展对外文化贸易的意见》明确鼓励金融机构探索适合对外文化贸易特点的信贷产品和贷款模式；支持国家文化出口重点企业通过发行企业债券、公司债券、非金融企业债务融资工具等方式融资；推进文化贸易投资的外汇管理便利化。同时，该意见也鼓励融资性担保机构和其他各类信用中介机构开发符合文化企业特点的信用评级和信用评价方法，通过直接担保、再担保、联合担保、担保与保险相结合等方式为文化企业提供融资担保服务；鼓励保险机构在风险可控的前提下，对国家文化出口重点企业和项目提供承保政策灵活、投保手续优化的出口信用保险服务。同年，原文化部、中国人民银行和财政部联合下发了《文化部 中国人民银行 财政部关于深入推进文化金融合作的意见》，鼓励金融机构建立专口服务文化产业的专营机构、特色支行和文化金融专业服务团队，开发推广适合对外文化贸易特点的金融产品及服务。

2015 年 3 月，《财政部办公厅关于申报 2015 年度文化产业发展专项资金的通知》明确提出，要巩固文化金融扶持计划，即通过继续加大对文化金融合作的支持力度，鼓励银行、文化担保、文化融资租赁等机构为文化企业提供融资服务，引导金融资本投入文化产业。支持企业在项目实施中积极利用金融工具，对于获得银行基准利率贷款的文化产业项目给予优先考虑。

2021 年 10 月，《商务部 中央宣传部等 17 部门关于支持国家文化出口基地高质量发展若干措施的通知》明确提出，要统筹利用相关财政资金政策，支持基地完善公共服务体系，提升公共服务水平，鼓励基地与现有政府投资基金建立常态化联系机制，利用市场化方式为符合条件的文化贸易企业提供融资支持；同时，还要优化金融服务，支持基地与所在省（区、市）银行等金融机构建立联系机制，共享基地文化出口重点企业和重点项目名录，在风险可控、商业可持续的前提下为文化企业"走出去"做好金融服务。

4. 服务保障支持

在服务保障支持方面，为营造我国文化产品和服务出口良好的市场环境及竞争环境，我国政府在平台搭建、海外推广、通关便利、中介服务和知识产权保护等方面为文化产品和服务出口企业提供服务与保障支持。

2011 年 10 月，原文化部在上海自贸区正式设立全国第一个国家级对外文化贸易基地，这也是上海自贸区内唯一的专业文化贸易公共服务平台。其设立目的是期望该平台成为中国文化产品进出口集散地，推动更多中华优秀文化产品和服务走向世界。

2012 年 2 月，中共中央办公厅、国务院办公厅印发的《国家"十二五"

时期文化改革发展规划纲要》强调，要加强以中国国际文化产业博览会为中心建设国际文化产品交易平台，重点扶持中国国际广播影视博览会、中国国际动漫节、中国国际图书博览会、上海国际电影电视节，形成同时面向国际和国内的文化交易平台体系。

2014年3月，《国务院关于加快发展对外文化贸易的意见》进一步明确了完善文化贸易服务保障的重要性，强调为文化产品和服务出口提供行政审批简化、通关服务便利和知识产权保护的支持，要求加强对外文化贸易的公共信息服务和建立健全文化行业中介组织，帮助文化企业开拓海外文化市场。

2022年7月，《商务部等27部门关于推进对外文化贸易高质量发展的意见》明确指出，要深化文化领域改革开放，一是通过探索有序放宽文化领域限制性措施，发挥自由贸易试验区、自由贸易港、服务贸易创新发展试点和服务业扩大开放综合示范区等先行先试作用，主动对接国际高水平经贸规则；围绕文化领域开放开展压力测试，建立健全适应新形势、新需要的风险防范机制，以此积极探索高水平开放路径。二是聚焦推动文化传媒、网络游戏、动漫、创意设计等领域发展，开展优化审批流程改革试点，扩大网络游戏审核试点，创新事中、事后监管方式；探索设立市场化运作的文物鉴定机构，鼓励社会力量参与博物馆展览、教育和文创开发，以此深化文化领域审批改革。三是围绕满足人民日益增长的文化需求，有序扩大出版物、电影、电视剧、网络视听、体育、演艺和文化艺术等领域优质文化产品和服务进口，促进高水平市场竞争，以此扩大优质文化产品和服务进口。此外，该意见还提出要通过大力发展数字文化贸易、扩大出版物出口和版权贸易、鼓励优秀广播影视节目出口、支持扩大文艺精品出口、推动中华特色文化"走出去"和促进文化创意与设计服务出口6个途径培育我国文化贸易竞争新优势；通过提升文化贸易数字化水平、加强国家文化出口基地建设、鼓励数字文化平台国际化发展和创新发展数字内容加工4个途径激活创新发展新动能；通过健全文化贸易合作机制、拓展文化贸易合作渠道和聚焦重点市场深化合作3个途径拓展合作渠道网络。这是近年来我国关于推动对外文化贸易发展最为全面的支持政策。

第四节 中国文化产品出口发展历程、贸易结构与竞争力测度

一、中国文化产品出口发展历程

根据 UNCTAD 网站公布的数据，2002—2015 年世界商品与服务和文化产品进出口数据如附表 4-1 和附表 4-2 所示，2002—2015 年中国商品与服务和文化产品进出口数据如附表 4-3 和附表 4-4 所示，2002—2015 年世界主要经济体文化产品出口数据如附表 4-5 所示①。通过上述数据我们可以计算出以 2002 年为基期的 2003—2015 年世界和中国商品与服务及文化产品进出口增长率，如附表 4-6 和附表 4-7 所示。2003—2015 年世界文化产品出口平均增长率为 7.64%，进口平均增长率为 6.04%，2015 年出口总额为 5 097.53 亿美元，进口总额为 4 543.95 亿美元，分别占世界商品与服务出口和进口总额的 2.41% 和 2.19%。2003—2015 年中国文化产品出口平均增长率为 14.36%，进口平均增长率为 18.08%，2015 年中国的总体文化产品进口总额为 147.77 亿美元，出口总额为 1 685.07 亿美元，分别占中国商品与服务进出口总额的 0.74% 和 7.14%，占世界文化产品进出口总额的 3.25% 和 33.06%。

虽然 2002—2015 年世界和中国在文化产品出口增长率方面均略低于在商品和服务出口的增长率水平，但是 2015 年世界文化产品进出口总额已经占到世界商品与服务贸易总额的 2.30%，中国文化产品进出口总额已经占到对外商品与服务贸易总额的 4.20%，中国文化产品出口额更是占到对外商品与服务出口额的 7.14%，占世界文化产品出口总额的 33.06%，成为世界文化产品第二大出口经济体，在世界文化产品贸易领域的地位举足轻重。

二、中国文化产品出口结构演变

为了对中国文化产品出口贸易结构演变过程进行全面分析，本节分别从贸易的商品结构演变、模式结构演变和地理结构演变三个方面分析 2002—2015 年中国文化产业贸易结构发展变化过程。

（一）中国文化产品出口贸易的商品结构演变

贸易商品结构主要是各种商品进出口额占总进出口额的比重情况。我们根

---

① 本节所涉及的文化产品进出口额均是按照现行物价和汇率水平计算的美元来衡量。

据 UNCTAD 标准分类与附表 4-4 统计数据测算出 2002—2015 年中国文化产业中 7 类文化产品出口额占文化产品出口总额的比重值以及 7 类产品出口比重值的变化趋势，详见附表 4-8 和图 4-1。

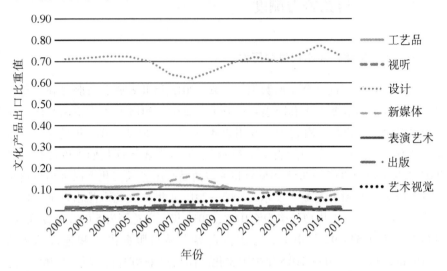

图 4-1　2002—2015 年中国文化产品中 7 类文化产品出口比重值的变化趋势

由附表 4-8 和图 4-1 可以看出，中国文化产品出口的商品结构整体上呈现不均衡发展态势，依据出口比重值大小可以分为三个层次：一是出口较少的产品，包括视听、表演艺术和出版 3 种，其比重值为 0~0.03；二是出口处于中等水平的产品，包括工艺品、新媒体和视觉艺术 3 种，其出口比重值为 0.04~0.16；三是出口较多的产品，主要是设计类产品，其出口比重值为 0.62~0.78。可以说，总体结构不平衡，以劳动密集型为主的设计类产品占出口主体地位，核心类文化产品出口较少，是中国文化产品出口商品结构的主要特征。

（二）中国文化产品出口贸易的模式结构演变

有关贸易模式结构问题的研究主要是针对产业间贸易（inter-industry trade）和产业内贸易（intra-industry trade）做出区分。贸易理论当中常用产业内贸易指数（index of intra-industry trade，IIT）作为判别贸易模式结构的依据，产业内贸易指数既可以衡量一国某个产业参与国际贸易的模式结构是产业间贸易还是产业内贸易，也可以判断形成该产业优势的基础是传统的资源禀赋优势还是新贸易理论所说的规模经济和垄断竞争等因素。Grubel-Lloyd 指数是产业内贸易指数中较为普遍被采用的一种指数，其计算公式为

$$IIT_{ik} = 1 - \frac{|X_{ik} - M_{ik}|}{X_{ik} + M_{ik}} \tag{4-1}$$

式（4-1）中，X_{ik}表示 i 国 k 产品的出口额，M_{ik}表示 i 国 k 产品的进口额。IIT_{ik}值范围为［0，1］，其中 $IIT_{ik}=0$ 表示 k 产业只有出口或只有进口，为完全产业间贸易；$IIT_{ik}=1$ 表示 k 产业的进口额等于出口额，为完全产业内贸易。由于 UNCTAD 在统计文化产业时所采用的统计口径偏细，所以我们认为如果 IIT>0.4，贸易结构就是以产业内贸易为主，如果 IIT>0.6，贸易结构就是高度的产业内贸易。

通过对 2002—2015 年的中国文化产品及其 7 类文化产品出口的产业内贸易指数计算，我们得到附表 4-9。

由附表 4-9 可以看出，中国总体文化产品出口的产业内贸易指数大体上在 0.20 徘徊，所以总体文化产品贸易以产业间贸易模式为主。7 类文化产品的贸易模式可以分为两类：一是视觉艺术、设计、表演艺术和工艺品 4 类产品是产业间贸易，其产业内贸易指数一般都在 0.4 以下；二是视听、新媒体和出版 3 类产品总体上是产业内贸易，其中出版类产品的产业内贸易指数变动比较平稳，基本维持在 0.50，而视听和新媒体的产业内贸易指数大体都呈现出一个"U"形变动趋势。但是，各类文化产品的产业内贸易指数鲜有大于 0.6 的，说明中国文化产品贸易中与贸易对象国的产业分工并不细致，以异质品的产业间分工贸易为主。

对于文化产品而言，影响其产业内贸易水平的因素主要有两个：一是其国际分工生产过程中的规模经济情况；二是消费市场的文化偏好程度。文化产业通过规模报酬递增、降低管理费用来获得内部规模经济的能力越强，行业地理位置的集中与专业化供应商以及知识外溢所产生的外部规模经济越多，其产业内贸易水平就越高。根据传统贸易的理论观点，消费市场文化背景越接近且文化偏好越相似的国家和地区，其产业内贸易水平就可能越高。同时，根据迪克西特—斯蒂格利茨（Dixit-Stiglitz）的理论，一般情况下，文化产品在满足消费者多样化的文化偏好与生产中获得内部规模经济的能力之间负相关。

中国文化产品中如像设计这样的文化产品仍然停留在劳动密集型产品定位阶段，存在着与国外展开分工合作贸易的发展瓶颈，而像表演艺术这类产品不适宜通过扩大生产规模来获取。由于规模经济，这些产品或服务往往表现出产业间贸易的特征。例如，以电影为代表的视听产品更多时候是出口到文化背景相似的东亚或东南亚地区，不必为满足消费者多样化的文化偏好而降低内部规模经济作为代价；而像出版这样的文化产品则必须采取内容制作和出版发行双向分工贸易机制作为发展模式，所以这类文化产品的产业内贸易指数一般较高。

（三）中国文化产品出口贸易的地理结构演变

贸易地理结构是一定时期内各国或地区在一国对外贸易中所占有的份额，一国某一产品的出口贸易的地理结构可以用该国该产品向各国或地区的出口额比上其产品出口总额得到。一国某一产品的对外贸易地理结构通常受经济互补性、国际分工的形式与贸易政策的影响而发生相应的变化。

根据 UNCTAD 网站公布的数据，2002—2015 年中国内地（大陆）文化产品对世界主要经济体的出口额如附表 4-10 所示。

用 2002—2015 年中国内地（大陆）文化产品对世界主要经济体的出口额除以中国内地（大陆）文化产品出口总额得到中国内地（大陆）文化产品出口贸易的地理结构演变情况，如附表 4-11 所示。

由附表 4-11 可以看出，2002—2015 年中国内地（大陆）文化产品出口贸易的地理结构变化主要有以下三个特征：

一是从对不同发展程度的经济体出口角度来看，中国内地（大陆）文化产品出口从发达经济体逐渐向发展中经济体转变，对发达经济体出口的比重值由 2002 年的 0.72 逐渐下降为 2015 年的 0.53，而对发展中经济体出口的比重值则由 2002 年的 0.26 逐渐上升为 2015 年的 0.44。虽然目前中国文化产品对发达经济体的出口比重值仍高于对发展中经济体的出口比重值，但是未来发展中经济体比重值超越发达经济体比重值的趋势非常明显，如图 4-2 所示。

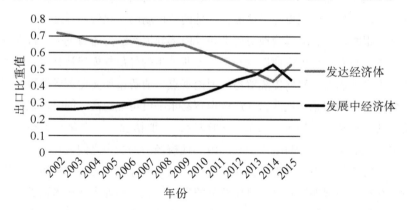

图4-2　中国文化产品出口对不同发展程度经济体的比重变动趋势

二是从区域角度来看，北美自由贸易区是中国文化产品出口的最大目的地，14 年平均比重达到 0.32，之后是欧盟，14 年平均比重达到 0.20，而与中国文化禀赋相似和地理位置相近的东盟，14 年平均比重仅在 0.05。这充分说明，贸易对象区域整体的经济发展水平仍然是影响中国文化产品出口的重要因素。但是北美和欧盟在中国文化产品出口当中的比重却是处于不断下降的态势，东盟则是处于上升的态势。北美在中国文化产品出口中所占比重从2002年的0.40下降到2015年的0.29，欧盟则是从2002年的0.20下降到2015年的0.18，东盟在中国文化产品出口中所占比重则是从2002年的0.02上升到2015年的0.09，与上述反映的规律一致。中国文化产品出口不同经济区域比重变动趋势如图4-3所示。

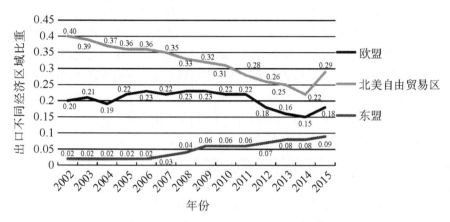

图4-3　中国文化产品出口不同经济区域比重变动趋势

三是从国家和地区角度来看，美国、意大利、日本、德国、英国、俄罗斯、法国、澳大利亚、加拿大等国家以及中国香港地区分别是2002—2015年排在中国内地（大陆）文化产品出口平均比重前10位的国家或地区，各国和地区占中国内地（大陆）文化产品出口的平均比重如图4-4所示。

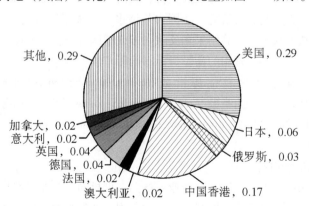

图4-4　2002—2015年中国内地（大陆）文化产品出口平均比重较大的国家或地区

中国文化产品出口的贸易地理结构表明了中国文化产品出口的主要去向，

同时也反映出中国文化产品贸易与相关国家或地区市场关联的紧密程度。以上三个特征表明了目前中国文化产品出口主要集中在发达经济体市场，但是发展中经济体市场发展非常迅速，甚至在短期内有超越发达经济体市场的趋势。这也说明，经济的发展是中国文化产品出口的重要影响因素。发达经济体的经济实力强大，是吸纳中国文化产品出口的最重要需求市场，但是发展中经济体近年来整体经济发展较为迅速，对中国文化产品的需求量增长速度强劲，逐渐成为吸纳中国文化产品的重要市场。这既可以从整体水平上观测出此规律，也可以从区域经济市场角度即北美自贸区、欧盟和东盟对中国文化产品需求变化的角度看出此发展变动规律。从国家或区域市场角度来看，中国文化产品出口的集中度依然以发达国家或地区为主，说明发达国家或地区对中国文化产品的需求市场成熟而稳定，当然从另外一个侧面也说明了发展中国家或地区对中国文化产品的需求正处在上升期，范围广泛但市场集中度不高，这也是中国未来培养文化产品出口优势时需要更多关注的重要问题。

三、中国文化产品出口竞争力变化

目前，国际上有诸多用于测度一国贸易竞争力水平的评价指标，本节基于一系列贸易竞争力评价指标对中国文化产品出口竞争力水平进行测度，以观测中国文化产品出口在国家市场当中的真实竞争力水平。

（一）贸易竞争力评价指标

贸易竞争力一直是国际贸易研究中的重要内容之一，如 Ferto 和 Hubbard（2003）、Seyoum（2007）、Serin 和 Civan（2008）等国外学者借助一系列指数对各国重要部门的国际竞争力展开分析，国内学者同样也是采用一系列指标对相关贸易竞争力问题进行研究。在国内外诸多学者关于贸易竞争力的衡量中，大多是通过数据或数理运算结果来反映一国或地区对外贸易过程当中在国际市场竞争力强弱的大小，常用的衡量指标有国际市场占有率（international market share，MS）、显示性比较优势指数（revealed comparative advantage index，RCA）和产品贸易竞争力指数（trade competitive index，TC），也有研究采用净出口显示性比较优势指数（net export revealed comparative advantage index，NR-CA）来衡量。

1. 国际市场占有率

国际市场占有率是一国某一产业或产品占世界同一产业或产品出口总额的比重，其比值变化可反映一国某产业或产品国际竞争力的变化，计算公式为

$$MS_{ik} = \frac{X_{ik}}{X_{wk}} \tag{4-2}$$

式（4-2）中，MS_{ik} 表示 i 国 k 产品的国际市场占有率；X_{ik} 表示 i 国 k 产品的出口总额；X_{wk} 表示世界 k 产品的出口总额。一个国家产业或产品的国际竞争力大小，最终将表现为其在国际市场上的占有率大小。在开放市场经济条件下，一国产业或产品在国际市场的占有率越高，该产业、产品在国际市场上的竞争力越强；反之则越弱。

2. 显示性比较优势指数

1965 年，美国经济学家贝拉·巴拉萨（Balassa）提出了显示性比较优势指数，用于衡量一个国家出口竞争力情况。RCA 指数主要是计算一国某种产品占其国内出口总额比重与世界该种产品占世界出口总额比重的比值，其计算公式为

$$RCA_{ik} = \frac{X_{ik}/X_{it}}{X_{wk}/X_{wt}} \qquad (4-3)$$

式（4-3）中，X_{ik} 表示 i 国 k 产品的出口额，X_{jt} 表示 i 国在 t 时期的出口总额，X_{wk} 表示世界市场 j 产品的出口额，X_{wt} 表示世界市场在 t 时期的出口总额。理论认为，RCA 值接近 1 表示中性的相对比较利益，该国出口在世界贸易当中处于中等水平；RCA 值大于 1，表示该国产品在国际市场上有比较优势，具有一定的国际竞争力；RCA 值小于 1，则表示在国际市场上没有比较优势，国际竞争力相对较弱。

显示性比较优势指数的特点是直接从商品的进出口贸易的结果来间接地测定比较优势，适合于现实的国际贸易结构分析，但该指标也有以下四种弊端：一是不对比较优势或贸易结构形式的决定因素进行直接考量，且其不考虑国家的贸易政策对进出口作用结果；二是该指标是一种静态指标，没有考虑贸易结构动态变化情况；三是该方法不能对产业内贸易较大的经济体的出口比较优势情况进行准确衡量，并以此预测一个贸易发展的模式；四是该指数忽视了进口的作用。

3. 净出口显示性比较优势指数

显示性比较优势指数只考查了出口对竞争力的影响，为了能够考察进口对出口竞争力的影响，1989 年巴拉萨又提出了净出口显示性比较优势指数。其公式为

$$NRCA_{ik} = (X_{ik}/X_{it}) - (M_{ik}/M_{it}) \qquad (4-4)$$

式（4-4）中，X_{ik}/X_{it} 表示一国某一产业出口在总出口中的比例，M_{ik}/M_{it} 表示该国该产业进口在总进口中的比例。指数值大于 0 表示存在竞争优势，指数值小于 0 表示存在竞争劣势，指数值等于 0 表示贸易自我平衡。该指数值越

大，国际竞争力越强；该指数值越小，国际竞争力越弱。

该指数反映了一国进口和出口两个方面的影响，因此能够剔除产业内贸易或分工的影响，用它来判断产业国际竞争力要比其他指数更能真实反映进出口情况。但是，如果考虑贸易壁垒的影响，其反映的情况距离真实竞争力水平可能仍有一定偏差。

4. 产品贸易竞争力指数

显示性比较优势指数虽然可以较为准确地测算产品出口的竞争力水平，但在反映产品进口情况时却有所欠缺。产品贸易竞争力指数又称净出口指数或是贸易专业化指数（trade specialization coefficient，TSC），是一个国家某类产品的进出口贸易差额与该国该类产品贸易总额之比。该指数比较全面地涉及产品进口和出口，既可以客观反映产品贸易竞争力的综合水平情况，也可以作为判断该产品由引进到发展成熟再到向外出口等所处不同发展阶段的依据，在一定程度上弥补了显示性比较优势指数的不足。其计算公式为

$$TC_{ik} = \frac{X_{ik} - M_{ik}}{X_{ik} + M_{ik}} \tag{4-5}$$

式（4-5）中，X_{ik}表示 i 国 k 产品的出口额，M_{ik}表示 i 国 k 产品的进口额。TC 指数取值范围在 $[-1, 1]$，取值大于 0 且数值越大说明产品的出口大于进口，国际竞争力越强；取值小于 0 且数值越小说明产品的进口大于出口，国际竞争力越弱。通常情况下，其具体的判断为：当 $0.8 \leqslant TC \leqslant 1$ 时，说明产品具有很强的竞争力；当 $0.5 \leqslant TC < 0.8$ 时，说明产品具有较强的竞争力；当 $0 \leqslant TC < 0.5$ 时，说明产品具有强竞争力；当 $TC = 0$ 时，说明产品竞争力水平一般；当 $-0.5 \leqslant TC < 0$ 时，说明产品具有低竞争力；当 $-0.8 < TC < -0.5$ 时，说明产品具有较低竞争力；当 $-1 \leqslant TC \leqslant -0.8$ 时，说明产品具有很低的竞争力。

需要指出的是，以上系列指标均可以衡量一国某一产业或产品包括进出口在内的贸易竞争力，但是一国的贸易竞争力尤其是其出口竞争力和国际竞争力是两个既有紧密联系又存在不容混淆具有重要区别的概念。研究表明：一国的出口竞争力与其国际竞争力确有较强的正向关联，但是产业出口竞争力的提升和其国际竞争力的提升并不绝对相等，特别是像中国这样国内市场总量和加工贸易规模巨大的经济体（陈立敏，2013）。一般来说，产业在市场规模较大的国内市场占有率的提高和国际市场份额的提高一样，都意味着其产业国际竞争力水平的提升。不难推理，出口优势的增大有利于但并不一定等于其产业国际竞争力的增强；同理，出口优势的减小也不意味着产业国际竞争力的必然减弱。因此，经济大国应谨慎使用出口竞争力指标来指示国际竞争力状况；同

样，用来衡量一国国际竞争力的指标也不能直接用来衡量一国的出口竞争力水平。

本书认为，一国或地区生产和提供的文化产品在国际上占有市场并以此来获取经济利润的能力就是该国文化产品的出口竞争力，该竞争力是一国文化产品国际竞争力的重要组成部分。

（二）中国文化产品出口贸易竞争力水平演变

为了对中国文化产品出口贸易竞争力演变过程及现状进行客观分析，我们分别从国际市场占有率、显示性比较优势、净出口显示性比较优势和产品贸易竞争力 4 个指标对 2002—2015 年中国文化产品和 7 类产品的出口贸易竞争力情况进行测度。

1. 中国文化产品出口贸易的国际市场占有率演变

通过式（4-2）对 2002—2015 年中国文化产业出口贸易的国际市场占有率计算，我们得到表 4-5 的相关数据。

表 4-5　2002—2015 年中国文化产品出口贸易的国际市场占有率（MS）

产品类型	2002	2003	2004	2005	2006	2007	2008	2009	2010	2011	2012	2013	2014	2015
文化产品	0.16	0.17	0.17	0.19	0.20	0.21	0.22	0.21	0.24	0.26	0.32	0.27	0.29	0.31
工艺品	0.20	0.21	0.21	0.24	0.27	0.34	0.35	0.34	0.35	0.36	0.43	0.37	0.39	0.42
视听	0.01	0.02	0.01	0.01	0.01	0.03	0.03	0.03	0.04	0.05	0.04	0.05	0.06
设计	0.20	0.21	0.22	0.24	0.24	0.26	0.25	0.25	0.30	0.31	0.37	0.35	0.37	0.34
新媒体	0.29	0.28	0.28	0.31	0.32	0.31	0.32	0.26	0.26	0.32	0.27	0.29	0.31
表演艺术	0.21	0.19	0.20	0.22	0.24	0.27	0.29	0.27	0.28	0.30	0.28	0.33	0.35
出版	0.02	0.02	0.02	0.03	0.04	0.05	0.05	0.05	0.06	0.06	0.08	0.07	0.09	0.08
视觉艺术	0.13	0.14	0.14	0.14	0.13	0.12	0.13	0.16	0.19	0.23	0.31	0.27	0.33	0.29

资料来源：根据 UNCTAD 统计资料计算，保留小数点后 2 位。

由表 4-5 可以看出，2002—2015 年中国文化产品及其包含的中类产品出口的国际市场占有率逐年上升。总体上讲，文化产品出口的国际市场占有率从 2002 年的 0.16 上升到 2015 年的 0.31，提升了 15 个百分点，达到国际市场占有率的第一位，平均每年的增长率达到 1.65%；工艺品的国际市场占有率更是从 2002 年的 0.20 上升到 2015 年的 0.42，提升了 22 个百分点，几乎占到了国际市场的半壁江山，平均每年的增长率达到 2.46%；设计、表演艺术和视觉艺术的国际市场占有率的提升幅度均超过 10 个百分点，并在国际市场上占据重要的份额；新媒体的国际市场占有率虽然提升较慢，只上升了 4 个百分点，但是其国际市场占有率在 2015 年已经达到 0.31 的比重；视听和出版的国际市场占有率虽然有不同程度的上升，但是上升的幅度不大，且这两类产品在国际市场上的占有率只有 6% 和 8%，相对于中国其他文化产品的国际市场占有率来讲则是保持在低位。

2. 中国文化产品出口贸易的显示性比较优势演变

通过式（4-3）对 2002—2015 年中国文化产品出口贸易的显示性比较优势指数计算，我们得到表 4-6 的相关数据。

表 4-6　2002—2015 年中国文化产品出口贸易的显示性比较优势指数（RCA）

产品类型	2002	2003	2004	2005	2006	2007	2008	2009	2010	2011	2012	2013	2014	2015
文化产品	3.45	3.64	3.33	3.24	3.04	3.03	3.00	2.81	2.94	3.11	3.53	3.46	3.23	3.28
工艺品	4.28	4.40	4.02	4.07	4.17	4.88	4.92	4.47	4.19	4.26	4.73	4.57	4.76	4.81
视听	0.29	0.34	0.22	0.15	0.12	0.48	0.47	0.46	0.41	0.46	0.51	0.44	0.47	0.46
设计	4.28	4.56	4.16	4.00	3.62	3.72	3.52	3.34	3.57	3.69	4.10	3.87	3.98	4.03
新媒体	5.21	6.02	5.46	5.32	4.95	4.34	4.39	3.45	3.07	3.06	3.54	3.44	3.57	3.39
表演艺术	3.87	4.14	3.92	3.81	3.58	3.82	4.03	3.66	3.36	3.27	3.35	3.34	3.51	3.62
出版	0.42	0.41	0.44	0.44	0.54	0.67	0.71	0.71	0.72	0.73	0.85	0.77	0.79	0.82
视觉艺术	2.89	3.09	2.67	2.32	2.07	1.72	1.77	2.13	2.28	2.74	3.47	2.71	2.92	3.29

资料来源：根据 UNCTAD 统计资料计算，保留小数点后 2 位。

由表 4-6 可以看出，2002—2015 年中国文化产品出口贸易的 RCA 平均值在 3.22，2015 年达到 3.28，显示出中国文化产品具有明显的出口显示性比较优势；工艺品和新媒体的 RCA 平均值分别达到 4.47 和 4.23，设计和表演艺术的 RCA 平均值分别达到 3.89 和 3.67，视觉艺术的 RCA 平均值也达到 2.58，这些产品的显示性比较优势非常明显；视听和出版的 RCA 平均值分别为 0.38 和 0.64，均小于 1，处于比较劣势，说明其产品相对于世界平均水平的出口贸易竞争力来说仍然相对弱小。

3. 中国文化产品出口贸易的净出口显示性比较优势演变

通过式（4-4）对 2002—2015 年中国文化产品出口贸易的净出口显示性比较优势指数计算，我们得到表 4-7 的相关数据。

表 4-7　2002—2015 年中国文化产品出口贸易的净出口显示性比较优势指数（NRCA）

产品类型	2002	2003	2004	2005	2006	2007	2008	2009	2010	2011	2012	2013	2014	2015
文化产品	12.12	12.02	12.93	13.16	12.74	6.44	7.25	7.12	7.92	8.43	9.45	8.43	9.21	8.78
工艺品	7.59	7.52	7.20	7.72	7.73	8.60	9.48	8.83	9.21	10.49	11.30	10.27	11.39	12.07
视听	0.21	0.29	0.17	0.11	0.10	0.34	0.35	0.36	0.31	0.33	0.33	0.30	0.33	0.37
设计	24.37	23.69	27.90	26.61	25.64	21.59	19.31	19.05	21.99	19.71	21.07	20.41	22.45	23.16
新媒体	11.46	9.15	12.15	55.48	18.85	2.65	3.83	3.55	3.21	2.83	3.58	3.18	3.79	3.67
表演艺术	17.29	17.84	17.25	14.96	16.33	13.66	12.95	10.27	10.45	9.29	8.34	8.26	7.89	9.32

表4-7（续）

产品类型	2002	2003	2004	2005	2006	2007	2008	2009	2010	2011	2012	2013	2014	2015
出版	1.48	1.60	2.37	2.14	2.74	3.24	3.57	2.28	2.19	2.43	2.42	2.38	2.65	2.81
视觉艺术	76.37	78.27	68.66	60.65	43.01	53.18	43.33	40.13	41.07	50.96	54.52	51.43	53.86	55.72

资料来源：根据 UNCTAD 统计资料计算，保留小数点后 2 位。

由表 4-7 可以看出，2002—2015 年中国文化产品出口贸易的 NRCA 平均值在 9.71，2015 年达到 8.78，表明中国文化产品具有明显的净出口显示性比较优势；视觉艺术和设计的 NRCA 平均值分别达到 55.72 和 22.64，表演艺术、新媒体和工艺品的 NRCA 平均值分别达到 12.44、9.81 和 9.71，这些产品的显示性比较优势非常明显；出版的 NRCA 平均值为 2.45，视听的 NRCA 平均值为 0.28，均小于 1，处于比较劣势。

4. 中国文化产品出口贸易的产品贸易竞争力演变

通过式（4-5）对 2002—2015 年中国文化产品出口贸易的产品贸易竞争力指数计算，我们得到表 4-8 的相关数据。

表 4-8　2002—2015 年中国文化产品出口贸易的产品贸易竞争力指数（TC）

产品类型	2002	2003	2004	2005	2006	2007	2008	2009	2010	2011	2012	2013	2014	2015
文化产品	0.87	0.85	0.86	0.88	0.88	0.78	0.80	0.79	0.80	0.80	0.83	0.81	0.83	0.82
工艺品	0.76	0.78	0.77	0.80	0.81	0.83	0.85	0.83	0.82	0.84	0.85	0.84	0.83	0.85
视听	0.62	−0.53	−0.69	−0.77	−0.79	−0.40	−0.39	−0.40	−0.48	−0.47	−0.45	0.46	0.48	0.47
设计	0.91	0.92	0.93	0.94	0.94	0.93	0.92	0.92	0.92	0.91	0.92	0.90	0.92	0.91
新媒体	0.82	0.81	0.86	0.97	0.92	0.54	0.66	0.62	0.57	0.51	0.60	0.62	0.59	0.63
表演艺术	0.89	0.90	0.90	0.89	0.90	0.89	0.88	0.85	0.84	0.82	0.81	0.83	0.81	0.83
出版	0.33	0.26	0.43	0.42	0.54	0.61	0.64	0.46	0.42	0.45	0.46	0.46	0.45	0.42
视觉艺术	0.97	0.98	0.97	0.97	0.96	0.97	0.96	0.96	0.96	0.96	0.97	0.96	0.95	0.96

资料来源：根据 UNCTAD 统计资料计算，保留小数点后 2 位。

由表 4-8 可以看出，2002—2015 年中国文化产品出口贸易的 TC 值均大于 0，且平均值达到 0.83，说明中国文化产品的出口额要大于进口额，文化产品的综合贸易竞争力较强；设计和视觉艺术的 TC 平均值分别达到 0.92 和 0.96，说明这两类产品的进口值远远小于出口值，产品的贸易竞争力极强；工艺品、新媒体和表演艺术的 TC 平均值分别为 0.82、0.69 和 0.86，说明这类产品的贸易竞争力较强，但是从其 TC 值的走势上判断，工艺品的贸易竞争力有走强的态势，而新媒体和表演艺术的贸易竞争力有走弱的态势；出版的 TC 指数均为正，且平均值水平达到 0.45，说明中国出版类产品的出口额度只是其进口额度的 2 倍，处于较弱的水平，相对中国其他文化产品来说，虽然有一定的贸易竞争力，但其水平显然较弱；视听的 TC 值始终小于 0，其平均值为 -0.24，说明中国视听类产品的出口额度只是其进口额度的 1/4 水平，其并不具备贸易竞争力，在国际市场中处于绝对劣势状况。

第五节　中国文化产品出口存在的主要问题与发展趋势

一、中国文化产品出口的主要问题

（一）出口贸易结构失衡

由附表 4-8 和图 4-1 可以看出，2002—2015 年中国文化产业各中类产品的出口额在文化产品出口总额中所占的比重值，其结果显示中国文化产品出口的商品结构整体上呈现出不均衡发展态势，依据出口比重值大小可以分为三个层次：一是出口较少的产品，包括视听、表演艺术和出版 3 类；二是出口处于中等水平的产品，包括工艺品、新媒体和视觉艺术 3 类；三是出口较多的产品，主要是设计类。相对于一般商品，文化产品的创新创意含量较高。在中国文化产品出口当中，劳动密集型为主的设计类产品占出口主体地位，核心类的文化产品出口占比较小，贸易结构呈现失衡发展状态，这也反映了中国在文化贸易的国际分工中处于产业链和价值链的中低端，附加值比较低、可替代性较高，因此如何达到优秀内涵文化产品输出以促进中华文化"走出去"是如今迫切需要思考的问题。

（二）细分类别产品出口竞争力差距明显

由表 4-8 可以看出，2002—2015 年中国文化产品出口贸易当中，7 类产品中有 5 类都保持出口竞争力具有一定优势状态，但是这几类产品下的细分产品却存在不同的贸易竞争力，且差别明显。例如，设计、视觉艺术、表演艺术、工艺品和新媒体 5 类产品的出口竞争力都达到了 0.7 以上，说明其出口优势强劲，但是表演艺术和新媒体的出口竞争力从动态演进角度却有走弱趋势；出版类文化产品的出口竞争力较弱，但是创意含量水平最高的视听类文化产品的出口竞争力却连年处于绝对出口劣势状态，也就意味着考察期最高视听类文化产品的进口额度是高于出口额度的。显然，这也从另外一个角度折射出中国文化出口产品在国际市场仍处于产业链和价值链攀升的发展阶段，整体出口竞争力水平仍需提升。

（三）缺少文化品牌与宣传

虽然中国是历史悠久且积累了丰富文化内涵的大国，文化产业也进入快速发展阶段，目前已成为全球文化产品出口第二大经济体，但是与此同时，中国的文化输出在全球文化贸易中却并不突出甚至略显薄弱。除了因产业因素导致的贸易结构失衡，部分产品贸易竞争力不强以外，还有一个重要的原因就是我国文化产品当中缺少有代表性的品牌和形象，这也直接反映了国内缺乏市场竞争力强劲的巨无霸型专业文化企业，以及具有国际专业性的文化宣传与营销机构和覆盖全球的文化需求市场信息系统，所以外在表现出中国文化产品输出规模虽然体量上巨大，出口占比位居全球经济体第二，但是在文化贸易中的声量却不大，距离文化产业高质量发展还有一定差距，距离支撑文化"走出去"还有发展空间。

二、中国文化产品出口的发展趋势

（一）出口与进口将相对均衡增长

中国文化进口贸易额虽然相对弱小，但在2002—2015年，其年均增长率达到18.08%，高于文化出口年均增长率14.36%近4个百分点，其在总体文化贸易当中的比重也有所上升。另外，虽然设计和工艺品这类劳动密集型产品在中国文化产品进口当中的比重较大，但其比重有不断下降的趋势，而视听、表演艺术和视觉艺术3类知识技术密集型文化产品的进口比重在不断上升。可以预测，未来5~10年，中国文化进口贸易的额度将不断增大，在总体文化贸易当中的比重将不断提高，尤其是高附加值的知识技术密集型文化产品的进口比例将进一步上升，总体进口与出口将达到相对均衡增长的态势。

（二）出口商品结构将不断优化

中国文化贸易的商品结构虽然整体处于相对低端水平，但向产业链和价值链高端攀升、结构优化的迹象明显。一是体现在以计算机服务、版税和许可费、广告、市场调研和民意调查、研发服务等能够体现文化元素含量、具有高附加值的文化服务出口额增长速度较快。2002—2015年，中国文化服务出口的年均增长率为18.06%，超出文化产品出口年均增长率13.24%近5个百分点，其在总体文化贸易当中的比重也在不断增加。二是体现在文化产品出口当中知识技术密集产品的出口发展速度较快。2002—2015年，以视听为代表的文化含量较高的文化产品出口的年均增长率高达21.96%，高于总体文化产品出口的年均增长率；出版和视觉艺术2类产品在总体文化产品出口当中的比重也有不同程度的提升；而设计和工艺品2类劳动密集型文化产品出口的年均增长率分别为13.02%和11.61%，低于总体文化产品出口的年均增长率，且比重值均比原来下降近2个百分点。三是体现在出口比重最大的设计类产品的贸易结构不断优化。2002—2015 年，文化设计元素含量较高的首饰类产品的年均增长率分别达到 28.06%，远高于总体设计类产品 13.42%的年均增长率；室内设计产品在总体设计类产品出口当中的比重则明显上升；而文化设计元素含量相对较低的时装和玩具 2 类劳动密集型产品的出口比重则分别下降了 0.05 个百分点和 0.63 个百分点。

（三）发展中经济体和亚洲区域将成为重要出口市场

2002—2015 年，中国文化产品向发展中经济体的出口额由 2002 年的 82.92 亿美元增长到 2015 年的 736.33 亿美元，年均增长率为 20.11%，远高于向发达经济体出口的年均增长率 11.44%。其在中国文化产品出口当中的比重也由原来的 0.26 提升到 0.48，目前仅比出口发达经济体的比重 0.53 低 5.40 个百分点。以此速度，3~5 年内，中国文化产品向发展中经济体的出口额将高于向发达经济体的出口额，发展中经济体将成为中国文化产品的最大消费市场。

欧盟和北美自贸区市场在中国文化产品出口当中的优势地位正在受到亚洲市场的不断冲击。2002 年欧盟和北美自贸区在中国文化产品出口市场当中的份额共占 65.88%，2015 年则下降到 51.79%，下降近 14 个百分点，而亚洲的份额则由 2002 年的 22.87%上升到 2015 年的 37.36%，上升了 14.49 个百分点，年均增长率为 5.03%。可以说，亚洲市场日益成为中国文化产品出口的重要市场。另外，2015 年，在中国文化产品出口的亚洲市场当中，东亚、东南亚、西亚和南亚的市场份额分别是 64.21%、18.32%、15.12%和 6.12%，东亚是最重要的市场，但东南亚却是发展最快的市场，其市场份额从 2002 年的 2.02%提升到 2015 年的 10.03%，增长率超过 8 个百分点，南亚的市场份额提升了 3 个百分点，西亚的市场份额基本维持不变。可以预见，随着"丝绸之路经济带"建设以及中国与东盟"自贸区升级版"建设的推进，亚洲市场尤其是东南亚及南亚市场在中国文化产品出口份额当中的比重将得到进一步提升。

（四）利用全球生产网络构建合理分工贸易体系将成为推动文化产品出口的增长方向

在经济全球化背景下，中国文化贸易发展过程中，警惕出现由于"低端产业锁定"效应而产生与发展中经济体文化贸易结构雷同，造成自身文化产品尤其是劳动密集型的设计、工艺品和新媒体 3 类产品在国际市场上竞争过度的局面是不容回避的问题。解决的根本出路是利用全球性生产网络，以文化的生产链和价值链为引导，充分发挥自身文化资源丰厚和各种文化资本相对均衡的优势，将发展中经济体相对低廉的劳动力等初级要素和发达经济体相对充盈的资本、技术、信息和知识等高级要素进行优化整合，构建以"自我"为中心的文化分工贸易体系，促进全球专门化供应商网络和便利、规范化市场的形成，推动文化的生产和贸易逐步从产业分工向产品分工进而向要素分工转变，使得中国文化贸易从产业间贸易模式向产业内贸易模式转换升级。同时，中国主动把握动态竞争优势，利用多年积累的从事全球贸易的渠道及经验等优势，积极促进文化与金融、技术与互联网的融合发展，主动向文化生产链与价值链的高端迈进，谋求贸易商品结构的优化升级，实现文化贸易核心商品的高端化与品牌化，这既是中国实现与各个贸易经济体文化在国际市场共赢发展的主要途径，也是未来中国实现文化贸易发展转型升级的最优路径。

第六节　本章小结

联合国贸易和发展会议从贸易角度将整体文化产业分为文化产品和文化服务 2 个大类、11 个中类和 36 个小类，其中文化产品包括工艺品、视听、设计、新传媒、表演艺术、出版、视觉艺术 7 个中类和 24 个小类。本书在研究过程当中采用的是以 UNCTAD 官方网站于 2016 年 12 月 22 日公布的分类标准和数据。

从文化贸易国内外发展现状来看，目前全球文化产业蓬勃发展，文化贸易增长速度明显快于传统的货物贸易，在国际贸易当中已经成为快速发展的新兴贸易领域，发展中经济体与发达经济体在全球文化贸易格局中竞争激烈，未来有超越发达经济体文化贸易规模的趋势；但是，文化产品质量与发达经济体存在着一定差距。国内文化产业快速发展，政府从财政、政策等各个角度大力支持文化产业与文化对外出口；因文化产品和服务的意识形态属性以及外部效应，国内政府在积极促进文化对外出口的同时，也通过关税、非关税壁垒、本地内容限制和市场准入等政策对国外文化产品和服务的输入内容及数量进行严格管控，以保护国内文化产业，维护国家文化和社会安全。

本章节选择贸易商品结构、贸易模式结构和贸易地理结构多个角度对中国文化产品出口结构进行分析，选择国际市场占有率、显示性比较优势、净出口显示性比较优势和产品贸易竞争力 4 个指标对中国文化产品出口竞争力进行衡量，研究结果如下：

第一，目前中国文化产品出口占世界文化产品出口总额的 33.06%，已经成为世界文化产品出口第二大经济体，在世界文化产品贸易领域的地位举足轻重。但从贸易商品结构发展演变来看，中国文化产品出口的商品结构整体呈不均衡发展态势。例如，设计类产品出口占有优势主体地位，工艺品、新媒体和视觉艺术 3 类产品的出口比重一般，而视听、表演艺术和出版 3 类产品的出口比重较小。以视听、出版为核心的文化产品出口较弱，以劳动密集型为主的设计类产品较强，核心类文化产品出口较少，总体呈现出不平衡发展态势是中国文化产品出口商品结构的主要特征。

第二，从贸易分工模式来看，由于文化产品是国际贸易当中较为敏感的产品，存在着与国外展开分工合作贸易的发展瓶颈，所以目前我国文化产品出口的贸易模式总体上是以产业间贸易模式为主。视觉艺术、设计、表演艺术和工艺品 4 类产品是标准的产业间贸易，视听、新媒体和出版 3 类产品总体上是产业内贸易。造成中国各类文化产品贸易模式结构不同的原因主要与各类产品能否获得规模经济和其出口是否面向文化偏好相似的共同市场有关，这也从侧面印证了以规模经济为基础的新贸易理论和基于需求偏好相似的重叠需求贸易理论在解释文化产品出口贸易现实的有效性。在世界产品贸易日益突破产品分工走向要素分工的今天，中国文化产品出口贸易模式发展的方向应以文化产品的国际生产链条和价值链条为导向，促进贸易的分工体系逐渐从产品分工向要素分工转变。

第三，从贸易地理结构上看，2002—2015 年中国文化产业贸易的出口地理结构呈现出从发达经济体逐渐向发展中经济体转变的特征，但是以美国为主的北美自由贸易区仍然是中国文化产品出口的最大目的地，之后是欧盟，而与中国文化禀赋相似和地理位置相近的东盟的比重较低，区域经济发展水平仍然影响着中国文化产品出口的地理方向。此外，中国文化产品出口有从以发达经济体为主向以发展中经济体为主转变的趋势，未来几年内出口发展中经济体比重超越发达经济体比重的趋势非常明显。美国、意大利、日本、德国、英国、俄罗斯、法国、澳大利亚、加拿大等国家和中国香港地区分别是 2012—2015 年排在中国内地文化产品出口比重前 10 位的国家或地区。

第四，从贸易竞争力角度，以国际市场占有率演变来看，中国文化产品及其包含的中类产品出口的国际市场占有率呈现逐年上升的态势。除视听和出版 2 类文化产品外，其余 5 类文化产品在国际市场上均保持了较高的市场占有率；视听和出版 2 类文化产品出口的国际市场占有率虽然有不同程度的上升，但是上升的幅度不大，且它们在国际市场上的占有率保持在低位。以显示性比较优势演变来看，中国文化产品和除了视听与出版外的产品的出口显示性指数均较高，说明和世界文化产品的平均贸易竞争力相比，中国文化产品出口贸易的显示性优势相对较大；视听和出版的出口贸易显示性比较优势指数均小于

1，处于比较劣势。以净出口显示性比较优势演变来看，视听和出版2类产业产品处于贸易的劣势。以产品贸易竞争力演变来看，中国文化产品的综合贸易竞争力处于较强的水平，但是出版类产品的贸易竞争力水平相对较低，视听类产品的出口贸易不具备竞争力，在国际市场当中处于绝对劣势状况。各种出口竞争力测度的指数虽然重点不同，但是结果都大致相同，都显示了中国文化产品出口综合贸易竞争力较强，其中设计和视觉艺术2类产品的贸易竞争力极强，工艺品、新媒体和表演艺术3类产品的贸易竞争力较强，出版类产品的贸易竞争力水平较弱，视听类产品不具备贸易竞争力，在国际市场当中处于绝对劣势状况。

　　总体来说，中国文化产品的出口贸易发展迅速，其产品的竞争力迅速提升，并在国际市场上占据的份额越来越大。但是，中国文化产品中竞争力较强的产品多是劳动密集型产品，多处于产业价值链的中下游，这部分产品的竞争优势很大程度上是我国自然资源和劳动力资源优势的自然延伸及体现；然而能够体现一定原创性和创意水平、张扬中国文化元素的视听产品和出版物等文化产品却并未被国际市场广泛接受，产品贸易竞争力羸弱，相对处于劣势的地位。此外，总体以产业间贸易为主的贸易模式进一步说明，中国文化产品并未向以产品内分工为代表的世界分工贸易发展方向转变，仍然停留在依靠自身劳动力要素的优势从事以劳动密集型产品为主的生产和出口。未来，中国文化产品的出口与进口将相对均衡增长，出口的商品结构将不断优化，发展中经济体和亚洲区域将成为重要出口市场，利用全球性生产网络构建合理分工贸易体系将成为推动出口的发展方向。

　　如何在面临人口红利逐渐消失、环境因素逐渐成为发展瓶颈的今天，寻找中国文化产品出口的新竞争优势？中国文化产品如何在生产过程中通过各种途径获得内部规模经济？基于国际分工进行生产时怎样利用专门化供应商和知识技术外溢等途径获取可观的外部规模经济效益？如何将资本、技术、信息和知识等高级优势生产要素与发展中国家的低成本劳动力等初级要素相结合，使得同一价值链的不同生产环节或工序按照其要素密集度特征被配置到具有不同要素禀赋的国家和地区（张雨 等，2013），促进中国文化产品的国际分工逐渐从产业间转向产业内，最终转向以要素分工为特征的产品内分工贸易模式？这个发展方向可能是中国提高文化产品生产效率、提升产品贸易竞争力，以及在国际市场上赢得更大的发展空间的有效途径。

第五章 进口国知识产权保护与中国文化产品出口问题研究

文化产品是与知识产权保护联系最为紧密的贸易商品，知识产权保护是文化产品具有独特、原创的核心创新和创造力特征的基础，一旦知识产权保护的力度削弱或消逝，文化产品和文化产品贸易的发展环境将受到破坏。但是，在与贸易相关的知识产权保护理论研究方面，分别以 Markusen（2001）、Helpman（1993）和 Deardorff（1992）为代表的学者们在对南方（贸易进口国）加强知识产权保护从短期和长期角度会对北方（贸易出口国）的贸易量、福利水平、研发投入、技术革新以及世界整体经济增长和全球福利水平造成的影响及结果方面的研究却并未达成共识。作为国际贸易当中与知识产权保护关联程度最强的产品领域，文化产品进口国知识产权保护水平究竟对中国文化产品出口有什么样的影响？进口国加强知识产权保护是否能够真正促进中国文化产品贸易流量的增加，且是否能够提高中国文化产品的技术创新率或提升其贸易竞争力水平？本章通过构建模型和实证分析对上述问题进行重点分析与研究。

第一节 知识产权保护与文化贸易的关系

目前，经济全球化正在以前所未有的速度蔓延，不同国家及地区之间的商品和服务贸易是经济全球化最重要的途径。凝结着各自相对优势要素的商品和服务是各国或地区开展贸易的基础，各贸易经济体在贸易过程中分享着贸易利益，贸易利益是促进国家或地区经济增长的重要组成部分。但是，按照"微笑曲线"理论，发达国家占据"微笑曲线"的两端，初始端的产品"研发"和末尾端的产品销售"渠道"，所获得的利益远高于发展中国家所处的中间端"生产加工"获得的利益。一些发展中国家和地区已经认识到基于贸易产业链条的利益分配不均等问题，推行吸收发达国家先进技术，促进贸易产品相对优势要素动态转变的发展战略，积极促进自身贸易产品向高端迈进。20世纪90年代，新兴工业化国家和地区如韩国、巴西、墨西哥、新加坡等国家和中国台湾地区大量吸收发达国家先进技术，积极促进以信息产业为代表的技术和知识密集型产业的发展，不断提高贸易产品的出口结构，传统的发达国家和发展中国家的贸易模式和获利模式受到了严重的冲击，发达国家国际贸易的利益和地位受到了较为严重的威胁。

新一轮的贸易竞争当中，发达国家希望通过投入更多的"研发"和更加严格的知识产权保护模式来固守自身贸易的优势地位和利益，而以新兴发展中国家为代表的发展中国家希望能够通过吸收更多的外来技术和自身研发的投入不断缩小与发达国家的差距。知识产权保护水平对于双方贸易利益的分配和自身技术的进步至关重要，在这样一个时代发展背景下，知识产权保护逐渐成为双方争论甚至争斗的关键。

一般来说，知识产权保护产生的利益主要有两个方面：知识创新收益和知识扩散收益。以美国、欧盟和日本为代表的发达国家或地区积极推行贸易领域较高的知识产权保护，它们希望通过延长保护的期限，以获取来自知识创新的收益并获得相应的垄断地位。但是，广大发展中国家由于经济实力的原因导致研发费用偏低，创新能力不足，而通过模仿发达国家的先进技术，获取知识扩散的收益，提升自身技术水平和贸易产品的国际竞争力是一条快速可行的发展途径，因此它们更倾向于较低的知识产权保护水平。由此可见，双方在知识产权保护上的观点差异明显。

而针对文化贸易来说，其本身是伴随着20世纪80年代以来全球文化产业的兴起而发展起来的新兴贸易领域。按照联合国教科文组织的概念，文化贸易指的是与知识产权相关的文化产品和文化服务的贸易活动，所以文化贸易实际上是国际贸易当中与知识产权联系最为密切的领域。作为文化贸易当中占比最大的文化产品，其最核心的东西是具有独特的、原创的、有价值的文化、思想或内容，这往往使得文化产品的初始开发成本较高。但是较多的文化产品多是以数字信息作为载体形式，又使得其与传统产业的产品相比更容易被复制，且复制成本低廉，这种产品内容与形式的矛盾性决定了文化产品贸易与知识产权保护之间有着内在的紧密联系，因为知识产权制度正是从产权和法律的角度，对人类基于智力进行的文化活动进行激励的制度性设计。近年来，依托于文化资源和生产效率方面的优势，中国文化产品出口发展迅速并在国际文化贸易总量当中占据重要份额。

如文献回顾当中所述，与贸易相关的知识产权保护问题一直是贸易理论研究的热点问题之一。国外学者常基于开放经济下的南北贸易模型来分析与此相关的问题，但是在研究结论方面却存在着明显分歧。以 Markusen 和 Penubarti（1995）为代表的经济学家认为，南方国家强化知识产权保护能够鼓励北方企业的创新，阻碍南方企业的模仿，有利于南北双方贸易流量的增加；但是以 Helpman（1993）和 Deardorff（1992）为代表的研究者则认为，南方国家长期强化知识产权保护的行为将导致北方企业在南方市场力量的强化，降低其创新的积极性和技术的革新率，南方国家的福利水平也会因此受损，而当这种严格的保护措施涵盖整个南方国家时，对于世界整体经济的增长和福利水平的增加并无益处。国内学者多是借助 Helpman（1993）的南北贸易框架下的内生增长模型研究相关问题，大部分得出知识产权保护对贸易影响方向不确定性的结论。易先忠和张亚斌（2006）分析了南方国家知识产权保护对进行创新的北方国家和兼具自主模仿与创新的南方国家的经济收敛的影响，结论是当南方国家技术水平高于临界值时，其提升知识产权保护水平可促进南北经济收敛；否则将导致南方国家经济增长率降低，南北经济趋向分异。何琼隽（1997）将进口国模仿的递减率作为其知识产权保护程度变化反应的研究表明，在模仿缓慢阶段，严格的知识产权保护对双方都不利，但是当模仿率很高时，则会恶化进口国的贸易条件，形成只对出口国有益的结果。陈伟和祝鹏飞（2010）采用专利申请总量、世界 GDP 总量和服务贸易总额三个参数，运用多元线性回归模型实证检验了知识产权与国际贸易发展的关联方向问题，结果表明知识产权与国际贸易发展成正相关。余长林（2015）对知识产权保护对中国制造业出口影响的研究表明，进口国知识产权保护水平提升能够显著促进中国制造业出口，相对于劳动密集型行业和资本密集型行业，对技术密集型行业的促进作用尤为明显。

尽管国内外学者对与国际贸易相关的知识产权保护问题进行了诸多深入探索，但是对该领域的研究仍有三个方面需要加强：一是知识产权保护对南北方国家的影响机制和影响方向是怎样的；二是知识产权保护对贸易影响的实证研究多以发达国家的样本或以发达国家与发展中国家的混合样本为研究对象，直接采用中国贸易数据对其展开深入研究的较少；三是对知识产权保护与近年来国际贸易中逐渐发展起来的文化贸易之间关系的研究相对较少。

这里引申出的重要问题是：进口国知识产权保护对中国文化产品出口的影响机理是怎样的？现阶段进口国知识产权保护水平提升是否能够促进中国文化产品的出口？这是中国文化贸易发展中的核心问题。本书借助南北贸易拓展模型和中国文化产品出口的面板数据对相关问题做进一步的数理分析和实证检验，同时也试图弥补前述与贸易相关的知识产权保护问题研究的部分缺陷。

第二节　知识产权保护强度测度研究

通过计量手段判定知识产权保护对贸易尤其是出口影响的前提，是必须对一国知识产权保护强度加以量化测度。现实中，一国知识产权保护水平受立法、司法和执法等诸多因素的影响较为复杂，因此构建一个科学而系统的能够全面反映其保护水平的指标体系难度较大。目前，国内外诸多学者对一国知识产权保护的强度和水平已经进行了较为深入的研究，但是由于测评体系各异，指标选取也存在较大的差异，所以测算结果也不尽相同。

一、知识产权保护强度测度方法

Rapp 和 Rozek（1990）对知识产权保护强度问题首次进行了研究，他们以一个国家或地区出台的知识产权法律文本为基础，以美国商务部 1987 年编制的专利法的最低标准为参照，采用 0~5 分的计分规则对各国专利法的保护强度进行打分："0"表示无专利法保护；"1"表示专利法保护不够充足，无禁止盗版的法律；"2"表示有相关法律，但存在严重缺陷；"3"表示法律尚有缺失，但有一些执法严格的法律；"4"表示总体上法律较为完善；"5"表示保护法律与执行以达到美国商会的最低标准（Rapp et al., 1990）。R-R 指数法测算简便，能在一定程度上反映一国以专利为核心的知识产权保护水平，因此 Gould 和 Gruben（1996）以及 Smith 和 Pamela（2001）也是基于此方法对相关问题展开了研究，但是没有考虑法律实施和执行的实际效果，是这种方法最大的问题。

Ginarte 和 Park（1997）在 R-R 指数基础上提出更为深入度量知识产权保护强度的方法，这种方法被称为 G-P 指数法。他们将专利保护分为五类：①保护的覆盖范围；②是否为国际条约成员；③权利丧失的保护；④执法措施；⑤保护期限（通常为 20 年）。G-P 指数更准确地从司法层面来度量一国的知识产权保护强度，能够有效地克服 R-R 指数的部分缺陷。同时，Ginarte 和 Park（1997）还对 110 个国家 1960—1990 年的专利保护水平进行了测度，2008 年的考察对象新增包括中国和东欧等达到 122 个国家和地区，期限也从原先的 1990 年延续到 2005 年。但其缺陷仍然是本质上从立法角度测量，没有真正将执法因素考虑进来，这对于司法较为完善的国家可能有效，但对于司法不完善的国家可能测量结果与实际有较大偏差。

近年来逐渐有学者从执法力度的角度对各国知识产权保护强度进行综合评定，如 Maskus 和 Penubarti（1995）利用美国商业理事会的调查数据，Smarzynska（2004）则采用美国特别 301 报告的评价数据，分别对各国的执法力度进行了测度，得到了相关国家和地区的知识产权综合保护水平。

国内学者的研究更多是从中国知识产权保护角度出发，在对 G-P 指数进行修正的基础上展开相关问题的研究。具有代表性的是韩玉雄和李怀祖（2005）构建的修正 G-P 指数，他们认为对中国这样的转型期国家，其司法相对于立法存在相对滞后的问题，R-R 方法及 G-P 方法都不能对中国的知识产权保护水平进行准确测度，依据以上两种方法测度的结果会比实际水平偏高。他们在 G-P 方法的基础上，引入"执法力度"这一变量对转型期国家的测度知识产权保护水平的方法进行修正。此后，许春明和陈敏等（2008）、代中强等（2009）、沈国兵和刘佳（2009）、姚利民和饶艳（2009）、彭辉和姚颉靖（2010）、唐保庆等（2011）、董雪兵（2012）、詹映（2013）等对相关问题的研究多是沿着韩玉雄和李怀祖（2005）的修正 G-P 指数的思路对相关问题展开研究。如詹映（2013）构建的反映一国知识产权"执法力度"的指标主要包括三项内容：一是世界经济论坛（WEF）发布的《全球竞争力报告》调查得出的各国知识产权保护实施指数；二是全球法治指数——执法力度指标；三是 PC 软件盗版率。对三项指标进行加权平均可以得出各国的知识产权执法力度指数，进而再乘以知识产权立法水平指数即可得到各国的知识产权实际保护水平。2010 年世界各国和地区实际知识产权保护水平指数如表 5-1 所示。

表 5-1　2010 年世界各国和地区实际知识产权保护水平指数

国家和地区	相关指数	国家和地区	相关指数	国家和地区	相关指数	国家和地区	相关指数
瑞典	3.81	新西兰	3.25	中国台湾	2.36	巴拿马	1.71
日本	3.64	澳大利亚	3.21	波兰	2.19	牙买加	1.71
美国	3.61	新加坡	3.20	智利	2.18	印度	1.65
荷兰	3.60	瑞士	3.12	马来西亚	1.99	俄罗斯	1.44
加拿大	3.50	韩国	2.73	墨西哥	1.78	阿根廷	1.43
英国	3.50	南非	2.72	土耳其	1.77	越南	1.20
德国	3.47	以色列	2.56	巴西	1.76	泰国	1.11

表5-1(续)

国家和地区	相关指数	国家和地区	相关指数	国家和地区	相关指数	国家和地区	相关指数
芬兰	3.41	西班牙	2.60	中国内地（大陆）	1.75	伊朗	0.96
法国	3.36	意大利	2.48	沙特	1.73	巴基斯坦	0.82
奥地利	3.33	中国香港	2.48	菲律宾	1.71	缅甸	0.11

资料来源：詹映. 我国知识产权保护水平的实证研究：国际比较与适度性评判［J］. 科学学研究，2013，31（9）：1347-1354.

知识产权保护水平的测度关系到对世界各国知识产权保护实际水平的评判和比较，同时也是国内外研究知识产权保护对经济增长、贸易结构和福利水平变化的前提。R-R 方法和 G-P 方法无疑是国内外测度方法当中最重要的方法，诸多后续方法基本上都是在其基础上拓展而来的修正方法，但是只考虑了各国立法水平，而没有或较少兼顾实际的执法效果是两种方法最大的缺陷。现实世界当中，发达国家在立法及执法水平上没有大的差别，而发展中国家执法水平的发展远远滞后于立法的发展水平，因此用上述两种方法测度发展中国家知识产权保护水平方面存在一定的缺陷，会造成发展中国家知识产权保护水平高于实际情况的结果。

Maskus 和 Penubarti（1995）以及 Smarzynska（2004）虽然考虑了执法因素，但以美国民间或政府机构的数据为基础的测度会带上美国公司和政府立场的价值倾向，结果必然会存在一定的主观性。

国内学者对 G-P 指标进行了诸多的修正，均是试图弥补其指标在执法力度方面的缺失，而且多数人试图得出中国自身的知识产权实际保护水平，却并不研究其他国家的情况。相对来说，詹映（2013）对 122 个国家知识产权保护情况的研究是目前最为科学和全面的研究成果，但是其研究成果最大的问题是只研究了 1960—1990 年的立法水平，1995 年、2000 年、2005 年和 2010 年的立法水平，以及 2010 年的执法水平和实际保护水平，并没有从长期的角度对该问题进行连续的测度，所以其研究本质上是采用静态的指标来度量知识产权保护水平，这不利于从动态角度研究知识产权保护对相关问题的研究。

二、《全球竞争力报告》中各国知识产权保护实施指数

世界经济论坛（World Economic Forum，WEF）① 每年发布的《全球竞争力报告》（*The Global Competitiveness Report*）和瑞士洛桑国际管理学院（International Institute for Management Development，IMD）每年发布的《国际竞争力年度报告》（*The World Competitiveness Yearbook*）是目前国际上竞争力评价领域最有影响力的两大年度书，在全球学术界、产业界和政界享有很高的声誉。

WEF《全球竞争力报告》在竞争力评价指标细则（the global competitiveness index in detail）中的一级指标——"制度"（institutions）下的二级指标当中设有"知识产权保护"（intellectual property protection），用以反映"一国知识产权保护和反假冒措施"（intellectual property protection and anti-counterfeiting measures in your country）。此项指标的得分系通过对各国和地区的相关企业领导人对本地区知识产权保护的强弱和实施效果的判断的调查，用1~7分打分得到。其中，得分"1"表示保护实施很弱，得分"7"表示保护实施很强。2008—2014年世界各国和地区实际知识产权保护水平指数如表5-2表示。

表5-2 2008—2014年世界各国和地区实际知识产权保护水平指数

国家和地区	2008	2009	2010	2011	2012	2013	2014
芬兰	6.2	6.1	6.2	6.2	6.3	6.2	6.2
新加坡	6.3	6.2	6.1	6.1	6.1	6.1	6.2
卢森堡	5.6	5.9	6.0	5.9	5.9	6.0	6.1
瑞士	6.3	6.1	6.0	6.1	6.0	6.0	6.0
新西兰	5.8	6.0	5.8	5.8	6.1	6.0	6.0
日本	5.7	5.4	5.2	5.3	5.4	5.7	6.0
英国	5.4	5.4	5.5	5.7	5.9	5.8	5.9
中国香港	5.4	5.3	5.4	5.5	5.6	5.7	5.8
荷兰	5.9	5.8	5.7	5.8	5.9	5.7	5.7
加拿大	5.6	5.5	5.6	5.4	5.4	5.6	5.7

---

① WEF的前身是日内瓦商学院教授克劳斯·施瓦布于1971年创建的"欧洲管理论坛"，1987年更名为"世界经济论坛"，论坛因每年年会都在达沃斯召开，故也被称为"达沃斯论坛"。

表5-2（续）

国家和地区	2008	2009	2010	2011	2012	2013	2014
法国	6.0	5.8	6.0	5.8	5.6	5.7	5.6
爱尔兰	5.6	5.6	5.6	5.7	5.5	5.4	5.6
挪威	5.8	5.7	5.6	5.6	5.5	5.6	5.6
澳大利亚	5.9	5.8	5.6	5.3	5.3	5.3	5.5
奥地利	6.2	6.1	5.7	5.5	5.5	5.5	5.5
瑞典	6.0	6.1	6.2	6.0	5.6	5.5	5.5
美国	5.6	5.4	5.5	5.0	5.0	5.2	5.4
德国	6.0	5.7	5.7	5.6	5.6	5.6	5.4
南非	5.3	5.2	4.9	5.0	5.3	5.5	5.3
比利时	5.5	5.3	5.1	5.1	5.2	5.2	5.3
丹麦	6.2	6.0	5.7	5.9	5.3	5.0	5.3
马来西亚	4.8	4.5	4.7	4.9	4.9	4.8	5.2
中国台湾	4.9	5.0	4.9	5.0	5.2	5.2	5.1
冰岛	6.0	5.5	5.1	5.2	5.2	4.8	4.8
以色列	4.5	4.0	5.6	4.6	4.8	4.6	4.6
巴拿马	4.0	3.8	4.0	4.2	3.0	4.6	4.4
中国内地（大陆）	3.9	4.0	4.0	4.0	3.9	3.9	4.0
智利	3.6	3.6	3.7	3.6	3.7	3.8	3.9
希腊	4.1	4.1	4.0	3.8	3.7	3.7	3.9
牙买加	3.5	3.5	3.2	3.4	3.1	3.5	3.8
波兰	3.4	3.6	3.7	3.7	3.6	3.7	3.7
印度	3.7	3.6	3.6	3.5	3.7	3.7	3.7
菲律宾	3.1	2.9	2.8	2.8	2.8	3.6	3.7
韩国	5.0	4.2	4.1	4.1	4.3	4.0	3.7
意大利	3.7	3.9	3.7	3.7	3.7	3.7	3.7
土耳其	3.0	2.7	2.6	2.7	3.3	3.6	3.7

表5-2(续)

国家和地区	2008	2009	2010	2011	2012	2013	2014
西班牙	4.7	4.3	4.3	4.1	4.0	4.0	3.6
墨西哥	3.2	3.2	3.1	3.2	3.5	3.6	3.5
巴西	3.3	3.0	3.1	3.2	3.5	3.5	3.3
泰国	3.8	3.3	3.1	3.1	3.1	3.1	3.1
越南	3.0	3.0	2.7	2.5	2.6	2.9	3.1
埃及	3.6	3.7	3.6	3.3	3.3	3.2	2.9
巴基斯坦	3.2	3.0	3.1	3.1	3.0	2.9	2.9
柬埔寨	2.7	2.7	2.8	3.1	3.3	3.2	2.8
缅甸	—	—	—	—	—	2.7	2.7
伊朗	—	—	2.6	2.7	2.9	2.8	2.7
阿根廷	2.7	2.5	2.5	2.5	2.4	2.3	2.4
俄罗斯	2.9	2.7	2.6	2.5	2.6	2.9	3.0
印度尼西亚	2.9	3.5	3.8	3.6	3.7	3.9	4.1

注：通过其网站只能收集到2008—2014年世界200多个国家和地区的实际知识产权保护水平指数，"—"表示数据缺失。

资料来源：根据2009—2015年发布的《全球竞争力报告》相关数据整理。

《全球竞争力报告》的各国知识产权保护实施指数在时间上是连续的观测数据，具有时间序列数据的特征，因此我们将其作为本章实证计量时的变量指标选择。

第三节 知识产权保护对文化贸易的影响机理

一、基于南北文化贸易模型的分析

沿用 Žigić（1998）的框架，假设世界上只有北方和南方两个国家，每个国家只有一个文化产品生产厂商，两个厂商在南方市场上只进行数量竞争。假定只有北方文化厂商具有研发行为，并符合收益递减的研发生产函数，将北方文化厂商研发的创新技术当中具有公共物品特征的部分技术向南方文化厂商的溢出定义为技术溢出，南方文化厂商可以零边际成本使用溢出部分的技术，即通过对北方文化厂商研发创新产品的模仿吸收来实现成本节约。

假设北方文化厂商的研发函数为

$$R = (gx)^{1/2} \qquad (5-1)$$

其中，R 表示技术水平，其内涵是北方文化厂商通过研发带来的单位产品成本的降低量；g 表示研发过程效率，其取值范围为 $0 < g \leq 1$；x 表示研发投入额或支出额；表达式 $(gx)^{1/2}$ 是 Chin 和 Grossman（1990）论述的研发生产函数，表示的是北方文化厂商通过研发带来的单位产品成本的降低量。

于是，北方文化厂商生产单位文化产品的成本函数为

$$C_n = \alpha - (gx)^{1/2}, \ x \leq \alpha^2/g \qquad (5-2)$$

其中，参数 α 表示创新之前单位文化产品的成本。

南方文化厂商从北方文化厂商研发活动中的技术溢出获得相应收益，其单位文化产品的成本函数为

$$C_s = \alpha - \beta(gx)^{1/2}, \ 0 \leq \beta \leq 1 \qquad (5-3)$$

其中，参数 β 表示市场当中技术溢出率的技术溢出系数，$\beta(gx)^{1/2}$ 则表示南方文化厂商在北方文化厂商研发出水平为 R 的技术时通过技术溢出所达到的文化产品的单位成本降低量。技术溢出系数的大小直接决定了南方文化厂商的生产成本。

上述模型的假设概括了 Chin 和 Grossman（1990）模型的设想，但是 Chin 和 Grossman（1990）模型只是研究了南方厂商完全无知识产权保护的情况（当 $\beta=1$）和有完全知识产权保护时的情况（当 $\beta = 0$）。Grossman 和 HeIpman（1991）通过将技术创新与技术模仿内生化构建的内生产品周期模型的研究认为，北方先进技术向南方扩散的途径主要是南方有意的技术模仿。另外，本书认为，技术溢出与贸易品自身的替代弹性也有关系：贸易品的替代弹性越小，则技术溢出率就越小。

故本书设计的技术溢出函数为

$$\beta = \beta(\text{IPR}, \ \text{IA}, \ \sigma) \qquad (5-4)$$

其中，IPR 表示南方市场的知识产权保护水平，存在 $\partial\beta/\partial\text{IPR} < 0$，即知识产权保护水平越高，北方文化生产厂商的技术溢出越少。IA 表示南方国家文化生产厂商的模仿能力，存在 $\partial\beta/\partial\text{IA} > 0$，即模仿能力越强，北方文化生产厂商的技术溢出越多。σ 表示文化产品的替代弹性，当 σ 趋近于 0 时，贸易品几乎是可以完全替代的；当 σ 趋近于 1 时，贸易品几乎是不能替代的，存在 $\partial\beta/\partial\sigma > 0$，即文化产品的替代性越小，技术溢出的效应就越小。

本书认为，技术溢出系数的大小主要受到南方国家知识产权保护水平和其对北方文化产品模仿能力两方面的影响，模仿能力主要与南方国家自身的人力资本存量和以往积累的技术水平有关，而这两个相关因素在短期内不易发生变动。因此，技术溢出系数从本质上反映了南方国家知识产权保护的真实水平，其值越小，南方国家的知识产权保护水平就越高；反之则反是。

所以，南北双方文化厂商在南方市场的互动均衡过程不仅取决于北方文化厂商的研发投入和研发效率，还取决于以技术溢出系数为代表的南方国家的知识产权保护水平。但是，依据 Maskus 和 Penubarti（1995）的研究，知识产权保护对北方厂商向南方市场的出口贸易存在着两种影响效应：一种是技术溢出降低而导致的市场扩张效应；另一种是由于追求最大化利润而带来的市场势力效应。两种效应对北方厂商在南方市场上的影响方向恰好相反。

因为伯川德模型将价格作为不同寡头进行市场竞争的策略性变量，推导出最先达到产品价格等于边际成本的寡头获得"赢家通吃"的竞争结果，这与南北贸易模型的本质并不一致，故本书选择将产量作为竞争基础的古诺—纳什竞争模型和以上假定对北方文化厂商在两种效应影响下，如何在南方市场确定自身最优量和实现最大化利润的均衡过程进行理论推演。

假定初始条件下北方文化厂商在南方市场当中并未形成强力的市场势力，则南方文化产品市场的线性反需求函数为：$P = A - Q$。其中，P 表示文化产品价格；A 表示南方文化产品市场规模（$A \geq \alpha$）；Q 表示南方市场的文化产品需求量，也表示其市场的有效供给量；$Q = q_s + q_n^x$，即南方市场的文化产品供给量由南方文化厂商的生产量 q_s 和北方文化厂商的出口量 q_n^x 共同组成。

若双方的竞争行为符合古诺—纳什竞争条件，则北方文化厂商最优出口量的一阶条件为 $A - 2q_n^x - q_s - C_n = 0$，南方文化厂商最优产量的一阶条件为 $A - 2q_s - q_n^x - C_s = 0$。

南北双方文化厂商反应函数的古诺均衡结果为

$$q_n^x = \frac{1}{3}(A + C_s - 2C_n) \tag{5-5}$$

$$q_s = \frac{1}{3}(A + C_n - 2C_s) \tag{5-6}$$

$$P = \frac{1}{3}(A + C_s + C_n) \tag{5-7}$$

$$Q = q_s + q_n^x = \frac{1}{3}(2A - C_s - C_n) \tag{5-8}$$

北方文化厂商在南方市场的利润函数为

$$\pi_n = (P - C_n) q_n^x - x = \frac{1}{9} (A - 2C_n + C_s)^2 - x = q_n^{x\,2} - x \qquad (5\text{-}9)$$

根据式（5-9）对研发变量求一阶导数并使其等于 0，可以求得北方文化厂商利润最大化时的最优研发投入额：

$$x^* = \frac{(A - \alpha)^2 (2 - \beta)^2 g}{[(2 - \beta)^2 g - 9]^2} \qquad (5\text{-}10)$$

将式（5-10）带入古诺均衡解，可得

$$q_n^{x\,*} = \frac{1}{3}(A - \alpha) \left[2 + \frac{9}{(2 - \beta)^2 g - 9} \right] \qquad (5\text{-}11)$$

$$q_s^* = \frac{1}{3}(A - \alpha) \left[\frac{(2 - \beta)(1 + \beta)g - 9}{(2 - \beta)^2 g - 9} \right] \qquad (5\text{-}12)$$

$$P^* = \frac{1}{3} \left[A + 2\alpha - \frac{(A - \alpha)(2 - \beta)g}{(2 - \beta)^2 g - 9} (1 + \beta) \right] \qquad (5\text{-}13)$$

其中，$q_n^{x\,*}$、q_s^* 和 P^* 分别表示在最优研发投入水平下，北方文化厂商的最优出口量、南方文化厂商的最优产量和南方市场文化产品的均衡价格。

将式（5-10）和式（5-11）分别对技术溢出系数 β 求导，得到

$$\frac{\partial x^*}{\partial \beta} = -\frac{2g(A - \alpha)^2 [9 + g(-2 + \beta)^2](-2 + \beta)}{[-9 + g(-2 + \beta)^2]^3} < 0 \qquad (5\text{-}14)$$

$$\frac{\partial q_n^{x\,*}}{\partial \beta} = -\frac{6g(A - \alpha)(2 - \beta)}{[-9 + g(2 - \beta)^2]^2} < 0 \qquad (5\text{-}15)$$

从式（5-14）和式（5-15）可以看出，随着技术溢出率的提高，北方文化厂商的最优研发投入额在不断降低，出口量在减少。这也可以反过来理解，即随着南方知识产权保护水平的提高，北方文化厂商的最优研发投入额不断提高，向南方市场的出口量增加。这也是 Maskus 和 Penubartit（1995）提出的知识产权保护的市场扩张效应对北方文化厂商研发投入额和出口量的直接影响。

假定随着南方国家知识产权保护水平的提高，北方文化厂商在南方市场逐渐形成一定程度的市场垄断势力，则其必然减少对南方市场的文化产品出口量并提高价格以获取自身利润的最大化。此时，北方文化厂商的反需求函数为 $P = A - q_n^x - q_s^*$，其中常数 q_s^* 为式（5-12）所示[①]，此时北方文化厂商的利润函数为

---

① 这里假定北方文化厂商只是在原来市场取得一定程度的垄断势力，而非对总体南方市场的完全垄断，北方文化厂商可以根据 MR＝MC 的原则决定其向南方市场出口文化产品的数量与价格，故此时南方文化厂商的最优产量仍为 q_s^*。

$$\pi_n = (A - q_n^x - q_s{}^*) \, q_n^x - C_n q_n^x - x \tag{5-16}$$

最大化利润函数得到

$$q_n^x = \frac{1}{2}\left[(A - \alpha - q_s{}^*) + (gx)^{1/2}\right] \tag{5-17}$$

将式（5-17）代入利润函数，并对研发支出额 x 求一阶导数，使其等于 0，可得

$$x^{**} = \frac{g \, (A - q_s{}^* - \alpha)^2}{(-4 + g)^2} = \frac{g \, (A - \alpha)^2 \left[-18 + g(10 - 13\beta + 4\beta^2)\right]^2}{9 \, (-4 + g)^2 \left[-9 + g \, (-2 + \beta)^2\right]^2} \tag{5-18}$$

将 $q_s{}^*$ 代入式（5-18），并将 x^{**} 代入式（5-16），可得

$$q_n^{x\,**} = \frac{(-2 + g) \, (A - \alpha) \left[-18 + g(10 - 13\beta + 4\beta^2)\right]}{3(-4 + g) \left[-9 + g \, (-2 + \beta)^2\right]} \tag{5-19}$$

用式（5-19）减去式（5-11）可得

$$q_n^{x\,**} - q_n^{x\,*} = \frac{g(A - \alpha)\left[-3 + g(-2 + \beta)\right](-1 + 2\beta)^2}{3(-4 + g)\left[-9 + g \, (-2 + \beta)^2\right]} < 0 \tag{5-20}$$

进而可得

$$P^{**} - P^* = (A - q_n^{x\,**} - q_s{}^*) - (A - q_n^{x\,*} - q_s{}^*) = -q_n^{x\,**} + q_n^{x\,*} > 0 \tag{5-21}$$

从式（5-20）和式（5-21）可以看出，随着知识产权保护水平的提升，文化技术溢出的水平下降，北方文化厂商在南方获得一定市场垄断地位时，按照 MR = MC 的原则确定其文化产品在南方市场的供给量和价格以获得自身利润的最大化，其结果一定是向南方市场出口文化产品的数量减少和价格水平的提高。

北方文化厂商的研发支出、北方文化厂商向南方市场的出口量、南方文化厂商产量及世界文化产品均衡价格对北方文化厂商技术溢出率、知识产权保护、南方文化厂商模仿能力和文化产品替代弹性 4 个变量的变化而发生的变动情况，如表 5-3 所示。

表 5-3　北方文化厂商研发支出、出口量与南方文化厂商产量和
世界文化产品均衡价格对各变量变动的反应方向

变量	整体变动反应方向	北方文化厂商研发支出（x）	北方文化厂商出口量（q_n^x）	南方文化厂商产量（q_s）	世界文化产品均衡价格（P）

表5-3(续)

变量	整体变动反应方向	北方文化厂商研发支出（x）	北方文化厂商出口量（q_n^x）	南方文化厂商产量（q_s）	世界文化产品均衡价格（P）
北方文化厂商技术溢出率	↑	↓	↓	↑	↑
	↓	↑	↑	↓	↓
知识产权保护（IPR）	↑	↑	↑	↓	↓
	↓	↓	↓	↑	↑
南方厂商模仿能力（IA）	↑	↓	↓	↑	↑
	↓	↑	↑	↓	↓
文化产品替代弹性（σ）	↑	↑	↑	↓	↑
	↓	↑	↑	↓	↓

注：上箭头表示变量增加或提高，下箭头表示变量减少或降低。

从上面的分析可以看出，随着南方市场知识产权保护水平的提升，北方文化生产厂商的研发支出增加，其出口量增加，南方文化生产厂商的产量下降，世界文化产品的均衡价格下降，这就是 Maskus 和 Penubartit（1995）提出的所谓的知识产权保护的市场扩张效应。

上述分析表明，南方国家知识产权保护对北方文化厂商的影响较为复杂，存在着作用方向相反的两种效应的影响。在不同的发展阶段，北方文化厂商最优出口量、南方市场文化产品价格的均衡解并不唯一。

中国文化产品出口总量在当前国际文化贸易当中举足轻重[①]，故我们将中国作为上述南北文化贸易模型中的北方国家。根据前述分析，进口国知识产权保护对中国文化产品出口的影响从理论上说并不明确。本书认为，虽然目前中国文化产品的出口份额较大，但其出口文化产品的文化、科技含量相对较低，处于生产链和价值链的低端。因此，我们初步推断，中国文化厂商在国际市场上的垄断势力效应较弱。在现阶段，知识产权保护对中国文化产品出口的影响应是以市场扩张效应为主，即增强进口国知识产权保护能够促进中国文化产品出口。

[①] 根据 UN Comtrade Database（联合国商品贸易统计数据库），2012 年中国文化产品出口额为 562.68 亿美元，占全球份额的 26.47%，是世界文化产品最大的出口国。

二、基于国内与国外厂商供给力量博弈的分析

下面我们将从国内与国外生产厂商供给力量的角度，基于市场扩张效应和市场势力效应两个方面分析其具体的作用机制，即由于知识产权保护存在作用方向完全相反的市场扩张效应和市场势力效应，因此其对北方文化厂商出口方向的影响从理论上说是不确定的，具体情况如图5-1所示。由图5-1可知，南方知识产权保护水平的提高会对作为文化产品出口国的北方文化厂商产生两个方面的影响：一是文化生产出口厂商在进口国的市场扩张效应，同时伴随着抑制进口国文化生产企业模仿的效应，结果是造成进口国市场当中出口国厂商文化产品出口量的增加，而进口国文化生产厂商产量的下降；二是当文化生产出口厂商逐渐在进口国形成市场垄断效应，其会出于追逐利润最大化的目的，限制向进口国的出口量，提高市场当中的文化产品价格，而这恰恰会激发进口国文化生产厂商的模仿效应，进而增加本国文化厂商的生产量。中国文化产品供给量由于受到方向不同影响力量的作用，其增加还是减少向进口国的出口量方向不明确；而进口国国内文化厂商的产量同样也受到了来自两个不同影响力量不同方向的影响，故增加还是减少产量的方向也不明确。

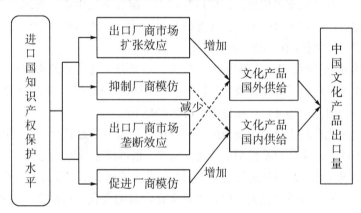

图5-1 知识产权保护对出口国文化产品出口的影响机制

中国文化产品出口量在诸多力量影响下，其变化方向也不明确。不过我们根据南北贸易模型分析框架可得知，虽然目前中国文化产品出口额较大，但由于中国文化产品进入国际市场的时间相对于西方发达国家来说较短，且很多时候我们主要是靠低廉的价格占据并扩大市场，其产品的"异质性"较差，借此对市场进行垄断的能力较低。因此，我们初步判断其在国际市场上对市场的垄断势力相对较弱，在国际市场当中与进口国文化生产厂商形成的更多的是竞

争性的关系。综合考虑后我们判断，知识产权保护对中国文化产品出口以市场扩张效应为主。据此，我们可以得到进口国知识产权保护程度加强能够促进中国文化产品出口的论断。

三、南方厂商模仿能力与北方厂商文化产品出口

Smith（1999）认为，北方生产厂商在南方市场当中受到南方生产厂商模仿技术的威胁主要来自两个方面：一个是专利保护水平；另一个是南方生产厂商的模仿能力。在两者共同作用下，北方生产厂商受到影响的方向也不同。专利保护、模仿威胁与市场扩张效应和市场势力效应概率如表 5-4 所示。

表 5-4　专利保护、模仿威胁与市场扩张效应和市场势力效应概率

相关因素	弱专利保护	强专利保护
弱模仿能力	（2 组）中等模仿威胁 效应不明确（+/-）	（1 组）弱模仿威胁 市场势力效应（-）
强模仿能力	（4 组）强模仿威胁 市场扩张效应（+）	（3 组）中等模仿威胁 效应不明确（+/-）

资料来源：SMITH. Are weak patent rights a barrier to U.S. exports？［J］. Journal of International Economics，1999，48（1）：151-177.

如果将 Smith（1999）表述的专利保护看作知识产权保护水平的话，从表 5-4 可以得出：强的产权保护水平和强的模仿能力、弱的知识产权保护水平和弱的模仿能力对北方生产厂商的作用效果不明确，因为没有办法测出方向相反的两种效应的大小情况；而强的知识产权保护与弱的模仿能力以市场势力效应为主，弱的知识产权保护与强的模仿能力以市场扩张效应为主。

文化产品对于知识产权保护尤其是专利权保护应当比一般商品更加敏感。根据 Smith（1999）的研究结果，我们推测知识产权保护对北方文化厂商的影响是：当南方文化厂商的模仿能力较弱时，应表现为以市场势力效应为主；反之，当南方文化厂商的模仿能力较强时，则表现为以市场扩张效应为主。

第四节　进口国知识产权保护对中国文化产品出口影响的实证检验

一、模型设定与变量说明

已有的研究表明，贸易伙伴的经济发展水平、地理距离、人口规模和对外

开放度等均是影响一国文化产品贸易的重要因素。同时，考虑到被解释变量的动态效应，本书基于贸易引力模型，将上述影响文化产品贸易因素和中国文化产品出口的滞后一期纳入解释变量，建立用以考察进口国知识产权保护对中国文化产品出口影响的动态面板数据模型，即

$$\text{LnCT}_{ijt} = \alpha + \beta \text{LnCT}_{ijt-1} + \gamma \text{IPR}_{jt} + \theta X_{ijt} + \mu_t + \delta_{ij} + \varepsilon_{ijt} \qquad (5\text{-}22)$$

式（5-22）中，LnCT_{ijt} 表示 t 期中国文化产品对各贸易伙伴国或地区的出口额，这是本书的被解释变量。LnCT_{ijt-1} 表示捕获被解释变量的持续性，反映中国文化产品出口的变动趋势对被解释变量均衡值的动态影响。IPR_{jt} 表示 t 期各贸易伙伴国或地区的知识产权保护水平。X_{ijt} 表示控制变量，包括 LnEDL_{jt}，即贸易伙伴 t 期的经济发展水平，该变量能反映影响被解释变量的经济因素。一般来说，贸易伙伴的经济发展水平越高，对中国文化产品的需求量越多。LnGD_{ij}，即贸易伙伴与中国之间的地理距离，该变量用来反映影响被解释变量的地理因素，包括国际贸易当中的运输成本和信息成本。一般来说，贸易的空间特征是地理距离越远，贸易流量就越少。LnPOP_{jt}，即贸易伙伴 t 期的人口规模。一般来说，人口规模越大，市场规模就越大，贸易需求量也越大。LnTOI_{jt}，即贸易伙伴在 t 期的贸易开放度。一般来说，贸易伙伴的贸易开放度越高，中国文化产品对其出口量越大。另外，μ_t 表示时间固定效应，用以剔除不可观察的时间因素对模型的影响。避免时间的周期性因素可能对被解释变量造成的影响，δ_{ij} 表示贸易伙伴固定效应，ε_{ijt} 表示服从标准正态分布的随机误差项。

二、样本选择、数据来源与描述性统计

（一）样本选择

本书选取与中国内地（大陆）文化产品出口有代表性的 43 个国家和地区作为样本，按照 UNCTAD 的分类标准，样本中的芬兰、卢森堡、瑞士、新西兰、日本、英国、荷兰、加拿大、法国、爱尔兰、挪威、澳大利亚、奥地利、瑞典、美国、德国、比利时、丹麦、冰岛、以色列、波兰、意大利、西班牙属于发达经济体，新加坡、中国香港、南非、马来西亚、智利、希腊、印度、菲律宾、韩国、土耳其、墨西哥、巴西、泰国、越南、埃及、巴基斯坦、柬埔寨、阿根廷、俄罗斯、印度尼西亚属于发展中经济体①。另外，基于数据的可

---

① 发达经济体抑或发展中经济体属性判断依据的是 UNCTAD 的统计标准，另外，UNCTAD 在统计过程中将俄罗斯归属为转型经济体，本书基于研究的需要及俄罗斯人均 GDP 的实际情况将其归属到发展中经济体。

获性与数据之间时期的匹配性，本书分析的时期为 2008—2014 年，其间中国内地（大陆）文化产品对 43 个国家和地区的出口额占同期向全球出口总额的 89.26%，故所选样本具有代表性，测度结果能够反映这些国家或地区的知识产权保护水平变动对中国文化产品出口的真实影响。

（二）数据来源与描述性统计

本书核心解释变量 IPR_{jt} 的数据采用的是世界经济论坛（WEF）每年发布的《全球竞争力报告》中所开发的世界实际知识产权保护水平指数，该指数是通过对各国或地区相关企业领导人对本地区知识产权保护强弱和实施效果综合调查基础上得出的，能够真实地反映一个国家或地区包括立法和执法在内的知识产权保护的实际水平。

$LnCT_{ijt}$ 的数据按照 UNCTAD 数据库查找得到。$LnEDL_{jt}$ 的数据用人均耗电量（人均千瓦时）来替代，数据来源于国际能源署①。虽然诸多文献使用人均 GDP 来代表一国的经济发展水平，但是 Wu 等（2013）的研究表明，人均 GDP 和知识产权保护之间高度相关，有可能会带来实证过程中的多重共线性问题，造成结果的有偏估计。一般来说，经济发展水平越高，人均耗电量就越大，而经济发展水平越高，文化市场需求就越旺盛，越有利于中国文化产品的出口，预期估计系数为正。$LnGD_i$ 的数据来源于用北京与各国或地区的首都或首府城市的最近直线距离衡量，其数据从世界城市经纬度查询系统获得。$LnPOP_{jt}$ 的数据来源于世界银行数据库。$LnTOI_{jt}$ 的变量用各国或地区的商品与服务贸易进出口总额与其 GDP 的比值来衡量，商品与服务贸易进出口数据来源于联合国商品贸易数据库，GDP 数据来源于联合国数据库。各个变量的描述性统计见表 5-5。

表 5-5　各个变量的描述性统计

变量	观测数	均值	标准差	最小值	最大值
$LnCT_{ijt}$	215	6.497 4	1.739 5	0.644 9	10.457 1
$LnCT_{ijt-1}$	172	6.411 1	1.744 4	0.644 9	10.393 0
IPR_{jt}	215	4.606 0	1.223 7	2.400 0	6.300 0
$LnEDL_{jt}$	215	8.435 8	1.155 9	4.606 0	10.866 2

---

① 耗电量用发电厂和热电厂的发电量减去输配电和变电损耗以及热电厂自用电量得出，其数据源自国际能源署发布的《非经合组织国家能源统计与平衡》和《经合组织国家能源统计》报告（IEA Statistics OECD/IEA，http://www.iea.org/stats/index.asp）。

表5-5(续)

变量	观测数	均值	标准差	最小值	最大值
$LnGD_{ij}$	215	8.764 7	0.598 3	6.832 1	9.866 3
$LnPOP_{jt}$	215	17.122 7	1.625 9	12.667 9	20.935 7
$LnTOI_{jt}$	215	0.967 6	0.814 4	0.219 5	4.447 9

注：保留小数点后四位，下同。

三、计量方法

本书采用 LLC、Breitung、ADF-Fisher 和 PP-Fisher 检验方法联合对模型（Ⅰ）中的各个变量进行单位根检验，结果为所有变量均在一阶水平上单整即为 I（1）序列；采用 Kao 检验对各变量的相互协整关系进行检验，结果显示其 ADF 的 t 统计量为-8.265 5，相伴概率为 0.000 0，Kao 回归残差协整检验通过 1% 的显著性水平，各面板变量存在长期的均衡关系，不存在"伪回归"问题。

考虑到动态模型中被解释变量的滞后项及知识产权保护与中国文化产品出口之间可能存在着内生性问题，这会导致 OLS 估计结果有偏，同时也考虑到动态面板差分广义距法（Difference GMM）会出现弱工具变量和小样本误差问题，对地理距离等非时序变量不能估计，故本书采用两步系统广义矩估计法（Two-step System GMM）作为最终的计量方法，该方法在动态面板模型估计中不仅能够克服解释变量与被解释变量之间内生性的关联问题，也能够解决存在非时变遗漏变量时估计值的有偏性问题。由于本书面板数据的时间跨度相对较短，故我们将分析时滞变量的时滞设定为 1 年。为检验过度识别的有效性和差序列 ε_{ijt} 是否存在序列相关，我们对模型进行约束条件的 Hansen 检验及差分转换方程的一阶序列和二阶序列相关［AR（1），AR（2）］检验。同时，为了对比知识产权保护对中国文化产品出口和一般货物出口影响的异同[1]，以及不同经济发展水平经济体的知识产权保护对中国文化产品出口影响的异同，我们同时对进口国知识产权保护对中国文化产品出口和一般货物出口，7 类文化产品出口，以及 23 个发达经济体和 20 个发展中经济体知识产权保护对中国文化产品出口的影响依次进行估计。

四、进口国知识产权保护对中国文化产品出口影响的检验结果

为检验估算方法的可靠性与稳定性，同时使用动态面板数据的随机效应模型

---

[1]　中国一般货物出口数据来源于联合国贸易和发展会议数据库网站。

对知识产权保护对中国文化产品出口总体效应进行估计，结果如表5-6所示。

表 5-6　知识产权保护与中国文化产品出口关系的模型估计结果

变量	模型 1	模型 2	模型 3	模型 4	模型 5
$LnCT_{ijt-1}$	0.954 9 *** (0.021 6)	0.942 8 *** (0.030 6)	0.922 5 *** (0.044 8)	0.937 2 *** (0.059 7)	0.989 2 *** (0.013 0)
IPR_{jt}	0.008 0 ** (0.027 1)	0.002 1 * (0.024 7)	0.021 7 ** (0.049 2)	0.000 5 * (0.476 8)	0.004 8 * (0.026 8)
$LnEDL_{jt}$	0.003 0 ** (0.031 0)	0.011 7 (0.030 8)	0.016 4 ** (0.070 7)	0.006 1 * (0.047 9)	0.031 7 ** (0.027 6)
$LnGD_{ij}$	−0.017 1 * (0.038 6)	−0.002 7 ** (0.035 5)	−0.009 4 *** (0.088 2)	−0.021 4 * (0.046 8)	−0.017 6 ** (0.041 3)
$LnPOP_{jt}$	0.069 2 (0.032 9)	0.079 9 ** (0.038 4)	0.110 0 * (0.066 5)	0.066 7 * (0.044 4)	0.040 1 (0.051 9)
$LnTOI_{jt}$	0.098 1 ** (0.037 9)	0.077 4 *** (0.043 4)	0.072 1 * (0.078 6)	0.116 2 ** (0.072 6)	0.031 1 *** (0.036 5)
Constant	−1.010 6 *** (0.781 9)	−0.898 1 *** (0.729 7)	−1.340 7 *** (1.668 0)	−0.948 5 *** (0.959 0)	−0.349 1 *** (0.392 2)
AR（1） 检验（P）	0.05 (0.00)	0.07 (0.00)	0.05 (0.00)	0.08 (0.00)	—
AR（2） 检验（P）	2.61 (0.06)	1.58 (0.08)	3.43 (0.16)	2.87 (0.12)	—
Hansen 检验（P）	0.59 (0.83)	0.53 (0.78)	0.51 (0.73)	0.56 (0.80)	—
观测值	172	172	92	80	172

注：模型1和模型2分别是对中国文化产品出口和一般商品出口进行的回归估计；模型3和模型4分别是对中国文化产品出口发达经济体和发展中经济体进行的回归估计；模型5是用随机效应模型对中国文化产品出口进行的回归估计；AR（1）和 AR（2）检验的原假设是"不存在序列相关"；Hansen 检验的原假设是"过度识别限制是有效的"；***、**、* 分别表示符合1%、5% 和10% 的显著性水平；括号内为系数相应的 White-Huber 稳健标准误。

表5-6显示，模型1至模型4中各变量的符号稳定，差分后残差只存在一阶序列相关性而无二阶序列相关性，可以判定原模型的误差项无序列相关性。Hansen 检验的结果显示，所有的工具变量是有效的，说明系统广义矩估计方法的适用性。在模型5中，各变量系数和显著性水平无大的变化，说明模型1的估计结果稳健。

模型1的估计结果表明，知识产权保护变量的系数显著为正，说明现阶段，进口国知识产权保护水平提升对于中国文化产品出口有明显的促进作用，这从实证角度验证了前述关于中国文化产品目前在国际市场上的垄断势力效应较弱，知识产权保护对于中国文化产品出口以市场扩张效应为主的推断。模型2的估计结果显示，影响中国一般货物商品出口的知识产权保护变量系数也显著为正，说明进口国知识产权保护对于中国一般货物商品出口也具有促进作用。但对比影响中国文化产品出口的知识产权保护变量系数，模型1的系数明显较模型2的系数要大，说明相对于一般货物商品出口，文化产品出口对知识产权保护的影响更为敏感，这与文化产品比一般货物商品当中包含更多的与知识产权相关的文化内容有关系。

模型3和模型4的估计结果表明，无论是发达经济体还是发展中经济体，其知识产权保护水平的提升均能促进中国文化产品出口的增加。这也说明，中国文化产品无论是在发达经济体市场还是在发展中经济体市场，目前其对知识产权保护变动的反应均以市场扩张效应为主，市场垄断效应不明显。但是，相对于发展中经济体来说，发达经济体的知识产权保护变量系数更大，说明中国文化产品出口对发达经济体的知识产权保护变化更为敏感，这可能与直观判断不一致。对其深入思考会发现，结论有着合乎情理的原因：一是中国文化产品出口的国际市场主要集中在欧美发达经济体，它们每年进口了65%以上的中国文化产品，这些国家和地区知识产权保护水平的细微变动会较大幅度地影响中国文化产品的出口量；二是发达经济体对文化、技术的吸收模仿能力很强，技术溢出系数较大，相对于吸收模仿能力较弱的发展中经济体，其知识产权保护水平的变化更能对中国文化产品出口产生较大的影响。

被解释变量滞后一期 $LnCT_{ijt-1}$ 的系数在相关模型当中的系数均显著为正，说明中国文化产品出口作为内生被解释变量的滞后项与当期正相关，文化产品出口在时间上的动态惯性是维持中国文化产品出口现状的重要因素。这也从另一个角度说明，文化产品兼具经济与文化的双重属性，导致进口国消费者对其需求产生"偏好强化"现象，这对一国文化产品出口有促进作用。$LnEDL_{jt}$ 和 $LnTOI_{jt}$ 等变量系数显著为正，说明贸易伙伴经济发展水平的提升和对外开放度的提高确实如前期判断的那样，是促进中国文化产品出口的影响因素。$LnPOP_{jt}$ 变量系数为正但不显著，说明贸易伙伴人口规模增加并不是促进中国文化产品出口的必要条件。也可以理解为，如果进口国或地区单是人口规模增加而经济发展水平没有提高，并不能形成对中国文化产品的有效需求。$LnGD_{ij}$ 变量系数显著为负，说明虽然世界交通便利化程度和信息通信技术水平在不断提高，但是空间地理距离依然是制约中国文化产品出口的重要影响因素，这也从另外一个角度说明了物理介质的制造类文化产品在中国文化产品出口当中的比重较大。

五、进口国知识产权保护对中国 7 类文化产品出口影响的检验结果

文化产品是包括工艺品、视听、设计、新媒体、表演艺术、出版和视觉艺术 7 类产品的集合，不同种类文化产品对知识产权保护的反应理论上应该存在着差异。我们分别对中国文化产品中的 7 类文化产品出口与知识产权保护关系进行检验，重点检测知识产权保护水平对中国不同类别文化产品出口的影响，检验结果如表 5-7 所示。

表 5-7　知识产权保护与 7 类中国文化产品出口关系的模型估计结果

变量	模型 6	模型 7	模型 8	模型 9	模型 10	模型 11	模型 12
$LnEDL_{jt}$	0.008 0 ** (2.617 8)	0.001 0 ** (2.368 4)	0.008 5 *** (2.184 8)	0.004 1 (1.494 8)	0.005 0 ** (3.678 1)	0.001 8 ** (2.197 2)	0.009 2 * (1.641 0)
$LnGD_i$	0.017 1 *** (5.789 9)	0.001 7 *** (4.173 9)	0.013 4 *** (3.523 1)	0.013 7 *** (5.174 4)	0.013 8 ** (10.512 2)	0.002 7 *** (4.678 6)	0.008 2 * (1.513 4)
$LnPOP_{jt}$	0.008 3 *** (7.543 2)	0.000 9 *** (5.558 9)	0.006 7 *** (4.721 8)	0.006 5 *** (6.594 6)	0.006 5 *** (13.365 7)	0.001 4 *** (4.678 6)	0.004 5 * (2.213 2)
IPR_{jt}	0.001 2 (0.409 4)	-0.000 1 ** (-0.179 2)	-0.001 4 *** (-0.366 8)	0.003 4 ** (1.272 4)	0.002 3 * (1.769 5)	0.000 3 ** (0.395 9)	0.004 7 * (0.851 4)
Constant	0.255 6 *** (96.139 8)	0.251 2 *** (96.040 3)	8.135 8 *** (183.309 4)	8.114 7 *** (183.107 0)	0.285 1 *** (412.021 3)	0.060 6 *** (100.091 5)	0.204 6 *** (47.178 5)
观测值	172	172	172	172	172	172	172
调整 R^2	0.311 2	0.354 6	0.384 6	0.334 7	0.212 6	0.174 5	0.398 0
F 模型设定检验 (P)	27.217 8 (0.000 0)	28.135 2 (0.000 0)	31.391 6 (0.000 0)	42.758 1 (0.000 0)	16.783 4 (0.000 0)	19.061 1 (0.000 0)	9.092 3 (0.000 0)

注：模型 6 至模型 12 是分别使用加入知识产权保护变量后的引力模型对工艺品、视听、设计、新媒体、表演艺术、出版和视觉艺术 7 类文化出口产品进行的回归估计；***、**、* 分别表示符合 1%、5% 和 10% 的显著性水平；括号内为系数相应的 t 值。

由表 5-7 所示，在 7 类文化产品中，新媒体、表演艺术、出版和视觉艺术 4 类产品出口对进口国知识产权保护的反应为正向关系，即进口国知识产权保护水平增强有利于中国这几类文化产品出口的提升；但是视听和设计类文化产品出口对进口国知识产权保护的反应为反向关系，说明中国这两类文化产品在国际市场上已经初步具备了一定的市场垄断能力；而工艺品类产品的知识产权变量系数不显著，说明其产品出口对进口国知识产权保护变化不敏感，进口国知识产权保护水平的变动对中国该类文化产品的出口没有明显的影响。

六、进口国模仿能力对中国文化产品出口影响的检验结果

根据 Smith（1999）的研究结论，强的产权保护水平和强的模仿能力、弱的知识产权保护水平和弱的模仿能力对北方生产厂商的作用效果不明确；强的知识产权保护与弱的模仿能力以市场势力效应为主，弱的知识产权保护与强的模仿能力以市场扩张效应为主。为了检验该理论对中国文化产品出口影响的适用性，本书根据中国文化产品出口贸易伙伴的模仿能力和知识产权保护的强弱，引入 4 个虚拟变量将进口国分成 4 组，建立模型检验在考虑进口国模仿能力条件下，进口国知识产权保护对中国文化产品出口的影响。

模仿能力实际上是一个国家或地区对于技术与文化产品复制的能力，这与该经济体的人才保有量尤其是创新型人才数量直接相关，故用一个国家当中每百万人当中创新人才数量指标可以衡量一国或地区的模仿能力水平。相关数据来源于世界银行数据库①。本书将 2008—2012 年的该指标均值小于 875.47 的定义为弱模仿能力，大于 875.47 的则定义为强模仿能力。

衡量知识产权保护强弱方法的处理与上述相类似，数据采用 WEF 的数据，并将 2008—2012 年知识产权保护水平指数均值小于 4.56（4.56 是 45 个国家或地区在考察期间知识产权保护指数的均值）的定义为弱知识产权保护经济体，大于 4.56 的则定义为强知识产权保护经济体，构建的模型为

$$TC_t = \alpha + \beta_1 Group1 \times IPR_{jt} + \beta_2 Group2 \times IPR_{jt} + \beta_3 Group3 \times IPR_{jt} +$$
$$\beta_{14} Group4 \times IPR_{jt} + \delta X_{jt} + \varepsilon_{jt} \qquad (5\text{-}23)$$

对式（5-23）进行估计时，我们把两个虚拟变量的交互项设定为内生变量，使用混合面板数据估计方法，得到表 5-8 中模型 13 的估计结果。进口国模仿能力对中国文化产品出口影响的模型估计结果如表 5-8 所示。

表 5-8　进口国模仿能力对中国文化产品出口影响的模型估计结果

变量	模型 13	模型 14
$LnEDL_{jt}$	0.0082 *** (2.200 3)	0.009 5 *** (2.926 5)
$LnGD_i$	0.010 1 *** (2.577 1)	0.014 2 *** (4.150 4)

---

① 世界银行数据库当中每百万人当中创新人才指标指的是每百万人当中的 R&D 研究人员，包括参与新知识、新产品、新流程、新方法或新系统的概念成形或创造，以及相关项目管理的专业人员，同时也包括参与 R&D 的博士研究生。

表5-8(续)

变量	模型 13	模型 14
LnPOP$_{jt}$	0.005 8*** (4.349 7)	0.008 2*** (6.994 7)
Group1×IPR	0.001 0** (0.077 6)	0.012 3*** (1.064 9)
Group2×IPR	0.005 6 (0.669 2)	0.009 7** (1.334 2)
Group3×IPR	0.000 6* (0.104 3)	0.007 3** (1.413 9)
Group4×IPR	0.000 7** (0.132 6)	0.000 8** (0.146 5)
观测值	225	225
调整 R^2	0.184 5	0.132 1

注：***、**、*分别表示符合1%、5%和10%的显著性水平。

根据本章模型的专利保护、模仿威胁与市场扩张效应和市场势力效应概率（表5-4）中 Smith（1999）的理论推理，从1组到4组，进口国或地区的模仿威胁逐渐增强，1组系数为负，4组系数为正，2组到3组系数不确定。在估计结果中，Group1 系数显著为正，不符合预期；Group2 系数为正，但不显著，Group3 系数显著为正，这两项基本符合不确定性预期；Group4 系数为正且显著，符合预期。

这个估算结果说明，考虑进口经济体模仿能力情况下，知识产权保护仍是以市场扩张效应为主，知识产权保护对中国文化产品出口有促进作用。因为文化产品相对于制造业的商品来说更容易受到进口国的模仿，对其模仿威胁更敏感，所以对进口国知识产权保护水平有更高的要求。检验结果也表明，无论进口国的模仿威胁是大是小，其知识产权保护对于中国文化产品出口的影响始终是以市场扩张效应为主。

为增强模型检验的稳定性，我们使用各国公共教育支出指标重新衡量模仿能力，数据同样来源于世界银行数据库，估计结果如表5-8中的模型14所示。Group1 至 Group4 的系数均为正，与模型13结果相似，说明本书的估计结果稳健。

第五节　本章小结

本章在梳理知识产权保护与贸易关系相关文献的基础上，构建了南北贸易数理模型，对知识产权保护与文化产品出口进行推理，且对其存在的市场扩张效应和市场势力效应的影响机制进行了详细的分析。在此基础上，利用中国2008—2014年文化产品出口45个国家或地区的面板数据，对两种效应作用下知识产权保护对中国文化产品出口的最终影响进行计量检验，且检验了存在进口国模仿威胁的情况下知识产权保护对中国文化产品出口作用的最终方向，研究结果如下：

一是与传统的一般出口商品相比，知识产权保护对文化产品出口表现出的市场扩张相应更强。

二是进口国无论是发达经济体还是发展中经济体，加强知识产权保护均能促进中国文化产品出口水平的提升。

三是新媒体、表演艺术、出版和视觉艺术4类产品出口与进口国知识产权保护的反应为正向关系，视听和设计类产品出口对进口国知识产权保护的反应为反向关系；而工艺品类产品知识产权系数不显著，进口国知识产权保护水平的变动对这类产品出口不具有明显的影响。

四是无论进口国对文化产品的模仿能力是强还是弱，知识产权保护对中国文化产品出口都具有提升作用，文化产品对知识产权保护敏感度更强。中国文化产品出口总体上还没有在国际市场当中达到垄断势力的影响效应。

五是中国文化产品出口企业在寻找出口市场时，尤其是新媒体、表演艺术、出版和视觉艺术这类文化产品应该充分考虑进口国的知识产权保护水平因素，以便自身文化产品在当地市场得到充分保护，形成长期稳定的市场供求状态。

六是中国应和世界多国包括世界知识产权保护组织等合作，共同致力于世界知识产权保护水平的提升和保护制度措施的完善。因为世界知识产权保护整体水平的提升可以使得中国文化产品生产投资者的利润得到一定程度的保障，促进盈利预期的增加，促进企业研发水平的提升及技术投资动机的增强，并最终能够促进中国文化生产企业技术的进步和文化产品出口规模水平的提升。

第六章　国际文化差异与中国文化产品出口问题研究

第一节　国际文化差异与文化贸易的关系

泰勒（1871）将文化定义为一个社会大众所共有的继承延续的以行为模式、情感模式和思维模式为核心的生活方式。不同国家或地区由于历史传统、地理环境、生产方式和社会制度等方面的不同，价值观念、宗教信仰、道德伦理、民族传统以及居民偏好、生活习俗等方面会表现出较大的差异，即文化差异。国际文化差异本身是国际市场需求的重要影响因素，但由于分析工具的局限，在以往的贸易理论研究当中，学者们往往只是从运输成本、人口规模、优惠贸易协定、贸易壁垒、殖民关系、共同语言、宗教信仰和制度差异等方面试图厘清"一国对外贸易发展的影响因素"这一长期困扰学术界和贸易实践中亟须解决的重要理论与现实问题。将国际文化差异因素引入该问题的研究，是近20年才逐渐兴起的。

作为国际贸易重要的组成部分，文化产品贸易符合贸易发展的一般性规律，但由于在生产和消费方面的独特性，其在贸易过程中又表现出与一般商品贸易不同的特征。具体来说，在生产过程中，文化产品最核心的东西是具有独特的、原创的、有价值的文化、思想或内容，这使得其具有较高的初始开发成本，但是多数文化产品是以数字信息产品作为载体形式，互联网时代其与传统产业的产品相比更易被低成本地进行大规模复制。这种生产中产品内容与形式的矛盾，决定了文化产品在贸易过程中与进口国的知识产权保护之间存在着天然内在的紧密联系。而在消费过程中，文化产品不仅具有一般商品的经济功能，还承载着出口国或地区的民族意识、价值观念、习俗伦理、生活方式等文化元素。是否被不同文化背景的进口国消费者理解、接受和喜爱，被进口国政府视为对其本土文化无伤害，更是文化产品贸易中的一个核心问题，这决定了其在国际市场的潜在规模、贸易成本和壁垒以及自身文化企业的经济效益。消费方面的独特性，使得文化产品贸易与进出口国家或地区之间的文化差异程度直接相关。

因此可以说，目前学者们关于"文化差异对一国贸易具有重要影响"的论断已经达成基本共识，但对于贸易流量影响方向的认识并不一致，即对"文化差异是影响一国对外贸易发展的阻碍因素还是促进因素"并未达成共识。

目前国际上形成了"文化折扣"论和"多样性文化"论，两种理论认为文化对于贸易的影响是不同的。"文化折扣"论认为，文化对于贸易是一种阻碍性因素；而"多样性文化"论则认为，文化是贸易发展的促进因素。

国内外前期研究对于分析文化差异对一国贸易发展的影响问题提供了基本方法，但现有文献仍存在以下三个方面的缺陷：一是国外研究多是以西方发达国家为研究对象，而且关于文化差异对一国贸易影响的方向问题未达成共识；国内基于本土数据研究文化差异对贸易影响问题的成果相对较少，结论同样也存在着分歧。二是现有文献多是注重文化差异对货物贸易的影响，并未关注其对文化产品贸易的影响。三是专门研究文化差异对一国重要贸易商品影响的针对性分析较为缺乏，而重要贸易商品的变动往往会对一国对外贸易结构造成较大的冲击。

本书认为，作为能够满足人们精神文化需求而具有经济价值的特殊消费品，文化产品贸易过程中应该同时存在"文化折扣"效应和"偏好强化"效应。诸如书报杂志、文娱用品和表演艺术、音像及广播电视等产品，它们除了具有一般商品的经济功用外，同时承载着出口国或地区大量的价值观念、道德伦理和生活方式等大量文化元素。因此，从广泛角度来讲，"文化折扣"效应不仅包含进口国消费者在理解和接受异国文化产品时的阻碍，也包含像法国和加拿大等国家政府为应对外来文化对本土文化的"冲击"或"侵害"而针对文化产品进口设置的各种门槛和壁垒，还包含如联合国教科文组织等基于维护文化"多样性"而对国际文化贸易所制定的各种贸易标准和公约的限制。"偏好强化"效应一般是消费者在对出口国文化产品初步接触、体验和认知以后，逐渐表现出对其所蕴含的思想观念、价值标准等文化维度的欣赏、接受和认同，最终其自身文化行为受到影响和支配并表现出消费需求的"惯性"或依赖。另外，因为文化行为不能够短期内被改变，故"偏好强化"效应一般发生在消费者对进口文化产品消费后较长的一段时期，且主要应该是在经济发展水平较高、对不同民族文化有猎奇及体验需要、秉承"只有民族的，才是世界的"文化消费理念的国家或地区的消费群体。

文化产品出口与文化差异联系紧密，这里引申出的重要问题是：进口国文化差异对中国文化产品出口的影响机理是怎样的？现阶段它们对中国文化产品出口的影响方向是怎样的？这是中国文化贸易发展中的重要问题。基于上述分析，本章借鉴大多数学者在研究文化差异问题时所用的"国家文化距离"（national culture and distance）概念，将其引入中国文化产品出口问题的研究当中，分析以国家文化距离代表的文化差异如何影响中国文化产品出口的变动，重点检验国家文化距离是否为影响中国文化产品出口水平提升的阻碍因素。

下文在尝试分析进口国文化差异对中国文化产品出口影响机理的基础上，利用中国文化产品出口的面板数据对相关问题做进一步的实证检验，以厘清当前进口国文化差异对中国文化产品出口的确切影响。

第二节　国际文化差异水平测度

一、国家文化距离概念

本节研究的是以国家文化距离为代表的文化差异如何影响一国贸易尤其是出口问题。本书认为，文化差异主要是指不同国家、地区或民族之间因价值观念、宗教信仰、道德伦理、民族传统以及居民偏好、生活习俗等方面存在不同而形成的彼此之间的社会差异。然而，学者对文化差异的研究并未形成范式，尤其是对造成文化差异的原因未形成统一的认识。目前较为著名的在跨文化研究领域占支配地位的文化分析模式有价值观双向模型、Hofstede 的国家文化模型、川普涅尔与特纳的文化分析模型、House 的"九维度"理论和蔡安迪斯的个体主义——集体主义理论[1]。

为了将各个国家和地区之间文化差异程度进行量化处理，本书将荷兰学者Hofstede（1983）的国家文化模型理论中的"国家文化距离"概念引入本书。Hofstede（1983）将文化定义为群体之间相互区别的心智的集体程序，其文化的内在核心价值观主要是通过群体成员的思维、情感和行为模式等一系列表象化的事物体现出来，且在发展的历程当中价值观会得到强化。Hofstede 认为，

---

① 蒋辰春. 国家文化距离对中国进出口贸易影响的实证研究 [D]. 长沙：中南大学，2011.

文化可以划分为国家、种族、宗教和性别等不同的层次。在跨文化管理当中，Hofstede以国家为单位考察文化之间的异同，并将之进行量化后称为"国家文化距离"，即不同国家或地区之间在诸如价值观、宗教信仰、民族传统、制度等各个方面文化差异的数量化。为了精确得到不同国家文化距离的数据，Hofstede及其团队于1967—1973年对美国IBM公司分布在世界50多个国家的11 600名员工进行了价值观问卷调查，并得出了各国多个维度文化距离的分值；1991—2001年又通过相同的调查方法对100多个国家6个维度文化距离的分值重新进行了测算。目前，Hofstede官方网站只公布了被调查国家4~5个维度文化距离的分值情况。

Hofstede提出的国家文化距离实质上是一国或地区文化价值观与另一国的差异程度，具体由两国的文化水平来测定。他所区分的国家间5维度文化距离分别为：权力维度（power distance，PDI）、个人主义和集体主义（individualism versus collectivism，IDV）、男性气质和女性气质（masculinity versus femininity，MAS）、不确定性规避（uncertainty avoidance，UAI）、长短期取向（long-term orientation，LTO）。

（一）权力维度

权力维度是指一个国家内的组织和机构当中拥有权力相对较弱的人对权力分配不均的期望和接受程度。在权力距离越高的国家，人们接受权力和地位在社会中分布不平等的程度越高；反之，人们更期望权力和地位在社会中分布更加平等。这个维度文化距离指数用来反映一国社会群体对于权力不平等的接受程度。

（二）个人主义和集体主义

个人主义和集体主义是指个体或集体取向的程度，范围是从组织成员个体间的联系很松散，到人从出生就被纳入强大的一体化的凝聚力的社会之间进行选择。这个指标用来反映一国社会组织架构对于个体或集体的取向程度。

（三）男性气质和女性气质

男性气质和女性气质是指一国社会是对英雄主义或阳刚社会的偏好多，还是更倾向于合作、谦虚的社会氛围。若偏好于前者，则社会会出现基于物质奖励的更具有竞争力的文化；若偏好于后者，则社会会出现照顾弱者和更倾向于生活质量高的文化。这个指标用来反映一国当中男性与女性文化对社会的影响程度。

（四）不确定性规避

不确定性规避主要是指一国国民对社会当中出现的不确定性和未知事物感

觉到的不舒服的程度，这里的基本问题是一个社会如何处理未来永远无法知道的事实：尽量控制未来还是让它发生，国家对不能容忍的行为和思想是否表现出强大的严格执行信仰和行为准则的力量。这个指标用来反映一国民众对于未知事物或不确定性情况的承受程度或对确定事物的偏好。

（五）长短期取向

长短期取向是指一国民众价值判断中对于长远价值的信奉程度，范围在长期倾向性和短期倾向性中进行选择。这个指标用来反映一国发展过程当中对于社会长远价值的倾向程度。

2010年，在 Hofstede 出版的《文化和组织》一书中，基于 Michael Minkov（2010）对世界 93 个国家和地区价值观的调查数据，构建了"放纵与克制"（indulgence versus restraint，IVR）作为第六个新的维度的文化距离指数被加入国家文化距离体系当中。但因相关网站并未完全公布其数据，或者说本书选定的贸易对象经济体在此文化维度中的数据并不完整，故本书仍沿用传统的5 维度国家文化距离来研究文化差异问题。

二、中国和贸易对象经济体的文化差异水平测度

依据 Hofstede 官方网站公布的不同国家和地区多个维度文化距离的调查数据，整理得到中国内地（大陆）和 35 个中国文化产品出口主要贸易对象经济体的 5 维度文化距离指数，如表 6-1 所示。

表 6-1　中国内地（大陆）和 35 个中国文化产品出口
主要贸易对象经济体的 5 维度文化距离指数

国家和地区	PDI	IDV	MAS	UAI	LTO	国家和地区	PDI	IDV	MAS	UAI	LTO
中国内地（大陆）	80	20	66	30	118	荷兰	38	80	14	53	44
美国	40	91	62	46	29	墨西哥	81	30	69	82	44
澳大利亚	36	90	61	51	31	马来西亚	104	26	50	36	61
奥地利	11	55	79	70	31	新西兰	22	79	58	49	30
比利时	65	75	54	94	38	挪威	31	69	8	50	44
巴西	69	38	49	76	65	菲律宾	94	32	64	44	19
中国台湾	58	17	45	69	87	波兰	68	60	64	93	32
捷克	57	58	57	74	13	葡萄牙	63	27	31	104	30
丹麦	18	74	16	23	46	新加坡	74	20	48	8	48

表6-1(续)

国家和地区	PDI	IDV	MAS	UAI	LTO	国家和地区	PDI	IDV	MAS	UAI	LTO
芬兰	33	63	26	59	41	西班牙	57	51	42	86	19
法国	68	71	43	86	39	瑞典	31	71	5	29	20
德国	35	67	66	65	31	瑞士	34	68	70	58	40
匈牙利	46	80	88	82	50	泰国	64	20	34	64	56
印度	77	48	56	40	61	英国	35	89	66	35	25
爱尔兰	28	70	68	35	43	越南	70	20	40	30	80
意大利	50	76	70	75	34	加拿大	39	80	52	48	23
日本	54	46	95	92	80	中国香港	68	25	57	29	96
韩国	60	18	39	85	75	俄罗斯	93	39	36	95	10

资料来源：依据 Hofstede 官方网站（http://www. geert-hofstede. com）公布的调查数据整理得到。

我们参照 Kogut 和 Singh（1988）测量美国文化差异时所采用的计算方法来测算中国内地（大陆）与35个样本国家和地区之间的文化差异程度，其公式为 $CD_j = \sum_1^5 [(I_{ij} - I_{iu})^2 / V_i]/5$。其中，$CD_j$ 表示母国同 j 国和地区之间从5维度考察的文化差异指数，I_{ij} 表示 j 国和地区在第 i 个维度文化上的分值，I_{iu} 表示母国在第 i 个维度文化上的分值，V_i 表示第 i 个维度文化分值的方差。计算得出的中国内地（大陆）与35个贸易伙伴经济体5维度文化差异指数和总体文化差异指数（CD），如表6-2所示。

表6-2 中国内地（大陆）与35个贸易伙伴经济体5维度
文化差异指数和总体文化差异指数（CD）

国家和地区	PDI	IDV	MAS	UAI	LTO	CD	国家和地区	PDI	IDV	MAS	UAI	LTO	CD
美国	3.21	8.76	0.04	0.43	13.62	5.21	韩国	0.80	0.01	1.71	5.13	3.18	2.16
澳大利亚	3.88	8.51	0.06	0.75	13.02	5.24	马来西亚	1.16	0.06	0.60	0.06	5.59	1.49
奥地利	9.55	2.13	0.40	2.71	13.02	5.56	新西兰	6.75	6.05	0.15	0.61	13.32	5.38
比利时	0.45	5.26	0.34	6.94	11.01	4.80	菲律宾	0.39	0.25	0.01	0.33	16.85	3.57
巴西	0.24	0.56	0.68	3.59	4.83	1.98	挪威	4.82	4.17	7.88	0.68	9.42	5.39
中国台湾	0.97	0.02	1.03	2.58	1.65	1.25	波兰	0.29	2.78	0.01	6.73	12.72	4.50
捷克	1.06	2.51	0.19	3.28	18.96	5.20	越南	0.20	0	1.58	0	2.48	0.85
西班牙	1.06	1.67	1.35	5.32	16.85	5.25	新加坡	0.07	0	0.76	0.82	8.43	2.02

表6-2（续）

国家和地区	PDI	IDV	MAS	UAI	LTO	CD	国家和地区	PDI	IDV	MAS	UAI	LTO	CD
芬兰	4.43	3.21	3.75	1.43	10.20	4.60	丹麦	7.71	5.07	5.86	0.08	8.91	5.53
法国	0.29	4.52	1.24	5.32	10.73	4.42	瑞典	4.82	4.52	8.72	0	16.52	6.91
德国	4.06	3.84	0	2.08	13.02	4.60	瑞士	4.25	4.00	0.04	1.33	10.46	4.02
匈牙利	2.32	6.26	1.13	4.58	7.95	4.45	泰国	0.51	0	2.40	1.96	6.61	2.30
印度	0.02	1.36	0.23	0.17	5.59	1.47	英国	4.06	8.27	0.00	0.04	14.87	5.45
爱尔兰	5.43	4.34	0.01	0.04	9.67	3.90	葡萄牙	0.58	0.09	2.87	9.28	13.32	5.23
意大利	1.81	5.45	0.04	3.43	12.13	4.57	加拿大	3.37	6.26	0.46	0.55	15.52	5.23
日本	1.36	1.17	1.97	6.52	2.48	2.70	中国香港	0.29	0.04	0.19	0	0.83	0.27
墨西哥	0	0.17	0.02	4.58	9.42	2.84	俄罗斯	0.34	0.63	2.11	7.16	20.06	6.06
荷兰	3.54	6.26	6.33	0.90	9.42	5.29	—	—	—	—	—	—	—

注：结果保留小数点后两位，结果为0的原因是该经济体与中国内地（大陆）在此维度的文化水平分值相同。

需要说明的是，由于 Hofstede 未对同一维度文化距离进行连续的年度调查，因此上述5维度文化差异指数和总体文化差异指数均为非时序变量，且其大小只表示各个贸易伙伴与中国文化差异的相对程度，不表示其文化本身的"优劣"或"好坏"。

第三节　国际文化差异对中国文化产品出口影响的机理

从前述文献角度分析，多数研究结论认为，国家文化距离差距越大，国家间对文化产品的理解程度会下降，所带来的贸易成本就越高；本国消费者在消费商品时"文化的根植性"所带来的"文化折扣"效应会削弱出口国文化产品的出口，从而使得贸易受到抑制。因此，多数学者认为国家文化距离所带来的贸易成本会通过影响文化产品出口当中的信任理解、沟通交流、风险感知等方面负向影响贸易。如 Tadesse B（2010）认为，美国贸易当中移民可以部分抵消国家文化距离对于贸易抑制的结论是从一个侧面反映了国际文化差异对贸易负相关影响的作用。

但也有部分学者认为，国家文化距离会形成产品之间的差异性，进而有利于产品多样性的生产；进口国居民如果出于好奇、探索或体验为目的尝试消费，有可能会形成一定的偏好，随着时间推移，这种偏好会得到一定程度的加强或影响到居民的消费习惯，进而增大对出口国文化商品的需求量；"偏好强化"效应会导致出口国文化产品出口。如郑义（2017）认为，国家文化距离通过满足进口国（地区）消费者对木质家具的多样化需求起作用。

因此，本书认为，两种主张都有其逻辑上的合理性。"文化折扣"效应和"偏好强化"效应可能会同时对中国文化产品出口产生影响，具体影响机制如图6-1所示。

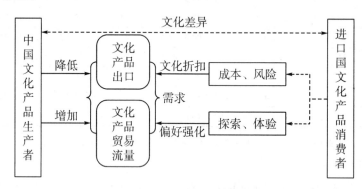

图6-1　文化差异对中国文化产品出口的影响机制

确切来说，文化差异或国家文化距离影响中国文化产品出口的路径主要有两条：一是交易成本路径。国家文化距离带来的"文化折扣"现象提高了供应商的分销成本，增加了对外出口的交易成本，降低了出口利润，削弱了中国文化产品的出口优势，进而减少了中国出口贸易的流量。二是消费者体验路径。国家文化距离创造的多元化产品为消费者提供了多元化的探索路径，消费者的体验性消费有可能会形成消费的"路径依赖"，有利于形成对中国文化产品的偏好强化，进而有利于中国文化产品出口的提升和贸易流量的扩大。

当贸易成本所带来的"文化折扣"效应对文化贸易的影响大于探索体验所带来的消费者"偏好强化"效应对文化产品贸易的影响时，国家文化距离对文化产品贸易的影响体现为负向，即国家文化距离越大，越不利于中国文化产品出口的发展；反之，国家文化距离则正向影响中国文化产品出口贸易。两种路径对中国文化产品出口的影响方向相反，究竟哪种路径的影响效应大，需要从经验角度进行实证分析。

第四节 国际文化差异对中国文化产品出口影响的实证检验

一、模型设定与数据处理

为了检验国际文化差异因素对中国文化产品出口的影响，本节在基础贸易引力模型上加入重点考察的国际文化差异变量，将其作为一种与地理距离相似的衡量指标，检验其对中国文化产品出口的影响效应。

最早将引力模型应用于贸易研究的 Tinbergen（1962）认为，两个国家的双边贸易流量是两国经济规模以及地理距离的函数，其公式为 $T_{ij} = KY_iY_j/D_{ij}$，其中 T_{ij} 表示双边贸易流量，Y_i 和 Y_j 分别表示两个国家的经济规模，常用两国的 GDP 值来表示，D_{ij} 表示两国间的地理距离，K 为系数。从基础贸易引力模型可以看出，两国的经济规模对双边贸易流量产生促进作用，而彼此的地理距离则对双边贸易流量产生阻碍作用。加入文化差异和其他可能会影响文化产品出口的因素变量，构建修正贸易引力模型，同时将模型进行对数化处理（可以减少检验过程中异常点及残差的非正态分布，克服异方差，还可以使得回归方程的系数能够反映被解释变量在其他条件不变的情况下对解释变量的弹性），可以得到式（6-1）。

$$\text{Ln TC}_{ct} = \alpha + \beta_1 \text{Ln GDP}_{jt} + \beta_2 \text{Ln GDP}_{ct} + \beta_3 \text{Ln GD}_{cj} + \beta_4 \text{Ln CD}_{cj} + \beta_5 \text{Ln PEO}_{jt} + \beta_6 \text{Ln PEO}_{ct} + \beta_7 \text{Ln TI}_{jt} + \beta_8 \text{BORD}_{cj} + \beta_9 \text{APEC}_{cj} + \beta_{10} \text{CF}_{cj} + u_{cjt} \quad (6-1)$$

其中，TC 是被解释变量，表示历年来的中国文化产品出口额；解释变量 GDP、GD、CD、PEO、TI 分别表示中国与各贸易伙伴经济体的国内生产总值、地理距离、文化差异、人口数量和对外开放度；虚拟变量 BORD 表示贸易伙伴是否与中国陆地相邻；APEC 表示贸易伙伴是否与中国同属亚太经合组织成员；CF 表示是否处于儒家文化圈①。虚拟变量若为真，均赋值为 1，否则赋值为 0。另外，α 为截距项，β 为变量系数，u 为随机误差项；角标当中的 c 表示中国，j 表示各个贸易伙伴经济体，t 表示年份。

---

① 对于儒家文化圈的界定，本书参考叶德珠等（2012）的做法，得到了同属于儒家文化圈的国家或地区，包括日本、韩国、马来西亚、菲律宾、新加坡、泰国、越南以及中国香港、中国台湾 9 个样本，其余则为非儒家文化圈。

二、样本选择与数据来源

本书选取与中国内地（大陆）文化产品出口有代表性的 35 个国家和地区，其中美国、澳大利亚、奥地利、比利时、捷克、丹麦、芬兰、法国、德国、爱尔兰、意大利、日本、荷兰、新西兰、挪威、葡萄牙、西班牙、瑞典、瑞士、英国、加拿大、波兰和匈牙利属于发达经济体，巴西、新加坡、韩国、中国台湾、印度、墨西哥、马来西亚、菲律宾、泰国、越南、中国香港和俄罗斯属于发展中经济体①。另外，基于数据的可得性，本书分析的时期为 2003—2012 年，此间中国内地（大陆）文化产品对 35 个国家和地区的出口额占同期向全球出口总额的 87.68%，故所选样本具有代表性。

中国对各贸易伙伴经济体的历年文化产品出口额来源于 UNCTAD 数据库；各国历年 GDP 来自联合国数据库（http://data.un.org）；中国与各贸易伙伴经济体的地理距离以北京与各国或地区的首都或首府城市的直线距离来衡量，其数据从世界城市经纬度查询系统网站（http://www.hjqing.com/find/jingwei/index.asp）获得；各国历年人口数量来自世界银行网站（http://data.worldbank.org.cn）；贸易伙伴经济体的对外开放程度用各国或地区的商品与服务贸易进出口总额与其 GDP 的比值来衡量，商品与服务贸易进出口数据来源于联合国商品贸易数据库（http://comtrade.un.org）。

三、面板数据的可靠性检验

（一）面板变量的统计性描述
模型中所涉及的因变量和控制性变量的统计性描述如表 6-3 所示。

表 6-3　各变量的统计性描述

变量	Mean	Median	Maximum	Minimum	Std. Dev.	Kurtosis	Sum Sq. Dev.	Observations
TC	0.827 7	0.815 7	0.879 5	0.783 2	0.035 7	1.404 6	0.445 2	350
MS	3.166 9	3.074 5	3.641 0	2.815 0	0.251 7	2.207 4	22.119 6	350
$LnGDP_{JT}$	13.164 8	12.906 6	16.569 1	10.585 4	1.210 7	2.880 8	511.561 6	350
$LnGDP_{CT}$	15.140 6	15.196 6	15.906 7	14.316 8	0.530 1	1.651 6	98.096 9	350
$LnPEO_{JT}$	17.148 3	17.113 4	20.935 7	15.200 9	1.382 1	2.645 1	666.741 7	350

---

① 同前面章节相同，发达经济体抑或发展中经济体属性判断依据的是 UNCTAD 的统计标准，另外 UNCTAD 在统计过程中将俄罗斯归属为转型经济体，本书基于研究的需要及俄罗斯人均 GDP 的实际情况将其归属到发展中经济体。

表6-3(续)

变量	Mean	Median	Maximum	Minimum	Std. Dev.	Kurtosis	Sum Sq. Dev.	Observations
$LnGDP_{CT}$	15.140 6	15.196 6	15.906 7	14.316 8	0.530 1	1.651 6	98.096 7	350
$LnPEO_{CT}$	21.001 1	21.001 6	21.028 9	20.976 7	0.014 9	1.808 1	0.078 9	350
$LnGD_{CJ}$	8.674 0	8.904 8	9.735 7	6.832 0	0.614 8	3.835 1	131.955 8	350
LnCD	1.229 5	1.519 8	1.933 5	−1.304 8	0.668 8	6.902 5	156.133 1	350
LnFDI	475 423.9	0.144 7	1.66E+08	−6.211 6	8 894 367	348.002 9	2.76E+16	350
LnIDV	0.300 5	1.022 4	2.170 0	−4.968 9	1.854 0	3.787 9	1 199.712 0	350
LnMAS	−0.771 9	−0.275 7	2.165 2	−4.670 2	1.966 8	2.321 0	1 350.151 0	350
LnUAI	−0.129 6	0.354 4	2.227 9	−6.380 1	2.148 1	4.687 2	1 610.5	350
LnLTO	2.154 1	2.347 7	2.998 6	−0.183 5	0.717 1	4.911 0	179.507 1	350
LnTI	0.435 0	0.332 6	1.883 3	0.065 3	0.359 0	8.632 8	44.998 6	350
BORD	0.197 1	0	1	0	0.398 4	3.318 0	55.397 1	350
CF	0.257 1	0	1	0	0.437 6	2.235 0	66.857 1	350

注:被解释变量分别为 TC 和 MS,其分别表示中国文化产品出口贸易额指数和市场占有率指数。

(二)各变量的单位根检验

为了充分判定样本数据序列的稳定性,本书采用 LLC 检验、IPS 检验、ADF-Fisher 检验、PP-Fisher 检验和 Hadri 检验 5 种方法联合对面板模型进行单位根检验。对 LnTC 因变量的单位根检验时,我们先对其原序列的平稳性进行检验。TC 变量原序列的单位根检验结果如表 6-4 所示。

表 6-4　TC 变量原序列的单位根检验结果

方法	统计值	P 值
LLC 检验	−2.433 8	0.007 5
IPS 检验	−0.017 07	0.493 2
ADF-Fisher 检验	51.436 6	0.953 2
PP-Fisher 检验	51.436 6	0.953 2
Hadri 检验	5.081 4	0.000 0

注:LLC 检验的原假设是"各截面序列具有相同单位根过程";IPS 检验、ADF-Fisher 检验和 PP-Fisher 检验的原假设是"各截面序列具有不同的单位根过程";Hadri 检验的原假设是"各截面成员序列无单位根",下同。

表 6-4 的结果表明,变量 LnTC 原序列存在单位根,为非平稳序列,因此我们对其一阶差分进行单位根检验,结果如表 6-5 所示。

表 6-5　TC 变量一阶差分序列的单位根检验结果

方法	统计值	P 值
LLC 检验	−15.040 9	0.000 0
IPS 检验	−7.047 8	0.000 0
ADF-Fisher 检验	187.207 0	0.000 0
PP-Fisher 检验	189.701 0	0.000 0
Hadri 检验	−0.538 2	0.704 8

表 6-5 的结果表明，变量 LnTC 一阶差分序列不存在单位根，为平稳序列。

通过相同的方法，我们分别对 Ln GDP_{jt}、Ln GDP_{ct}、Ln PEO_{jt}、Ln PEO_{ct} 和 Ln TI_{jt} 5 个变量进行单位根检验，其检验结果如表 6-6 所示。

表 6-6　拓展引力模型中各变量单位根检验结果

变量	原序列检验	一阶差分检验
LnTC	非平稳	平稳***
LnGDP_{jt}	平稳***	平稳***
LnGDP_{ct}	非平稳	平稳***
LnPEO_{jt}	非平稳	平稳***
LnPEO_{ct}	非平稳	平稳***

注：*** 表示 5 种检验方法均通过 1% 的显示性水平检验。

表 6-6 所显示的检验结果表明，除 LnGDP_{jt} 变量的原序列平稳外，其余变量均为一阶差分序列平稳，而地理距离和文化差异等变量因不随时间变化而被认为是原序列平稳。因此可以认定，所有的变量均在一阶水平上单整即为 I(1) 序列。面板模型各变量的平稳性意味着可以进行面板数据回归分析。

（三）各变量的面板协整检验

为避免可能存在的 "伪回归" 问题，本书分别采用 Pedroni 检验方法和 Kao 检验方法对模型中各面板变量的回归残差进行单位根检验，以检验各面板变量之间是否存在协整关系。其中，Pedroni 检验方法和 Kao 检验方法的原假设为 "面板数据各变量不存在协整关系"。

模型中各变量面板协整检验结果如表 6-7 所示。

表 6-7　模型中各变量面板协整检验结果

变量	面板协整检验结果					
被解释变量	解释变量	组内统计量	Panel v-Statistic −5.743 2	Panel rho-Statistic 4.512 2*	Panel PP-Statistic −41.266 7***	Panel ADF-Statistic −7.007 7***
TC_{cjt}	GDP_{jt} GDP_{ct} PRO_{jt} TI_{cj} PEO_{ct}	组间统计量	—	Group rho-Statistic 7.457 0	Group PP-Statistic −56.034 1***	Group ADF-Statistic −6.817 4***

注：除了 Panel v-Statistic 为右尾检验之外，其余统计检验均为左尾检验；*、** 和 *** 分别为 10%、5% 和 1% 的显著性水平上拒绝不存在协整关系的原假设；模型中的非时序变量和虚拟变量未列入检验序列；如果是非平衡面板数据，组间统计量会有两个指标无法计算，不显示检验结果。

表 6-7 的结果表明，除了 Panel v-Statistic 检验和 Group rho-Statistic 检验接受原假设外，其余检验均拒绝"面板数据各变量不存在协整关系"的原假设。采用 Kao 检验方法的结果显示，其 ADF 的 t 统计量为 −4.758 7，相伴概率为 0.000 0，Kao 残差协整检验通过 1% 的显著性水平。

综合 Pedroni 检验方法和 Kao 检验方法的检验结果，本书认为式（6-1）中各面板变量之间存在长期的协整关系，即用此变量进行的面板回归计量分析结果有效，不是伪回归。

四、国际文化差异对中国总体文化产品出口影响检验

对于面板模型具体形式的选择问题，考虑到本书使用的是短面板数据（个体数大于时期数），故不考虑变系数模型，因此需要在混合回归模型、变截距固定效应模型和变截距随机效应模型之间做出选择。混合回归模型与固定效应模型的选择一般通过 F 检验进行判别，随机效应模型与固定效应模型的选择一般通过 Hausman 检验进行判别。但式（6-1）中存在地理距离和文化差异等非时序变量，固定效应模型失效，而混合回归模型假定前提之一是所有截面成员的截距项和解释变量的系数均相同，即不考虑个体效应和时间效应的影响，不符合本书要考察的中国文化产品出口 35 个贸易伙伴的实际情况。另外，从 Hausman 检验结果来看（检验中非时序变量被 Hausman 检验直接排除在固定效应检验之外），其检验统计量为 51.269 1（Prob = 0.232 6），在 10% 的显著水平下不能拒绝固定效应模型和随机效应模型的估计量没有实质差异的假设。所以综合衡量后，本书选择随机效应模型的面板普通最小二乘法（POLS）作

为式（6-1）的检验方法。

此外，因为引力模型已经作为一种较为成熟的模型在贸易研究领域得到广泛的应用，且一个国家或地区在5维度文化特征变化极为缓慢，因此无须过分考虑文化差异变量在模型中的内生性问题。

为增强回归结果的稳健性，对式（6-1）中涉及的各解释变量进行逐步回归，中国文化产品出口用TC来表示，得到表6-8所示的检验结果。

表6-8　总体国家文化距离对中国文化产品出口影响的检验结果

变量	模型1	模型2	模型3	模型4	模型5	模型6
$LnGDP_{jt}$	0.002 7 *** (1.822 6)	0.004 1 *** (2.750 9)	0.000 3 *** (0.024 9)	0.000 2 ** (0.016 4)	0.000 2 *** (0.017 6)	0.000 1 *** (0.011 2)
$LnGDP_{ct}$	0.027 8 *** (15.817 4)	0.031 7 ** (16.348 0)	0.074 5 ** (38.623 6)	0.074 3 * (38.530 2)	0.074 4 (38.460 6)	0.074 4 (38.342 3)
$LnGD$	−0.018 9 *** (−7.069 7)	−0.025 7 *** (−8.445 2)	−0.001 3 ** (−0.067 2)	−0.001 1 ** (−0.005 8)	−0.000 5 * (−0.217 1)	−0.001 8 * (−0.479 0)
$LnCD$	—	−0.013 7 *** (−4.333 7)	−0.011 3 *** (−5.799 0)	−0.000 9 ** (−0.380 4)	−0.000 1 ** (−0.018 8)	−0.000 1 * (−0.033 2)
$LnPEO_{jt}$	—	—	0.009 8 ** (0.000 1)	0.000 4 * (0.348 9)	0.000 4 (0.399 2)	0.000 5 (0.435 6)
$LnPEO_{ct}$	—	—	−0.043 2 *** (−25.765 3)	−0.043 6 ** (−24.102 4)	−0.043 3 * (−22.637 5)	−0.042 8 * (−18.968 8)
$LnTI$	—	—	—	0.002 7 *** (0.601 4)	0.002 3 *** (0.487 2)	0.002 6 ** (0.536 0)
$BORD$	—	—	—	—	−0.001 7 (−0.393 0)	−0.002 7 (−0.576 9)
$APEC$	—	—	—	—	—	0.001 3 *** (0.454 1)
CF	—	—	—	—	—	0.003 1 ** (0.539 6)
$Constant$	−8.926 4 *** (−5.860 3)	−11.861 0 *** (−8.095 5)	175.762 1 *** (0.295 3)	320.234 8 *** (0.563 3)	329.551 5 *** (0.580 3)	325.843 7 *** (0.635 9)
观测值	350	350	350	350	350	350
调整 R^2	0.453 9	0.477 2	0.593 6	0.626 5	0.656 0	0.704 6
F 模型 设定检验 （P）	216.234 3 (0.000 0)	217.570 1 (0.000 0)	167.635 9 (0.000 0)	199.315 2 (0.000 0)	179.753 1 (0.000 0)	181.702 9 (0.000 0)

注：模型1是包含贸易对象国GDP、中国GDP和中国与贸易对象国距离等变量的基础贸易引力模型；模型2是在模型1的基础上逐步加入文化差异、人口数量、对外开放度、是否与中国有陆地相邻、是否与中国同属APEC和是否与中国同属儒家文化圈等解释变量后的修正贸易引力模型；***、** 与 * 分别表示符合1%、5%和10%的显著性水平，括号内为系数相应的 t 值。

从模型 1 至模型 6 的检验结果来看，所有回归方程调整后的 R^2 值都在 0.45 以上，F 模型设定检验值均通过 1% 的显著性水平，说明设定模型总体的解释力较强。

贸易伙伴的 GDP、TI 变量系数显著为正，说明中国文化产品出口流量与贸易伙伴的经济规模、对外开放度等影响因素显著正相关：贸易伙伴的经济规模越大，对外开放度越高，对中国文化产品的需求也越多，就越能促进中国文化产品出口水平的提升。

地理距离和中国的人口数量两个变量系数显著为负，说明地理距离确系中国文化产品出口和其出口水平提升的阻碍因素之一，而中国人口数量的增加可能会增加本国文化产品的需求量，减少对外贸易的出口数量，进而削弱其出口。

本书重点考察的文化差异（CD）变量系数显著为负，说明总体上说，贸易伙伴与中国的文化差异程度越大，从中国进口文化产品的需求水平就越低，阻碍中国文化产品出口提升的影响就越明显。

虚拟变量 BORD 系数为正，但从模型 5 和模型 6 的结果来看并不显著，说明随着交通运输和信息通信技术的发展，陆地相邻为文化产品贸易提供的便利性和降低成本效应不再像其为传统商品贸易那样带来的效果显著，也说明此因素并非促进中国文化产品出口提升的必要条件。

虚拟变量 APEC 系数显著为正，说明亚太经合组织这样的一个贸易合作平台确实能够降低文化产品的贸易壁垒，有效促进中国文化产品出口的提升。

虚拟变量 CF 系数显著为正，说明与中国同属儒家文化圈层的因素确实能够促进中国文化产品出口的提升，这与前述得出的"贸易伙伴与中国文化程度越大，阻碍中国文化产品出口提升的影响越明显"的结论的内在逻辑是一致的。

另外，中国 GDP 和贸易对象国的人口数量两个变量系数的正负虽然稳定但总体却不显著，说明国内经济规模扩大和贸易对象国人口数量增长两个因素并未对中国文化产品的出口造成显著的影响。

五、5 维度文化差异对中国文化产品出口影响检验

剔除对中国文化产品出口未有显著影响的解释变量，将式（6-1）中的文化差异变量用 5 维度文化差异变量替代并进行逐步回归，得到表 6-9 所示的检验结果。

表 6-9　5 维度文化差距对中国文化产品出口影响的检验结果

变量	模型 7	模型 8	模型 9	模型 10	模型 11
$LnGDP_{jt}$	0.018 0*** (1.397 2)	0.018 3*** (1.407 9)	0.018 4*** (1.411 3)	0.018 4*** (1.406 6)	0.018 9*** (1.428 1)
LnGD	−0.000 9* (−0.019 7)	−0.005 9** (−0.153 8)	−0.006 7** (−0.172 5)	−0.006 5* (−1.165 5)	−0.008 2* (−0.204 5)
LnPDI	−1.96E−09 (−1.262 7)	−1.97E−09 (−1.268 1)	−1.97E−09 (−1.260 4)	−1.96E−10 (−1.255 6)	−1.96E−9 (−1.256 3)
LnIDV	—	0.001 9 (0.188 9)	0.001 9 (0.186 3)	0.002 0 (0.189 8)	0.002 8 (0.260 3)
LnMAS	—	—	0.000 9*** (0.127 2)	0.000 9** (0.125 9)	0.000 8** (0.107 8)
LnUAI	—	—	—	−0.000 3*** (−0.038 2)	−0.000 5* (−0.076 7)
LnLTO	—	—	—	—	−0.007 8** (−0.267 9)
$LnPEO_{ct}$	−0.162 1** (−7.523 4)	−0.160 1** (−8.676 0)	−0.159 8* (−8.599 5)	−0.159 9* (−8.499 8)	−0.160 4 (−8.476 2)
LnTI	0.031 3*** (0.634 2)	0.031 3** (0.632 9)	0.031 5** (0.634 2)	0.031 0** (0.601 9)	0.033 0* (0.634 4)
APEC	0.843 7*** (8.573 3)	0.961 7*** (9.146 5)	0.024 7** (0.615 9)	0.024 7** (0.615 8)	0.026 5** (0.649 4)
CF	0.011 5** (0.166 7)	0.005 3** (0.073 8)	0.005 8** (0.081 2)	0.006 0* (0.083 0)	0.010 9* (0.147 0)
Constant	−21.265 8*** (−10.411 2)	−19.943 7*** (−9.810 1)	−18.316 2*** (−11.151 2)	−22.142 1*** (−12.315 0)	−22.329 5** (−11.318 6)
观测值	350	350	350	350	350
调整 R^2	0.561 5	0.578 0	0.611 2	0.634 2	0.697 8
F 模型设定检验（P）	146.511 5 (0.000 0)	138.244 7 (0.000 0)	129.812 0 (0.000 0)	116.418 2 (0.000 0)	119.393 7 (0.000 0)

注：模型 7 至模型 11 是剔除中国 GDP、中国人口数量和是否与中国陆地相邻 3 个不显著变量后，逐步加入 5 维度文化差异变量后的修正贸易引力模型。

从模型 11 的检验结果来看，权力距离（PDI）和个人主义与集体主义（IDV）两个维度文化差异的变量系数分明，但并不显著且系数值较小，所以我们有理由认为，在贸易伙伴国或地区的社会架构当中，底层民众对待社会不公的思潮以及整体民众对待个人主义偏好松散型社会架构和集体主义偏好紧密型社会架构的社会文化，对中国文化产品出口水平并未有实质性的影响。男性主义与女性主义（MAS）变量系数显著为正，说明贸易伙伴国或地区整体社会对性别价值观的取向越分明，越有利于中国文化产品出口水平的提升。不确定性规避（UAI）和长短期取向（LTO）两个变量系数显著为负，说明贸易伙伴国或地区社会对不确定性和模棱两可的新奇事物的容忍度越低，对传统美德和长期价值观念坚守的取向性越强，越不利于中国文化产品出口水平的提升。

六、不同发展水平经济体文化差异对中国文化产品出口影响检验

由于前期文献关于文化差异对贸易影响方向问题的认识存在较大分歧，尤其是国内学者基于中国文化产品出口数据的分析也存在着完全相反的结论，故我们猜测，文化差异与一国包括文化产品出口在内的贸易之间可能存在着较为复杂的非线性关系，因不同学者所选取的样本经济体存在着差异而得出了相悖的结论。为验证这种猜测，本书假设文化差异和中国文化产品出口之间存在着非线性的水平 S 形曲线关系，根据式（6-1）及上述检验结果，构建修正贸易引力模型，如式（6-2）所示。

$$\text{LnCT}_{cjt} = \alpha + \beta_1 \text{LnGDP}_{jt} + \beta_2 \text{LnGD} + \beta_3 \text{CD} + \beta_4 \text{CD}^2 + \beta_5 \text{CD}^3 + \beta_6 \text{LnPEO}_{jt} +$$
$$\beta_7 \text{LnTI}_{jt} + \beta_8 \text{APEC}_{cj} + u_t \tag{6-2}$$

其中，CD、CD^2 和 CD^3 分别表示文化差异的一次方、二次方和三次方。为了找出文化差异对中国文化产品出口影响相应的拐点值，我们未对文化差异的各次方取对数值。对文化差异的各次方进行逐步回归，得到表 6-10 中模型 12 至模型 16 所示的检验结果。

表 6-10　不同文化差异水平对中国文化产品出口影响的检验结果

变量	模型 12	模型 13	模型 14	模型 15	模型 16
LnGDP$_{jt}$	1.741 3 *** (37.936 4)	1.738 6 *** (38.326 8)	1.707 5 *** (38.593 9)	1.867 3 *** (21.965 8)	1.145 3 *** (17.044 9)
LnGD	-0.274 5 (-1.033 5)	-0.079 7 (-0.324 1)	-0.112 7 (-0.546 1)	0.096 2 (0.754 1)	0.159 4 (1.316 9)
CD	-0.168 6 ** (-1.662 7)	-1.395 2 *** (-4.021 6)	-3.749 8 *** (-5.188 4)	-0.648 4 ** (-2.128 1)	0.216 5 *** (4.235 2)
CD^2	—	0.170 5 *** (3.669 4)	0.840 8 *** (4.262 4)	—	—

表6-10(续)

变量	模型 12	模型 13	模型 14	模型 15	模型 16
CD^3	—	—	-0.062 2 *** (-3.493 9)	—	—
$LnPEO_{jt}$	-0.232 9 ** (-2.080 1)	-0.230 4 ** (-2.228 3)	-0.184 8 ** (-2.029 5)	-0.565 2 (-1.548 7)	0.198 1 *** (2.742 6)
$LnTI$	0.454 1 *** (4.303 5)	0.450 8 *** (4.322 8)	0.493 8 *** (4.890 2)	0.504 4 *** (2.472 8)	0.548 3 *** (5.170 4)
$APEC$	0.318 9 * (1.626 7)	0.320 6 * (1.699 1)	0.415 6 ** (2.403 8)	0.843 7 *** (8.573 3)	0.668 3 *** (5.954 2)
Constant	-9.285 1 *** (-3.386 9)	-9.283 8 *** (-3.699 8)	-7.976 6 *** (-3.716 8)	-30.333 8 *** (-3.487 4)	-14.376 3 *** (-11.165 7)
观测值	350	350	350	120	230
R^2	0.783 1	0.787 1	0.790 1	0.772 6	0.898 3
调整 R^2	0.779 3	0.782 7	0.785 2	0.760 5	0.895 5
F 模型 设定检验(P)	206.449 8 (0.000 0)	180.634 6 (0.000 0)	160.434 4 (0.000 0)	64.003 9 (0.000 0)	328.196 0 (0.000 0)

注：模型 12 至模型 14 分别是逐步加入 CD、CD^2 和 CD^3 后的检验结果，模型 15 至模型 16 分别是对发展中经济体和发达经济体的检验结果。

按照 Hsu（2007）的研究结论，变量之间若要接受水平 S 形曲线关系的假设，必须满足两个条件：一是自变量一次方、二次方和三次方的系数符号要依次改变，且各个系数均要显著；二是和包含一次方与二次方自变量的模型相比，包含三次方自变量模型的 R^2 值和调整后的 R^2 值最大。在模型 12 至模型 14 中，CD 系数在 5% 水平上显著为负，CD^2 系数在 1% 水平上显著为正，CD^3 系数在 1% 水平上显著为负，同时 R^2 值和调整后的 R^2 逐次增加。此检验结果显然完全符合上述条件，文化差异与中国文化产品出口之间存在着非线性水平 S 形曲线关系的假设得到了初步理论验证。

省略模型 14 中除 CD、CD^2 和 CD^3 外的其他变量，得到关于不同文化差异水平对中国文化产品出口影响的方程：$LnCT = -3.749\ 8CD + 0.840\ 8CD^2 - 0.062\ 2CD^3$。我们将方程取一阶导数，并使其等于 0 即可得到方程的两个解：4.05 和 4.96，这是方程两个拐点的横坐标值，即文化差异变量的两个临界值。同时，结合所选取 35 个样本经济体中文化差异的最小值 0.27 和最大值 6.91，我们可以得到文化差异和中国文化产品出口关系所假定的水平 S 形曲线的三个区间：在第一区间（0.27≤CD<4.05），文化差异和中国文化产品出口流量有负向关系；在第二区间（4.05≤CD<4.96），文化差异和中国文化产品出口流量有正向关系；在第三区间（4.96≤CD<6.91），文化差异和中国文化产品出口流量具有负向关系，如图6-1所示[①]。

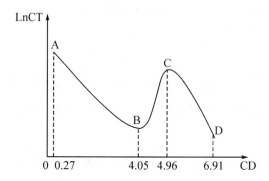

图6-1　文化差异与中国文化产品出口的水平S形曲线关系示意

　　若选取不同样本经济体进行检验时，不同样本的文化差异均值落在上述不同区间时，样本文化差异与中国文化产品出口之间均能符合其区间关系，则能够验证前期假定。我们去掉模型2中文化差异的二次方项和三次方项，分别对12个发展中经济体和23个发达经济体进行回归检验，检验结果如表6-10中的模型15和模型16所示。根据表6-2容易计算出中国与35个贸易伙伴总体文化差异的均值为3.99，与12个发展中经济体文化差异的均值为2.19，与23个发达经济体文化差异的均值为4.93。从模型1至模型6以及模型15和模型16的检验结果来看，均值处于第一区间的总体文化差异和发展中经济体文化差异与中国文化产品出口具有显著的负向关系，而均值处在第二区间的发达经济体文化差异与中国文化产品出口有显著的正向关系，文化差异与中国文化产品出口存在非线性水平S形曲线关系得到进一步的经验验证。同时也进一步验证，不同文化水平对中国文化产品出口的影响方向应该存在着不同效应。对于发展中经济体来说，文化差异越大，其对中国文化产品出口有阻碍作用；而对于发达经济体来说，文化差异越大，其对中国文化产品出口有促进作用。

　　存在非线性水平S形曲线关系的原因可能是文化差异因素会导致进口国消费者对文化产品消费的"文化折扣"效应和"偏好强化"效应同时发生，对于与中国文化差异较小、经济发展水平相对较低的发展中经济体来说，因其消

<hr>

　　①　因省略了模型14中除CD、CD2和CD3外的其他变量的影响，故图6-1中没有给出各临界点纵坐标值，但完全不影响确定其横坐标值和文化差异对中国文化产品出口影响方向区间的判断。

费者更多关注的是文化产品的"实用性"需求，故"文化折扣"效应突出，即在一定范围内随着文化差异的不断增大，发展中经济体对中国文化产品的需求水平降低；而对于与中国文化差异较大、经济发展水平相对较高的发达经济体来说，因其消费者更多关注的是文化产品的"体验性"需求，故"偏好强化"效应突出，即在一定范围内随着文化差异的不断增大，发达经济体对能带来多样性文化体验的中国文化产品的需求水平上升。

第五节　文化差异背景下中国文化企业对"一带一路"沿线国家和地区的文化产品出口分析

一、中国文化企业对"一带一路"沿线国家和地区的文化产品出口现状

"一带一路"倡议是新时期中国社会经济发展的重大事项，稳步推进"一带一路"建设合作是"十三五"规划的重要内容。2015 年，国家发展和改革委员会、外交部、商务部联合发布的《推动共建丝绸之路经济带和 21 世纪海上丝绸之路的愿景与行动》将"贸易畅通"和"资金融通"作为推进"一带一路"建设的重点合作领域，由中国主导的国际贸易与投资格局和多边投资贸易规则正在逐步形成。2015 年，中国对 64 个国家和地区的文化产品出口额达 460.02 亿美元，占中国文化产品出口总额的 27.3%。2016 年，中国对"一带一路"沿线 64 个国家和地区的直接投资（outward foreign direct investment, OFDI）达 148 亿美元，占同期中国 OFDI 总额的 20%，中国与"一带一路"沿线国家和地区的贸易额近 1 万亿美元，占同期中国贸易总额的 25.8%。中国企业面向"一带一路""走出去"的国际化进程快速发展，在为"一带一路"沿线国家和地区市场提供产品和服务的同时，也逐步成为该地区国际投资、经营和管理的主要参与者。然而，中国企业在参与"一带一路"外向型经济发展的同时，由于与东道国巨大的文化差异引起的摩擦、矛盾及冲突也给企业运营带来了较大的困扰与消极影响，中国文化企业出口过程中也面临实际的困难和挑战，这使得针对"一带一路"沿线国家和地区文化出口问题的研究成为重要且迫切的课题。

二、"一带一路"沿线国家和地区的文化差异水平与分类

从文化地理学的视角来看，"一带一路"沿线国家和地区众多，包括了现存 12 个文化区当中的 7 个，即欧洲文化区、俄罗斯文化区、北非/西亚文化

区、亚撒哈拉非洲文化区、南亚文化区、东亚文化区、东南亚文化区。不同文化区之间面临着生产方式、语言、宗教、政治形态、日常生活、房屋构造、风俗以及对自然适应的各种文化现象等文化特征的差异，同时由于这些文化特征差异引起的文化冲突和文化演变，必然会对中国文化企业的出口等经贸活动产生重要影响。在中国文化企业进行国际化经营活动中所面临的文化差异可以具体分为3个层次：国家或民族间的文化差异、母国企业与东道国企业间的文化差异、个体（企业员工）间的文化差异，在3个层次中，企业自身文化及个体文化千差万别，难以进行量化研究，而这两者又同时受国家文化差异的影响，因此这里我们重点考察国家文化差异的影响。

为了将"一带一路"沿线国家和地区之间的文化差异程度进行直观的量化处理，本节沿用借鉴荷兰学者 Hofstede（1983）的国家文化模型理论中的国家文化距离（Cultural Distance）概念和其团队对不同国家和地区多个维度文化距离的调查数据，并参照 Kogut 和 Singh（1988）测量美国文化差异时所采用的计算方法，来测算中国与"一带一路"沿线国家和地区的文化差异程度，其公式为 $CD_j = \sum_1^6 [I_{ij} - I_{iu})^2 / V_i]/6$。由于选定"一带一路"沿线国家和地区开展相关研究的数量相对较少，故我们采用比之前研究多了一个文化维度的6文化维度对相关问题进行研究，即为前面提到的 2010 年 Hofstede 基于 Michael Minkov 对世界 93 个国家和地区价值观的调查数据构建的"放纵与克制"（indulgence versus restraint，IND）文化距离指数。有时我们也把此文化维度称为社会"宽容度"，用来反映一国对国民享受生活乐趣的规范程度。

我们依据 Hofstede 官方网站公布的调查数据计算出 39 个"一带一路"沿线国家与中国的 6 维度文化差异指数（分值越高，表明该国家或地区越倾向于该维度）和总体文化差异指数（CD 指数越小，表明与中国文化差异程度越低），具体如表 6-11 所示。

由表 6-11 可以看出，中国文化具有以下特征：权力距离比较高，个人主义倾向较低，比较倾向于男性化，不确定性规避程度较低，偏向于社会长远价值，国民享受生活乐趣的规范程度较为宽泛。我们将与中国文化差异指数处于 [0, 1.5] 的定义为紧密型，处于 (1.5, 3] 的定义为关联型，处于 (3, 5] 的定义为松散型。39 个"一带一路"沿线国家与中国文化差异之间的关系类型如表 6-12 所示。

表6-11 39个"一带一路"沿线国家与中国6维度文化差异指数和总体文化差异指数

区域	国家	PDI	IDV	MAS	UAI	LTO	IND	PDI	IDV	MAS	UAI	LTO	IND	CD
东盟（7国）	新加坡	74	20	48	8	72	46	0.10	0.00	0.92	0.99	0.34	1.19	0.59
	马来西亚	100	26	50	36	41	57	1.14	0.14	0.73	0.07	3.23	2.69	1.33
	印度尼西亚	78	14	46	48	62	38	0.01	0.14	1.14	0.66	0.95	0.48	0.56
	泰国	64	20	34	64	32	45	0.73	0.00	2.92	2.35	4.62	1.09	1.95
	柬埔寨	67	13	64	80	13	83	0.48	0.19	0.01	5.09	8.36	8.59	3.79
	越南	70	20	40	30	57	35	0.28	0.00	1.93	0.00	1.37	0.30	0.65
	菲律宾	94	32	64	44	27	42	0.56	0.56	0.01	0.40	5.50	0.80	1.30
西亚（12国）	伊朗	58	41	43	59	14	40	1.38	1.73	1.51	1.71	8.14	0.63	2.52
	伊拉克	95	30	70	85	25	17	0.64	0.39	0.05	6.16	5.87	0.12	2.20
	土耳其	66	37	45	85	46	49	0.56	1.13	1.26	6.16	2.57	1.54	2.20
	叙利亚	80	35	52	60	30	—	0.00	0.88	0.56	1.83	4.96	—	1.61
	约旦	70	30	45	65	16	43	0.28	0.39	1.26	2.49	7.70	0.89	2.17
	黎巴嫩	75	40	65	50	14	25	0.07	1.57	0.00	0.81	8.14	0.12	1.77
	以色列	13	54	47	81	38	—	12.76	4.53	1.03	5.29	3.67	—	4.78
	沙特	95	25	60	80	36	52	0.64	0.10	0.10	5.09	3.97	1.93	1.97
	阿联酋	90	25	50	80	—	—	0.28	0.10	0.73	5.09	—	—	3.20
	科威特	90	25	40	80	—	—	0.28	0.10	1.93	5.09	—	—	3.40
	希腊	60	35	57	100	45	50	1.14	0.88	0.23	9.97	2.69	1.67	2.76
	埃及	70	25	45	80	7	4	0.28	0.10	1.26	5.09	9.77	0.99	2.91

推动中国文化产品出口增长问题研究

表6-11（续）

区域	国家	PDI	IDV	MAS	UAI	LTO	IND	PDI	IDV	MAS	UAI	LTO	IND	CD
南亚 （5国）	印度	77	48	56	40	51	26	0.03	3.07	0.28	0.20	1.98	0.01	0.93
	巴基斯坦	55	14	50	70	50	0	1.78	0.14	0.73	3.26	2.09	1.42	1.57
	斯里兰卡	80	35	10	45	45	—	0.00	0.88	8.94	0.46	2.69	—	2.40
	尼泊尔	65	30	40	40	—	—	0.64	0.39	1.93	0.20	—	—	2.69
	不丹	94	52	32	28	—	—	0.56	4.01	3.29	0.01	—	—	3.48
独联体 （2国）	俄罗斯	93	39	36	95	81	20	0.48	1.41	2.56	8.60	0.05	0.04	2.19
	乌克兰	92	25	27	95	55	18	0.41	0.10	4.33	8.60	1.56	0.09	2.52
中东欧 （13国）	波兰	68	60	64	93	38	29	0.41	6.27	0.01	8.08	3.67	0.06	3.08
	立陶宛	42	60	19	65	82	16	4.10	6.27	6.30	2.49	0.04	0.16	3.23
	爱沙尼亚	40	60	30	60	82	16	4.55	6.27	3.69	1.83	0.04	0.16	2.76
	拉脱维亚	44	70	9	63	69	13	3.68	9.79	9.26	2.22	0.49	0.30	4.29
	捷克	57	58	57	74	70	29	1.50	5.66	0.23	3.94	0.44	0.06	1.97
	斯洛伐克	100	52	100	51	77	28	1.14	4.01	3.29	0.90	0.15	0.04	1.59
	匈牙利	46	80	88	82	58	31	3.29	14.10	1.38	5.50	1.28	0.12	4.28
	斯洛文尼亚	71	27	19	88	49	48	0.23	0.19	6.30	6.85	2.21	1.42	2.87
	克罗地亚	73	33	40	80	58	33	0.14	0.66	1.93	5.09	1.28	0.20	1.55
	塞尔维亚	86	25	43	92	52	28	0.10	0.10	1.51	7.82	1.87	0.04	1.91
	阿尔巴尼亚	90	20	80	70	61	15	0.28	0.00	0.56	3.26	1.03	0.20	0.89
	罗马尼亚	90	30	42	90	52	20	0.28	0.39	1.64	7.33	1.87	0.04	1.93
	保加利亚	70	30	40	85	69	16	0.28	0.39	1.93	6.16	0.49	0.16	1.57
—	中国	80	20	66	30	87	24	—	—	—	—	—	—	—

注：结果保留小数点后两位，结果为0的原因是该经济体与中国在此维度的文化水平分值相同。"—"表示数据缺失，由此引起测度相应维度文化差异指数数据也是缺失失的。总体文化差异指数（CD）在测定过程当中公式中的分母做相应调整。

表 6-12　39 个"一带一路"沿线国家与中国文化差异之间的关系类型

关系类型	取值范围		国家
紧密型	[0, 1.5]		印度尼西亚、新加坡、越南、阿尔巴尼亚、印度、菲律宾、马来西亚、
关联型	较强	(1.5, 2]	克罗地亚、巴基斯坦、保加利亚、斯洛伐克、叙利亚、黎巴嫩、塞尔维亚、罗马尼亚、泰国、沙特、捷克
	较弱	(2, 3]	约旦、俄罗斯、土耳其、斯里兰卡、伊朗、乌克兰、尼泊尔、希腊、爱沙尼亚、斯洛文尼亚、埃及
松散型	(3, 5]		波兰、阿联酋、立陶宛、科威特、不丹、柬埔寨、匈牙利、拉脱维亚、以色列

注：根据相关取值划定分类。

三、中国文化企业对"一带一路"沿线国家和地区的产品出口策略

"一带一路"倡议将带动更多的中国文化企业开拓国际市场，中国文化企业在向"一带一路"沿线国家和地区进行文化产品出口的同时，还要对"一带一路"沿线国家和地区的文化有一定的认识。只有在文化产品当中充分凝练、借鉴、融合东道国文化的特质与优点，合理解决文化产品出口过程中的矛盾与冲突，才能成功出口与东道国文化相匹配的文化出口产品，并成功寻求与东道国较为契合的文化出口模式，才能全面提升中国文化企业对"一带一路"沿线国家和地区文化产品的出口规模和水平。

（一）寻求不同类型圈层经济体的有效产品出口模式

中国文化企业国际化进程当中，要承认文化差异的客观存在，理解不同文化间风俗习惯和价值取向的不同之处，要重视对他国文化背景知识的了解和学习，对不同文化市场应根据其文化特质提供具有区别性的产品和服务，从而提高市场占有率，适应现代化市场经济发展的需求。

第一，对紧密型圈层经济体宜采用文化移植模式。这种模式是指产品采取文化移植策略、嫁接和渗透策略而形成的出口模式。中国文化企业应根据自身文化特点，多开发基于中华传统优秀文化和东道国本土文化相结合的文化产品。这种模式要求母国文化在国际社会具有广泛的影响度和接受度，能够与东道国本土文化进行有效移植、嫁接，形成文化共情，进而使得文化产品能够在潜移默化中进入东道国市场。

第二，对关联型圈层经济体宜采用文化融合模式。文化融合模式即文化互补模式，是指文化产品可以兼具母国和东道国两种文化元素，充分发挥各自的

文化优势，并将两者的共同之处进行融合、发展和创新。这种模式并非文化产品形式上的参半，而是使文化产品所蕴含的文化元素既具有个性又有共性，既有其独立性和特殊性又具备普遍性和相通性，使我们能够找到母国和东道国相同或相通的文化元素，开发文化融合的产品以扩大文化产品的出口。根据不同的文化融合程度，我们将文化融合模式概括为三个方面：第一，平行相容文化的策略，又称为"文化互补"策略，是文化相容的最高形式，也可以理解为在文化产品开发当中并不以母国或东道国的文化作为产品所承载的主体文化，而是认为产品当中蕴含的一种文化可以充分地弥补另外一种文化的单一性和弊端；第二，和平相容文化策略，是文化产品开发当中刻意模糊母国与东道国的文化差异，使其在经营活动中摒弃易导致文化冲突的那部分，保留平淡的那部分，进而形成有形产品扩大向东道国的出口规模；第三，对松散型经济体圈层宜采用本土化模式，即文化产品开发以"全球化思维和当地化行动"为原则，完全参照东道国文化开发蕴含其本土文化的产品出口模式。采用第三种模式可以使得中国文化产品迅速打开东道国文化市场并站稳脚跟。这种以本土化模式进行产品出口的模式能够更好地避免文化冲突，适合于初步涉入国际文化贸易市场的企业开展出口业务，因为其风险程度最低。

（二）善于利用文化维度理论对跨国文化投资企业进行区别有效管理模式

推进"一带一路"建设需要通过实现政策沟通、设施联通、贸易畅通、资金融通和民心相通，以最终实现利益共同体、命运共同体和责任共同体目标。中国文化企业对"一带一路"沿线国家和地区的作用及影响不仅表现在需要通过加强沟通与协调制定共同的文化贸易政策，实现文化产品和服务的贸易化，还需要推动更多的中国文化企业走出去，加大在"一带一路"沿线国家和地区的投资力度，夯实文化贸易的基础。这就使得我国文化企业的跨国投资与管理问题不断凸显，而利用文化维度理论对我国跨国文化投资企业进行区别有效的管理成为必然。

第一，对于权力距离维度高的国家宜采用权威式管理模式。如东南亚国家、阿拉伯国家，在文化企业团队管理中可以更多地采取自上而下的权威式管理模式。该地域的员工习惯于听从上级管理者的指示，但也很少向上级管理者表达自己的想法。在权力距离维度低的国家，其员工认为，即便是上下级之间也是平等的，员工与管理者之间要平等，级别的不同不过是所任的职务不同导致的。员工崇尚个人自由，排斥权力等级。跨国投资文化企业在管理中要重视员工个人的自主决策和个人责任，善于倾听底层员工的意见，采取自下而上的决策方式。

第二，个人主义维度低的国家宜采用集体式管理模式。跨国投资文化企业在管理中可以更多地向员工灌输集体观念，培养其对于企业的归属感，在员工遇到困难时企业要向其提供必要的帮助，员工将以自己的无限忠诚来回报企业。该地域企业员工认为关系重于工作，在工作过程中更看重人际关系，员工之间关系密切。员工的企业忠诚度越高，其流动性越弱，跨国投资文化企业能够拥有相对稳定的组织队伍。但是，在个人主义维度高的国家，跨国投资文化企业则需要充分尊重员工的隐私和个人自由。

第三，在男性主义维度高的国家宜采用绩效式管理模式。此类国家或地区的社会竞争意识强烈，成功的尺度就是财富功名、社会鼓励和赞赏工作狂，人们崇尚用一决雌雄的方式来解决组织中的冲突问题，其文化强调公平、竞争，注重工作绩效，团队成员会表现出过分自信和一定的独断性，因而跨国投资文化企业在管理中可以营造竞争性较强的工作环境以增强员工的工作积极性。而在男性主义维度低的国家中，生活质量的概念更被人们看中，人们一般乐于采取和解的、谈判的方式去解决组织中的冲突问题，其文化强调平等、团结，同时还认为人生中最重要的不是物质上的占有，而是心灵的沟通。

第四，对于不确定性规避维度低的国家宜采用温和式管理模式。在跨国投资的文化企业管理中可以对其采取更多的容忍，营造温和的环境，鼓励其创新。而在不确定性规避维度高的国家，企业进入该地域市场后要注重规范管理、制度管理和条例管理，同时要尊重个人自由。

第五，对于长短期取向较长的国家宜采用规范性的管理模式。到该类型的国家或地区进行跨国投资的文化企业应该清楚这些员工的价值判断中对于长远价值的信奉程度较强，因此在管理过程当中应该制定完善的内部规定和条文来规范员工行为，以减少其感受到的短期模糊性的威胁。

第六，对于宽容度较低的国家宜采用防范性的管理模式。到该种类型的国家或地区进行跨国投资的文化企业可以考虑派出一定数量的国内技术专家以树立权威。在西亚、中东国家，民族教义方面的认同感甚至要超过法律规则的影响。一方面，该地域有细致的规范，包括个人的外表特征、修习特征、生活规范、清真和礼拜等；另一方面，该地域人群对于外部世界的宣传和感化能力极强，他们齐心协力，能够以极为巩固的团队势力来提升自身影响力。因而跨国投资文化企业要借助其团队和宣传感化的积极作用，规范文化企业的各个方面，降低不规则的事务出现的频次，以利于文化市场的开拓。

（三）有效打造善于开拓国际文化市场的企业团队

中国文化企业要想真正打入"一带一路"沿线国家和地区的东道国文化

市场，需要有效培养自身善于开拓国际文化市场的企业团队。

第一，进行跨文化语言培训。语言是人类交流的主要工具，了解和掌握对方语言可以极大地提高沟通的成效。各跨国公司的实践也表明，跨文化语言培训，可以在很大程度上使文化企业管理者和员工迅速了解合作国的文化，大大减少了文化冲突的可能性。

第二，文化敏感性和适应性培训。中国文化企业可以通过互派员工到对方国家学习、考察，亲身体验不同的文化，促使不同文化背景的人能够进行顺畅、有效的沟通。

第三，不同民族文化风俗的培训。对不同文化背景的员工进行培训，定时讲解本民族文化，使员工能够了解不同国家和地区的民族习惯、风俗，提高他们对不同文化的了解和认知程度，从而缩小管理者与员工以及不同员工之间的文化距离。

中国文化企业通过以上跨文化培训，将会增强文化企业的国际市场开发团队对不同文化环境的反应能力和适应能力，实现不同人群之间的跨文化理解和跨文化移情，并最终形成真正意义上能够进行文化整合和创新的团队，从而形成能够设计出来真正适应东道国市场的文化产品。

第六节　本章小结

本章通过重点检验文化差异对中国文化产品出口的影响分析，得出以下主要结论：

第一，贸易伙伴的经济规模、对外开放度、优惠的贸易政策或安排及儒家文化圈层等因素是促进中国文化产品出口的影响因素，地理距离、中国自身的人口数量则是影响中国文化产品出口的制约因素，而与中国陆地相邻、中国自身经济规模扩大和贸易伙伴的人口数量等因素对中国文化产品出口的影响效果不明显。

第二，文化差异从总体上说是影响中国文化产品出口的重要阻碍因素，贸易伙伴与中国的文化差异越大，对中国文化产品出口的阻碍效果就越强。研究结果与主流文献关于文化差异与一国贸易流量有反向影响的结论基本一致，但我们进一步发现，5维度文化差异对中国文化产品出口有不同的影响。贸易伙伴社会对性别价值观的取向越分明，越有利于中国文化产品的出口；对"异端"新奇事物容忍度越低，对传统美德和长期价值观念的坚守越强，越不利于中国文化产品的出口；贸易伙伴社会民众对待社会架构的偏好以及对待社会不公的态度，对中国文化产品出口没有实质性的影响。

第三，文化差异与中国文化产品出口之间存在着非线性关系。文化差异与中国文化产品向发展中经济体出口之间有负向关系，而与中国文化产品向发达经济体出口之间有正向关系。

第四，作为新时期的中国发起的重大国际行动倡议，中国对"一带一路"沿线国家和地区文化产品出口呈现快速发展态势，"一带一路"倡议也将带动更多的中国文化企业开拓国际市场。但同时，由于其包括了现存 12 个文化区中的 7 个，因此国家文化差异对中国文化产品出口"一带一路"沿线国家和地区的影响巨大。

第五，中国文化企业在向"一带一路"沿线国家和地区进行文化产品出口时，要对"一带一路"沿线国家和地区的文化有一定的认识。只有在文化产品当中充分凝练、借鉴、融合东道国文化的特质与优点，合理解决文化产品出口过程中的矛盾与冲突，才能成功出口与东道国文化相匹配的文化出口产品，并成功寻求与东道国较为契合的文化出口模式，也才能全面提升中国文化企业对"一带一路"沿线国家和地区文化产品的出口规模及水平。

第七章 贸易成本与中国文化产品出口问题研究

贸易成本是影响中国文化产品国际市场价格和出口贸易流量的重要因素之一。受限于分析工具发展等诸多因素的制约，传统新古典贸易理论在解释贸易的起因、模式与利益分配等问题时将成本因素排除在外，以完全竞争、规模报酬不变为假设，认为国家间劳动效率和要素禀赋的相对差异是解释贸易问题的关键。虽然新古典贸易理论在解释发达国家和发展中国家的产业间贸易等问题时合乎逻辑，但在解释全球经济日益一体化背景下如产业内贸易等诸多复杂贸易模式和贸易实践方面的局限和困境时却非常明显。Krugman（1980）以及 Helpman 和 Krugman（1985）开创性地将 Samuelson（1954）的冰山运输成本理论引入贸易问题研究，极大地促进了新贸易理论（Krugman，1980）、新经济学理论（Fujita et al., 1999）和新新贸易理论（Melitz，2003）的快速发展，这些理论在解释产业内贸易、垄断竞争、规模报酬递增引起的贸易活动、企业区位选择和经济活动空间集聚与扩散以及异质性企业贸易等现象和问题时颇具说服力。贸易成本已经成为打开新开放宏观经济学（new open economy macro-economic）领域 6 大疑惑的钥匙（Obstfeld et al., 2000），并具有丰富的政策含义（Anderson et al., 2003）。本章试图将对现代国际贸易理论发展影响日益深远的贸易成本问题引入中国文化产品的出口贸易竞争力问题当中，对中国文化产品出口贸易成本的水平进行测度，并对其影响中国文化产品竞争力的机理和效应进行深入分析。

第一节 贸易成本构成与测度方法评述

一、贸易成本的构成

贸易成本最直接的体现就是包括货物运输保险、储备保存在内的交通成本。虽然国内外诸多学者的研究表明，近几十年来国际贸易的交通成本是持续下降的，"距离坍塌"（Cairncross，2001）的共识似乎正在达成，但是 Combes、Mayer 和 Thisse（2004），Disdier 和 Head（2004）以及 Hanson（2005）的研究结果却表明，贸易成本在上升。表面相互矛盾的研究结果让我们认识到，贸易成本的构成应该是各方对该问题研究的一个基本出发点，影响现代贸易发展的贸易成本不应该局限于传统考察的只是包括距离而造成的交通成本，其他各种原因所导致的成本应当是现代贸易所发生的贸易成本中的重要组成部分。

Anderson 和 Wincoop（2003）认为，贸易成本是除了生产成本外，使货物到达消费者所发生的所有成本①。Prabir（2006）给出了较为清晰的关于贸易成本的结构划分，如图 7-1 所示②。

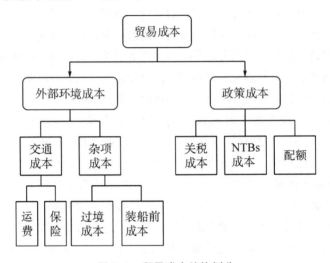

图 7-1　贸易成本结构划分

以往的研究表明，共同的语言、宗教和殖民地归属等文化亲近，与母国联系的移民关系、经济发展水平的相近性和优惠的贸易安排等是降低双边贸易成本的有利因素，而 McCallum（1995）的研究表明，边境因素是双边贸易的一个瓶颈。根据 Anderson 和 Wincoop（2003）的估计，贸易成本高低相对于等价关税的 170%，其中交通成本占总体的 21%，边境阻力占总体的 44%，分销成本占总体的 55%。

---

①　ANDERSON，WINCOOP. Gravity with gravitas：a solution to the border puzzle［J］. American economic review，2003，93（1）：170-192.

②　图 7-1 当中的 "NTBs" 指的是贸易成本当中的非关税贸易壁垒。

二、贸易成本测度方法评述

贸易成本的重要性决定了对其测度的必要性。目前，贸易成本的测度方法主要有直接测度与间接测度两种方法。其中，直接测度法是针对贸易中的运输成本和关税等能够观测到的成本的直接测量。该方法虽然相对简明，但它所能测度的只是全部贸易成本中的显性部分，且相关数据时常无法获得或存在缺失，导致采用这种方法测度结果的完整性和准确性备受质疑。间接测度法是目前研究中所采用的主流方法。该方法初始时以贸易引力模型为基础，引入包括关税壁垒和非关税壁垒等在内的诸多贸易成本作为外生性解释变量，从"事后（expost）"实际发生的贸易流量对贸易过程中发生的相关成本进行间接回归推算。McCallum（1995）利用该方法以1988年加拿大各省份与美国各州的贸易数据进行分析，发现边境的存在使得加拿大各省份之间的贸易量远大于其与美国各州之间的贸易量，这就是著名的"边境之谜"。"边境之谜"现象引起学者们对包括边境在内的影响贸易成本的诸多因素高度关注，此后诸多学者不断将距离、是否毗邻、是否为岛国、基础设施状况等因素作为控制变量引入贸易引力模型对贸易成本问题进行研究。

Anderson和Wincoop（2003）则认为，传统的贸易引力模型在测算贸易成本时存在诸多缺陷，如遗漏变量所导致的估算结果失真，无法对有贸易成本影响下的贸易量与无贸易成本影响下的贸易量进行比较静态分析，尤其是只考虑两国局部均衡而没有考虑各自与其他贸易伙伴存在的"多边阻力"因素的影响等。基于此，Anderson和Wincoop（2003）在传统贸易引力模型的基础上引入用来反映贸易多边阻力因素的两国物价指数和冰山成本，构建了一般均衡框架下的双边贸易引力模型，修正后的模型能够较好地克服传统贸易引力模型存在的诸多问题。但是，现实中两国物价指数的可获性较差，获取多边贸易的阻力数据存在着较大的困难，且Novy（2006）认为Anderson和Wincoop（2003）的模型中所设定的变量存在内生性问题，从而使得比较静态估计结果无效。

Novy（2006）以Anderson和Wincoop（2003）的模型为基础，融合Krugman（1980）的垄断竞争框架，构建了具备微观基础的测度双边贸易成本的一般均衡模型。该模型的最大特点是用国内贸易量和双边贸易量直接衡量贸易成本，避免了Anderson和Wincoop（2003）模型中存在的价格指数不能有效获取的限制，使得贸易成本估算的程序和难度大为降低。该模型近年来被国内外学者广泛采用，已经成为测度双边贸易成本的主要方法。如国内学者施炳展（2008）、钱学锋和梁琦（2008）、许德友和梁琦（2010）、许统生和涂远芬

(2010) 均采用 Novy （2006） 模型对中国对外贸易成本进行了测度，并对其变化情况进行了分析。国内诸多学者研究结论的一个共同点是：中国与主要贸易伙伴的贸易成本总体呈下降趋势，尤其是 2001 年加入 WTO 后下降趋势较为明显，且从长期角度来看，地理距离对中国对外贸易成本的影响有减弱趋势。

虽然 Novy （2006） 模型近年来被国内外学者广泛采用，但是我们认为该模型在应用过程中仍然存在三个方面的问题：一是依据其模型估算结果衡量的是双边进出口贸易成本的几何平均值，而现实当中双边贸易的出口成本和进口成本有时差异较大，估算结果可能会因未对单向进出口成本进行有效区分而降低其测度结果的准确性，进而削弱其结论的含义和价值；二是模型中对于获得一国国内贸易量的处理方法是用该国国内总产出减去总出口的差额来代替，但这种方法并未充分考虑到该国可能存在的库存、转口贸易等现实情况，因而不能确定其差额一定是一国市场出清状态的国内贸易量，或者说依据其方法得到的国内贸易量会因与实际国内贸易量存在偏差而降低其估算结果的可信度；三是估算当中用到的各国国内总产出指标一般是采用同一口径和方法统计的 GDP 来衡量，数据易从联合国数据库等网站获得，但是对于细分产业来说，多数国家或地区产出的统计口径和方法并不统一，且目前国际上对各国细分产业产出进行统计的数据库较少，这将直接削弱其模型应用的微观基础，也造成目前大部分理论研究"集中于国家之间的双边贸易成本，细分产业的双边成本测度较少"的困境。

第二节　贸易成本测度模型构建

一、贸易成本传统测度方法

当前的贸易理论普遍采用 Anderson 和 Wincoop （2003） 构建的贸易成本测度模型，该模型是具有一般均衡框架的双边贸易成本模型，其具体形式为

$$X_{ij} = \frac{Y_i Y_j}{Y_w} \left(\frac{t_{ij}}{\Pi_i P_j} \right)^{1-\sigma} \tag{7-1}$$

式 （7-1） 显示，i 国对 j 国的出口流量 X_{ij} 取决于出口国收入水平 Y_i、进口国收入水平 Y_j、全球的总收入 Y_w、双边贸易成本 t_{ij}、两国贸易品的替代弹性 σ 以及分别用各自国内价格水平表示的出口国出口的多边阻力 Π_i 和进口国进口的多边阻力 P_j。Novy （2006） 基于式 （7-1） 并利用进出口国的对称性推算得到的双边贸易成本模型为

$$\tau_{ij=}\left(\frac{t_{ij}\,t_{ji}}{t_{ii}\,t_{jj}}\right)^{\frac{1}{2}}-1=\left(\frac{X_{ii}\,X_{jj}}{X_{ij}\,X_{ji}}\right)^{\frac{1}{2(\sigma-1)}}-1 \qquad (7-2)$$

式（7-2）表示，双边贸易成本可以间接由双边贸易量 $X_{ij}\,X_{ji}$ 和双方国内贸易量 $X_{ii}\,X_{jj}$ 以及贸易品的替代弹性 σ 等变量衡量。若双边贸易量相对于双方国内贸易量提高，意味着双边贸易成本的下降；否则，就意味着双边贸易成本的上升。在双边贸易量和双方国内贸易量相对不变的情况下，贸易品的替代弹性越大，意味着进口国消费者对贸易品价格变化较为敏感，倾向于增加贸易，同等贸易量对应的贸易成本就越低。另外，如前所述，模型中一国的国内贸易量是用该国总产出与总出口的差额来代替。

二、基于一般均衡的贸易成本测度模型构建

本节基于 Andersen 和 Wincoop（2003）模型，假设一国消费者所消费的产品只有国产与进口的区别，符合标准的阿明顿假设（Armington Assumption），设 p_{ij} 和 c_{ij} 分别为 j 国进口并消费 i 国产品的价格和数量，j 国消费者具有相同的需求偏好，其对商品多样性的偏好程度为 $\rho(0<\rho<1)$；令 $\rho=(\sigma-1)/\sigma$，σ 为贸易品的替代弹性。当 ρ 趋近于 1 时，贸易品几乎是可以完全替代的，当 ρ 趋近于 0 时，贸易品几乎是不能替代的，则 j 国离散形式的 CES 效用函数为

$$U=\left(\sum c_{ij}^{\rho}\right)^{\frac{1}{\rho}},\ 0<\rho=\frac{\sigma-1}{\sigma}<1 \qquad (7-3)$$

进而有

$$\max\left(\sum c_{ij}^{\rho}\right)^{\frac{1}{\rho}},\ \text{s. t.}\qquad \sum p_{ij}\,c_{ij}=M_{j} \qquad (7-4)$$

其中，M_j 表示 j 国总进口，即 j 国对进口品消费需求的总支出。令 p_i 为 i 国的边际产品价格，T_{ij}^{x} 为产品从 i 国出口到 j 国的贸易成本，则有 $p_{ij}=p_i T_{ij}^{x}$。再令 X_i 为 i 国总出口，世界总出口为 $X_w=\sum X_i$，世界总进口为 $M_w=\sum M_j$，参照 Anderson 和 Wincoop（2003）模型推导过程对式（7-4）求效用最大化的解，可得到 j 国对 i 国的进口需求函数，也即 i 国对 j 国的出口函数：

$$X_{ij}=\frac{X_i M_j}{X_w}\left(\frac{T_{ij}^{x}}{\Pi_i P_j}\right)^{\frac{-\rho}{1-\rho}}=\frac{X_i M_j}{X_w}\left(\frac{T_{ij}^{x}}{\Pi_i P_j}\right)^{1-\sigma} \qquad (7-5)$$

这里 Π_i 和 P_j 的含义与式（7-1）相同。式（7-5）表明，i 国对 j 国的实际出口流量受 j 国进口消费需求支出 M_j、i 国全球出口份额 X_i/X_w、两国进出口多边阻力因素 $\Pi_i P_j$ 和 i 国对 j 国出口贸易成本 T_{ij}^{x} 的综合影响，其大小等于两国贸易综合阻力因素影响下 j 国总进口当中的 i 国全球出口份额的部分。为

提取 i 国对 j 国出口的贸易成本 T_{ij}^x，假设 j 国为除 i 国以外的其余世界，此时则有 $X_{ij} = X_i$，$T_{ij}^x = \Pi_i = P_j$，将其代入式（7-5）可得

$$\Pi_i P_j = \left[\frac{(M_w - M_j)(X_w - X_j)}{X_w^2} \right]^{\frac{1-\rho}{\rho}} = \left[\frac{(M_w - M_j)(X_w - X_j)}{X_w^2} \right]^{\frac{1}{1-\sigma}}$$

(7-6)

将式（7-6）代入式（7-5），并假设世界总出口等于世界总进口，即 $X_w = M_w$，可得

$$T_{ij}^X = \left[\frac{X_i M_j}{X_{ij}(X_w - M_i - X_j)} \right]^{\frac{1-\rho}{\rho}} = \left[\frac{X_i M_j}{X_{ij}(X_w - M_i - X_j)} \right]^{\frac{1}{\sigma-1}}$$

(7-7)

同理，可得 i 国对 j 国进口的贸易成本 T_{ij}^M，即

$$T_{ij}^M = \left[\frac{M_i X_j}{M_{ij}(M_w - X_i - M_j)} \right]^{\frac{1-\rho}{\rho}} = \left[\frac{M_i X_j}{M_{ij}(M_w - X_i - M_j)} \right]^{\frac{1}{\sigma-1}}$$

(7-8)

式（7-7）和式（7-8）即本书构建的测度一国贸易成本的模型，因该模型是以 Andersen 和 Wincoop（2003）模型为基础，推导过程中充分考虑到了两国进出口时的多边阻力因素，因而具备一般均衡的基础。与 Novy（2006）模型侧重于从双边实际贸易规模与双边潜在需求规模的角度测度贸易成本不同，式（7-7）和式（7-8）是从双边实际贸易流量与双边贸易在全球贸易合理份额的角度对双边贸易成本进行测度。

更为重要的是，构建的模型能够较好地克服 Novy（2006）模型中的以下部分缺陷：

一是能够依据构建模型对一国单向进口和出口的贸易成本进行测算，避免了 Novy（2006）模型只能衡量双边进出口贸易成本平均值的困境，所以测算结果更为精准，依据测算结果得出的结论包含有更加丰富的政策含义和价值。

二是在测算过程中，因构建模型只涉及双方和世界的进出口贸易量而与双方国内的贸易量无关，所以不会存在 Novy（2006）模型当中计算国内贸易量时可能存在的估算值与实际值存在偏差的问题，且测算程序和过程更加简单、便利。

三是构建模型因无须对双方国内贸易量进行估算，所以还会避免细分产业数据来源当中存在的多数国家或地区的产出统计口径和方法不一致的问题。另外，虽然目前国际上对各国国内细分产业的产出水平进行统计的数据库较少，但是对本书构建模型需要用到的各产业贸易流量的统计数据库相对较多，因此模型较 Novy（2006）模型更具备对一国细分产业贸易成本进行测算的微观应用条件。

第三节　中国文化产品出口贸易成本的水平测度与增长效应
——基于对 25 个国家和地区出口面板数据的实证检验

一、样本选择、数据来源与参数设定

我们选取中国内地（大陆）文化产品出口贸易伙伴中具有代表性的美国、加拿大、英国、意大利、法国、德国、俄罗斯、印度、巴西、南非、新加坡、日本、韩国、澳大利亚、新西兰、马来西亚、泰国、菲律宾、墨西哥、挪威、瑞士、波兰、印度尼西亚以及中国香港、中国台湾 25 个国家和地区作为本书的研究样本。另外，基于数据的可得性与其他变量时间的匹配性，本书分析的时期为 2003—2012 年，其间中国内地（大陆）对 25 个贸易伙伴的文化产品出口额占同期向全球出口总额的 80.63%，因此测度结果能够反映中国文化产品出口贸易成本的水平及其变化过程与趋势。

测算过程中所需要的式（7-7）中的中国及各贸易伙伴文化产品的进出口值、中国文化产品对各贸易伙伴的出口值以及世界文化产品出口总值等相关变量数据均从联合国贸易和发展会议网站的文化经济数据库获取。

对于文化产品出口的替代弹性问题，按照 Anderson 和 Wincoop（2004）的研究结果，贸易品的替代弹性值一般处在 6 和 10 之间。Novy（2007）、钱学锋和梁琦（2008）、许德友和梁琦（2010）、许统生和涂远芬（2010）等人在测算一国贸易成本时均将其设定为 8。但是，文化产品不同于一般贸易商品之处在于，文化产品中诸如出版、视听、表演艺术和视觉艺术等类别的产品除了包含一般商品所具有的经济属性外，还同时包含民族意识、道德伦理和价值观念等文化属性。因此，除了消费者在消费进口文化产品时会遇到"文化折扣"现象的阻碍外，进口国政府还会经常出于保护本国文化的目的而针对进口文化产品贸易实施各种较为严格的门槛限制和壁垒。因此，综合考虑后，本书将中国文化产品出口的替代弹性值设定为 6，这意味着相对于一般商品来说，进口国消费者对中国文化产品价格变化的敏感程度较低，同等贸易量对应的贸易成本较高。

二、中国文化产品出口贸易成本水平测度结果

借助式（7-7），在设定 $\sigma = 6$ 的条件下，2003—2012 年中国内地（大陆）文化产品对 25 个贸易伙伴的出口贸易成本测算结果如附表 7-1 所示。对比

2003 年和 2012 年中国内地（大陆）文化产品对 25 个贸易伙伴出口贸易成本的变换率，我们得到表 7-1 的数据。

表 7-1　2003 年和 2012 年中国内地（大陆）文化产品

对 25 个贸易伙伴的出口贸易成本及变化率

贸易伙伴	2003	2012	变化率	贸易伙伴	2003	2012	变化率
美国	0.996 2	0.986 3	-0.009 9	南非	0.982 5	0.927 8	-0.054 7
加拿大	1.091 9	1.087 1	-0.004 8	中国台湾	1.031 7	1.042 0	0.010 3
英国	1.124 4	1.095 2	-0.029 2	澳大利亚	1.006 6	0.998 7	-0.007 8
意大利	1.074 0	1.131 0	0.057 1	新西兰	1.098 8	1.089 0	-0.009 8
法国	1.191 6	1.164 5	-0.027 1	马来西亚	0.973 0	0.919 7	-0.053 3
德国	1.099 8	1.065 7	-0.034 0	泰国	1.163 0	1.030 3	-0.132 7
俄罗斯	0.778 7	0.952 1	0.173 4	菲律宾	0.991 3	0.965 1	-0.026 2
印度	1.134 5	1.105 8	-0.028 7	墨西哥	1.141 1	1.049 9	-0.091 2
中国香港	0.926 8	0.891 7	-0.035 2	挪威	1.253 9	1.243 4	-0.010 5
新加坡	1.081 8	1.048 5	-0.033 4	瑞士	1.578 4	1.615 6	0.037 1
日本	0.948 9	0.979 6	0.030 6	波兰	1.060 7	1.029 4	-0.031 3
韩国	0.963 9	0.967 7	0.003 8	印度尼西亚	1.020 7	0.956 9	-0.063 8
巴西	0.925 4	0.907 4	-0.018 0	—	—	—	—

数据来源：依据 UNCTAD 网站相关数据得到。

表 7-1 显示，中国内地（大陆）文化产品出口的贸易成本总体呈下降趋势：相对于 2003 年，2012 年中国内地（大陆）文化产品出口 25 个贸易伙伴中除了对意大利、俄罗斯、日本、韩国、瑞士以及中国台湾 6 个经济体的贸易成本有所上升外，对其余19 个经济体的贸易成本均有不同程度的下降。其中，对美国、加拿大、巴西、澳大利亚、新西兰和挪威 6 个经济体的降幅在 1% 以下；对英国、法国、印度、菲律宾和波兰 5 个经济体的降幅在 1%~3%；对德国、新加坡、南非、马来西亚、泰国、印度尼西亚以及中国香港 7 个经济体的降幅在 3%~6%；对墨西哥的降幅最大，达到 9.12%。这个结果与国内诸多学者研究得出的加入 WTO 后中国贸易成本总体不断下降的结论基本一致，除了说明加入 WTO 后中国文化产品出口的门槛和壁垒总体不断降低，中国文化产品的生产与贸易越来越融入全球分工贸易体系当中外，也从一个产业贸易的角

度反映了全球贸易自由化发展的进程。

上述是对中国内地（大陆）文化产品出口贸易成本水平及发展变化的测度，通过公式 $TI_{ij} = 1/1 + T^x_{ij}$ 将出口贸易成本进行标准化处理，可得到中国内地（大陆）文化产品对 25 个贸易伙伴出口的贸易伙伴指数。该指数则是中国文化产品出口贸易成本的另外一种表述，除了能表明中国文化产品出口时贸易成本水平的高低，还能反映中国文化产品向其出口时的难易程度和贸易关系的疏密程度，其结果如表 7-2 所示。

表 7-2 2012 年与 2003—2012 年（均值）
中国内地（大陆）文化产品对 25 个贸易伙伴出口的贸易伙伴指数

类型	贸易伙伴	2012 年	2003—2012 年（均值）	类型	贸易伙伴	2012 年	2003—2012 年（均值）
I	中国香港	0.528 6	0.520 6	III	中国台湾	0.489 7	0.493 5
I	巴西	0.524 3	0.523 5	III	新加坡	0.488 2	0.482 4
I	马来西亚	0.520 9	0.513 9	III	墨西哥	0.487 8	0.476 9
II	南非	0.518 7	0.507 7	III	德国	0.484 1	0.483 8
II	俄罗斯	0.512 3	0.537 0	III	新西兰	0.478 7	0.476 9
II	印度尼西亚	0.511 0	0.501 7	III	加拿大	0.479 1	0.479 2
II	菲律宾	0.508 9	0.507 0	III	英国	0.477 3	0.475 5
II	韩国	0.508 2	0.505 3	III	印度	0.474 9	0.487 1
II	日本	0.505 2	0.509 5	IV	意大利	0.469 3	0.482 3
II	美国	0.503 5	0.504 1	IV	法国	0.462 0	0.460 7
II	澳大利亚	0.500 3	0.499 2	IV	挪威	0.445 7	0.444 8
III	波兰	0.492 8	0.480 4	IV	瑞士	0.382 3	0.386 2
III	泰国	0.492 5	0.481 0	—	—	—	—

注：I 代表依附型，II 代表紧密型，III 代表合作型，IV 代表松散型。

表 7-2 显示，各类型当中贸易伙伴的贸易地理结构较为分散，且总体上相对于发达经济体，中国内地（大陆）文化产品出口与发展中经济体的贸易关系更为紧密。这说明，与传统商品贸易不同，贸易伙伴的地理距离已经不是影响中国文化产品出口贸易成本的重要因素，但贸易伙伴的经济发展水平却有重要影响。

利用式（7-7）可进一步估算出 2003—2012 年中国文化产品对世界主要

经济区域（主要包括发达经济体、发展中经济体、欧盟27国、欧元区、北美自由贸易区和东盟）的出口贸易成本，如表7-3和图7-2所示。由表7-3和图7-2可知，发达经济体的贸易成本均值为1.1628，而出口发展中经济体的贸易成本均值为1.0367，其结果和表7-2揭示的特征相符。

表7-3　2003—2012年中国文化产品对世界主要经济区域的出口贸易成本

世界主要经济区域	2003	2004	2005	2006	2007	2008	2009	2010	2011	2012
发达经济体	1.187 3	1.183 2	1.174 8	1.168 5	1.212 9	1.178 5	1.141 5	1.137 0	1.125 5	1.118 7
发展中经济体	1.021 1	1.022 3	1.044 7	1.029 0	0.996 7	1.038 0	1.051 8	1.059 6	1.050 2	1.053 9
欧盟27国	1.197 8	1.208 3	1.180 9	1.168 6	1.210 6	1.186 1	1.153 3	1.143 8	1.135 5	1.125 8
欧元区	1.154 8	1.164 5	1.138 2	1.127 4	1.169 9	1.155 0	1.127 2	1.114 6	1.106 3	1.092 7
北美自由贸易区	1.017 3	1.011 3	1.015 2	1.011 7	1.007 7	1.000 3	0.986 9	0.991 6	0.984 3	1.003 8
东盟	0.992 1	1.044 0	1.055 3	1.033 5	0.993 9	0.957 7	0.922 1	0.943 0	0.950 5	0.932 5

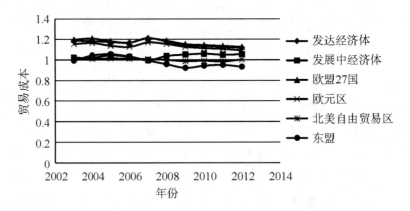

注：图中有关年份时间的刻度为2002—2014年，实际数据显示年份为2003—2012年。

图7-2　2003—2012年中国文化产品对世界主要经济体的出口贸易成本

另外，对比徐统生等（2011）对中国制造业贸易成本的测度结果①我们发

---

① 徐统生等（2011）采用Novy（2006）模型对中国制造业贸易成本测度的结果表明，1997—2007年，中国与14个贸易伙伴的贸易成本呈不断下降趋势，从双边贸易成本的均值水平来看，从小到大依次为：日本、韩国、美国、德国、法国、意大利、英国、荷兰、加拿大、瑞典、西班牙、丹麦、芬兰和葡萄牙。

现，相同样本国家或地区贸易成本均值水平的排序基本一致，除了能够说明本书所构建的贸易成本模型的有效性外，也从另外一个角度反映了一个国家或地区对外贸易成本的综合性，即如果一国（地区）制造业产品的贸易成本较高，其文化产品的贸易成本一般也较高；反之亦然。当然，出口贸易成本和贸易伙伴指数反映的只是向其出口成本水平和与其贸易难易程度或贸易关系的疏密程度，并不代表中国文化产品向其出口贸易流量的真实水平。

三、贸易成本下降对中国文化产品出口的增长效应

我们将式（7-7）变形可得

$$X_{ij} = \frac{X_i M_j}{T_{ij}^{\sigma-1}(X_w - M_i - X_j)} \tag{7-9}$$

将式（7-9）两边取自然对数并求一阶差分可得

$$\Delta \ln X_{ij} = \Delta \ln(X_i M_j) - \Delta \ln T_{ij}^{\sigma-1} - \Delta \ln(X_w - M_i - X_j) \tag{7-10}$$

式（7-10）是将双边贸易的增长贡献分解成三个因素：一是除出口国以外世界需求和贸易伙伴国需求的增加（等式右边第一项），可以代表世界贸易市场的需求增长量；二是双边贸易成本的下降（等式右边第二项），可以代表双边贸易成本的下降量；三是除去出口国自身进口和进口国自身出口外的世界其他国家的出口额（等式右边第三项），这项可以代表世界除贸易双边国以外的其他国家的出口贸易量，也可以看作世界除双边外的多边阻力的下降量。

将式（7-10）两边同时除以 $\Delta \ln X_{ij}$ 可得

$$100\% = \frac{\Delta \ln(X_i M_j)}{\Delta \ln X_{ij}} - \frac{\Delta \ln T_{ij}^{\sigma-1}}{\Delta \ln X_{ij}} - \frac{\Delta \ln(X_w - M_i - X_j)}{\Delta \ln X_{ij}} \tag{7-11}$$

式（7-11）是将双边贸易的提高看作世界市场需求增长、双边贸易成本下降和世界多边阻力下降共同作用的结果。通过式（7-11），我们可以具体计算出中国对世界主要经济区域和贸易经济体的出口增长率的分解情况。2003—2012 年贸易成本、需求市场和多边阻力对中国内地（大陆）文化产品出口贸易增长贡献比较如表 7-4 所示。

表 7-4　2003—2012 年贸易成本、需求市场和多边阻力
对中国内地（大陆）文化产品出口贸易增长贡献比较　　单位:%

世界主要经济区域和贸易经济体	双边贸易增长率	世界需求增长贡献率	双边贸易成本下降贡献率	多边阻力下降贡献率

表7-4(续)

世界主要经济区域和贸易经济体	双边贸易增长率	世界需求增长贡献率	双边贸易成本下降贡献率	多边阻力下降贡献率
发达经济体	193.21	164.81	−38.69	103.5
发展中经济体	586.91	129.12	−11.48	17.64
欧盟 27 国	244.17	143.78	−35.11	78.89
欧元区	234.11	143.64	−32.06	75.70
北美自贸区	163.57	169.86	−9.64	79.50
东盟	1 249.09	110.39	−16.67	27.06
美国	154.59	170.81	−7.48	78.29
加拿大	224.53	162.24	−2.61	64.85
英国	244.8	145.67	−14.89	60.56
意大利	185.41	206.2	34.57	71.63
法国	304.28	141.18	−11.51	52.69
德国	282.06	139.27	−16.41	55.68
俄罗斯	159.86	324.15	147.36	76.79
印度	2 063.43	116.77	−5.84	22.61
巴西	1 742.57	120.5	−4.71	25.21
南非	890.29	114.5	−17.5	32.01
中国香港	419.82	130.21	−16.44	46.65
中国台湾	372.35	151.3	4.48	46.82
新加坡	804.39	122.57	−9.97	32.54
日本	179.07	193.13	21.65	71.48
韩国	406.34	147.22	1.69	45.53
澳大利亚	356.74	144.69	−3.61	48.29
新西兰	261.21	152.27	−4.88	57.16
马来西亚	1 682.67	111.63	−13.68	25.31
泰国	2 043.00	96.23	−27.66	23.89
菲律宾	926.76	123.5	−8.06	31.56

表7-4(续)

世界主要经济区域和贸易经济体	双边贸易增长率	世界需求增长贡献率	双边贸易成本下降贡献率	多边阻力下降贡献率
墨西哥	451.53	109.06	-34.15	43.21
挪威	273.59	151.16	-4.47	55.64
瑞士	271.94	167.79	12.39	55.4
波兰	518.72	128.7	-11.49	40.19
印度尼西亚	1 100.55	111.41	-18.18	29.59

注："-"表示双边贸易成本下降对双边贸易增长率有正方向的贡献。

表7-4显示，2003—2012年中国内地（大陆）文化产品对发达经济体出口贸易增长中，有38.69%是由双边贸易成本下降贡献的；对发展中经济体出口贸易增长中，双边贸易成本下降的贡献率却是-11.48%；在其他贸易经济体中，中国内地（大陆）与意大利、俄罗斯、日本、韩国、瑞士以及中国台湾6个国家或地区双边贸易成本下降的贡献皆为负值，这与表7-1与表7-3显示的结果一致。

第四节　中国文化产品出口贸易成本的影响因素检验

一、模型设定与变量说明

鉴于Anderson和Wincoop（2003）认为引力方程是经济学在实证研究上所取得的最伟大的成功之一，对于兼具货物贸易及服务贸易特征的文化产品贸易来说，引力模型应该具有较好的适用性[①]。基于引力模型，根据可能影响文化产品出口贸易成本的因素，本书构建的中国文化产品出口贸易成本影响因素的

---

① 目前国内外关于引力模型对于货物贸易的适用性问题并无异议，但对于其对服务贸易的适用性问题却存在着一定的分歧：Francois（2001）、Park（2002）、Grunfeld和Moxnes（2003）、Kimura和Lee（2004）的研究结果表明，引力模型不仅适用于货物贸易，还同样适用于服务贸易，两者之间的服务贸易流量与它们的经济规模正相关，与它们的距离和进口国的服务贸易壁垒反相关。但是Kox和Lejour（2006）、Lennon（2006）的研究却表明，距离对于服务贸易没有货物贸易重要。综合国内外研究结论，考虑到文化产品贸易兼具货物贸易与服务贸易的特征，本书认为贸易引力模型同样适用于文化产品贸易。

检验模型如下：

$$\ln T_{ijt} = \alpha + \beta_1 \ln \text{Per GDPgap}_{ijt} + \beta_2 \ln \text{GD}_{ij} + \beta_3 \ln \text{CD}_{ij} + \beta_4 \ln \text{Triffs}_{jt} +$$
$$\beta_5 \ln \text{ERC}_{it} + \beta_6 \ln \text{TOI}_{jt} + \beta_7 \ln \text{NTT}_{it} + \beta_8 \text{Border}_{ij} + \beta_9 \text{TA}_{ij} + \mu_t + \varepsilon_{it}$$

$$(7-12)$$

式（7-12）中，T 为被解释变量，表示中国文化产品的出口贸易成本。在控制变量中，PerGDPgap 表示贸易伙伴与中国实际人均收入水平差额（取绝对值）。该变量除了能反映影响被解释变量的经济因素外，还能反映中国文化产品出口贸易成本中是否存在"林德"效应。因为依据林德理论，两个经济体人均收入水平差额的大小能够反映两者之间需求结构相似度的偏离水平，偏离程度越大，双边贸易成本也就越高。GD（geography distance）表示两个经济体之间的地理距离，用来反映影响被解释变量的地理因素。该变量中包含着国际贸易当中的运输成本和信息成本。一般来说，贸易的空间特征是地理距离越远，贸易成本就越高。CD（cultural difference）表示贸易伙伴与中国的文化差异程度，用来反映影响被解释变量的文化因素。关于文化对贸易的影响方向问题，主流贸易理论认为，经济体之间的文化差异程度越大，"文化折扣"现象越明显，双边贸易成本就越高。Triffs 表示贸易伙伴的平均名义关税率，用来反映影响被解释变量的关税壁垒因素，该变量与被解释变量之间应该呈同方向变动关系。ERC（exchange rate changes）表示人民币的实际有效汇率水平，按照外汇理论，直接标价法下的汇率水平越高，表示本币贬值的幅度越大，以外币表示的本国商品在国外市场的价格水平相应就越低，即理论上人民币汇率水平变化与中国文化产品出口贸易成本呈反方向变动。TOI（trade opening index）代表贸易伙伴的贸易开放度，直观来看，贸易伙伴的贸易开放度越高，中国文化产品对其出口量越大，出口贸易成本就越低。NTT（net terms of trade）表示中国的净贸易条件，是中国出口价格指数与进口价格指数之比。该变量值越大，说明从价格角度中国在一定时期内的出口相对于进口的盈利能力和贸易利益越大。因不能判断其与被解释变量之间的因果关系，故不能直观判断其与被解释变量之间的变化关系。虚拟变量 Border 和 TA（trade arrangement）分别表示贸易伙伴是否与中国陆地相邻和是否与中国有优惠贸易安排，其中 TA 具体用贸易伙伴是否与中国同属亚太经合组织（APEC）成员来代替，虚拟变量若为真，均赋值为 1；否则赋值为 0。一般来说，陆地相邻和优惠贸易安排是促进中国文化产品出口的有利条件，能够降低中国文化产品的出口贸易成本。另外，α 为截距项，β 为变量系数，μ_t 为时间扰动项，ε_{it} 为随机误差项，角标当中的 i 代表中国，j 代表各个贸易伙伴经济体。

二、数据来源

被解释变量数据来自前述方法的计算结果。控制变量中，PerGDPgap 变量在计算过程中需要用到的贸易伙伴与中国的 GDP 来自联合国数据库（http://data.un.org），人口数量来自世界银行数据库（http://data.worldbank.org.cn）。GD 变量用北京与各国或地区的首都或首府城市的最近直线距离衡量，其数据从世界城市经纬度查询系统（www.hjqing.com）获得（其中南非首都以 Pretoria 为准）。CD 变量借用荷兰学者 Hofstede（1983）的国家文化距离概念和其团队对不同国家和地区 5 维度文化距离的调查数据，并参照 Kogut 和 Singh（1988）测度美国文化差异时所采用的测算方法计算各贸易伙伴与中国的文化差异程度[①]。需要说明的是，由于 Hofstede 未对同一维度文化距离进行连续的年度调查，因此依据 5 维度文化分值计算出来的文化差异变量为非时变序列。Triffs 变量根据世贸组织数据库网站（www.wto.org）公布的原始数据计算得到。ERC 变量数据来源于联合国贸发会议数据库，其值是以 CPI 为基础的实际有效汇率。TOI 变量用各国或地区的商品与服务贸易进出口总额与其 GDP 的比值来衡量，商品与服务贸易进出口数据来源于联合国商品贸易数据库（http://comtrade.un.org）。NTT 变量数据来源于世界银行数据库。两个虚拟变量（Border 和 TA）根据实际情况进行赋值。

三、计量方法与回归结果分析

本书采用 LLC 检验、Breitung 检验、ADF-Fisher 检验、PP-Fisher 检验和 Hadri 检验 5 种方法联合对面板模型进行单位根检验以判断样本各变量序列的稳定性[②]，检验结果表明，除 lnPerGDPgap 在一阶差分时平稳外，其余变量均为原序列平稳，地理距离和文化差异等非时变序列被认为是原序列平稳，因此可以认定所有的变量均在一阶水平上单整即 I（1）序列。为避免可能存在的"伪回归"问题，本书采用 Kao 检验对面板模型中各变量是否存在相互协整关

---

① 沿用第六章中 Kogut 和 Singh（1988）估算国际文化差异程度的公式，即 $CD_j = \sum_1^5 [(I_{ij} - I_{iu})^2 / V_i] / 5$。

② 限于篇幅，本章节并未给出模型中各变量面板单位根检验的详细结果报告。

系进行验证。Kao 检验原理是通过对回归残差的单位根检验，以判断残差序列是否平稳，若平稳则表明模型中各变量之间存在长期的面板协整关系。Kao 检验结果显示，其 ADF 的 t 统计量为 −12.143 2，相伴概率为 0.000 0。Kao 回归残差协整检验通过 1% 的显著性水平，表明式（7−12）中各面板变量存在长期的均衡关系。

对于面板模型具体回归形式的选择问题，考虑到本书采用的是短面板数据（个体数大于时期数），故不考虑变系数模型，因此我们需要在混合回归模型、变截距固定效应模型和变截距随机效应模型之间做出选择。混合回归模型与变截距固定效应模型的选择一般通过 F 检验进行判别，变截距随机效应模型与变截距固定效应模型的选择一般通过 Hausman 检验进行判别。但式（7−12）中的地理距离和文化差异等变量为非时变序列，变截距固定效应模型失效，而混合回归模型的假定前提之一是所有截面成员的截距项和解释变量的系数均相同，即不考虑个体效应和时间效应的具体影响，不符合本书要考察的影响中国文化产品出口贸易成本因素的实际情况。另外，从 Hausman 检验结果来看（检验中非时序变量被 Hausman 检验直接排除在固定效应检验之外），其检验统计量为 23.713 8（Prob = 0.226 1），在 10% 的显著水平下不能拒绝变截距固定效应模型和变截距随机效应模型估计量没有实质差异的假设。因此，我们综合衡量后，选择变截距随机效应模型的面板普通最小二乘法（POLS）作为式（7−12）的最终回归检验方法。

为检验模型的稳健性，我们在基础贸易引力模型上对其余各变量进行逐步回归，结果如表 7−5 所示。

表 7−5 显示，逐渐加入相关变量后，模型调整 R^2 值逐渐提高，各变量的符号稳定，F 统计值均通过了 1% 的显著性水平检验。这充分说明，模型的解释力逐步提高，稳健性较强，且各模型联合检验结果有效。

表 7-5　各解释变量对中国文化产品出口贸易成本影响的检验结果

解释变量	模型 1	模型 2	模型 3	模型 4	模型 5	模型 6	模型 7
LnPerGDPgap	0.006 6*** (0.788 9)	0.008 7*** (1.018 5)	0.000 4*** (0.038 5)	0.022 8** (1.936 1)	0.026 2** (1.153 7)	0.024 2** (8.825 5)	0.018 7** (6.846 0)
LnGD	0.046 3*** (1.201 1)	0.023 9** (0.546 4)	0.022 4** (0.498 8)	0.027 7** (0.631 6)	0.039 8* (0.870 8)	0.054 7* (15.025 0)	0.068 7* (16.661 1)
LnCD	—	0.023 0*** (1.162 1)	0.023 4** (1.155 6)	0.013 0* (0.652 2)	0.023 5** (1.110 5)	0.017 3* (5.004)	0.018 8* (5.831 9)
LnTriffs	—	—	0.002 5*** (2.056 8)	0.001 9*** (1.580 9)	0.002 3** (1.899 2)	0.003 2** (4.339 4)	0.000 6** (0.688 8)
LnERC	—	—	—	−0.001 2*** (−3.373 1)	−0.001 2** (−3.164 7)	−0.000 8** (−4.603 3)	−0.000 5* (−2.837 9)
LnTOI	—	—	—	—	0.103 2*** (2.609 0)	0.019 5** (1.782 6)	0.009 1** (0.817 0)
LnNTT	—	—	—	—	—	0.002 9** (9.516 8)	0.002 6** (8.965 5)

表7-5（续）

解释变量	模型 1	模型 2	模型 3	模型 4	模型 5	模型 6	模型 7
Border	—	—	—	—	—	—	-0.043 6* (-4.071 6)
TA	—	—	—	—	—	—	-0.036 1** (-5.426 6)
Constant	0.719 8*** (2.124 3)	0.853 7*** (2.348 8)	0.768 7*** (2.049 2)	0.665 1*** (1.806 3)	0.449 0** (2.291 7)	0.523 7** (1.340 8)	0.923 9* (2.189 3)
观测值	480	480	480	480	480	480	480
调整 R^2	0.501 6	0.523 3	0.564 7	0.596 2	0.629 1	0.630 3	0.679 6
模型设定检验 (P)	6.672 0 (0.000 0)	6.363 7 (0.000 0)	7.274 3 (0.000 0)	10.821 1 (0.000 0)	9.924 8 (0.000 0)	7.173 4 (0.000 0)	8.696 5 (0.000 0)

注：模型 1 是用实际人均收入水平、额和地理距离衡量变量衡量量中国文化产品出口贸易成本的基础引力模型；模型 2 至模型 7 是在模型 1 的基础上逐步加入各个控制变量的修正后引力模型；*** 、** 、* 分别表示符合 1%、5% 和 10% 的显著性水平；括号内为系数相应的 t 值。

检验结果显示，LnPerGDPgap 系数显著为正，说明贸易伙伴与中国实际人均收入水平差额与中国文化产品出口的贸易成本呈现同方向变动，且中国文化产品出口贸易成本中确实存在着"林德"效应；同时，也说明中国文化产品向与收入水平相近的国家或地区出口时的贸易成本较低，这与前述得出的中国文化产品出口发展中经济体的贸易成本和贸易难度低于发达经济体的结论一致。LnGD 系数显著为正，说明地理距离因素对于中国文化产品出口贸易成本的影响仍然很重要，全球交通便利化程度的提高和信息通信技术的发展目前并不能明显弱化地理距离对中国文化产品出口贸易成本的影响。这与前述表 7-1 的显示结果相符，也与涂远芬（2014）通过计量得出的"传统因素仍然是影响中国文化产品出口的主要因素，空间距离与中国文化产品出口之间负相关"的研究结论一致。LnCD 系数显著为正，说明贸易伙伴与中国的文化差异越大，中国文化产品向其出口的贸易成本也越高，这也同时从一个侧面印证了主流文化贸易理论提出的文化差异是一国对外贸易的重要阻碍因素的结论。LnTriffs 的系数显著为正，说明贸易伙伴平均名义关税率的下降确实能够有效降低中国文化产品的出口贸易成本。LnERC 的系数显著为负，说明人民币实际有效汇率水平变动与中国文化产品出口的贸易成本呈反方向变动，人民币贬值确实能够降低中国文化产品出口贸易成本；反之亦然。同时也说明，人民币实际有效汇率水平变动与中国文化产品出口之间符合 Marshall-Lerner 条件，汇率的贬值能够促进中国文化产品贸易收支条件的改善。LnNTT 的系数显著为正，说明从价格角度来看，中国贸易条件的改善促进了中国文化产品出口盈利能力的提升和贸易利益的增加，但同时会遭到来自进口国更大的阻力和更多的限制，引起中国文化产品出口贸易成本的上升。虚拟变量 Border 和 TA 系数显著为负，说明陆地相邻因素和像 APEC 这样的贸易合作平台确实能够降低双边贸易的壁垒和限制，有效促进中国文化产品出口贸易成本的不断下降。

但是表 7-5 中模型 7 的检验结果表明，LnTOI 的系数至少在 5% 的显著水平上为正，说明贸易伙伴的贸易对外开放度与中国文化产品的出口贸易成本呈现同方向变动，也就意味着相对于贸易开放度较低的经济体，中国文化产品对贸易开放度较高经济体的出口贸易成本更高。这个检验结果与前期的直观判断完全相悖，但深入思考，结果却存在一定合理性：从理论上讲，贸易伙伴较高的贸易对外开放度，意味着其在国际市场上进出口产品的供需会趋于更加稳定；从进口角度来看，一国可以利用其进口需求稳定的条件和优势，弱化出口国对其设置的各项贸易限制尤其是非关税壁垒的敏感程度，以获取更高的贸易利润空间或达到保护国内其他相关利益集团的目的，从而造成出口国的贸易成本上升的现象。这与吴浜源和王亮（2014）检验得出的关于一国对外开放度的提高会不断弱化贸易条件变动对产出影响结论的内在逻辑一致。现实当中，目前多数国家或地区对于文化产品进口的敏感度较高，对兼具经济与文化双重属性的文化产品的进口更多时候采取的是较为审慎的保护性贸易政策。一般来说，越是对外开放度较高的国家或地区，其所设置的各项限制措施越繁杂，保护性壁垒越强。法国、加拿大等对外开放度较高的国家经常利用联合国教科文组织的《保护和促进文化表现形式多样性公约》和 WTO 协定下"文化例外"条款不断对文化产品进口实施各种限制是不争的事实。因此，贸易伙伴的贸易对外开放度越高，中国文化产品对其出口的贸易成本越高的检验结果存在理论和现实的合理性。

为克服采用原计量方法可能存在的因模型遗漏变量而导致参数估计结果的有偏性问题和非一致性问题，本书采用面板广义距估计（Panel GMM）对式（7-12）进行重新检验。该方法能够有效解决测量误差、非时变遗漏变量和解释变量的内生性问题（Caselli et al., 1996）。检验结果与表 7-5 显示的计量结果并无本质上的差异①，故本书采用 POLS 方法的计量结果有效。

第五节　出口贸易成本对中国文化产品出口影响的实证检验

一、模型设定与变量说明

相关文献结论表明，贸易伙伴的经济规模、地理距离和对外开放度等因素对一国出口贸易有重要影响，所以我们可以将上述因素和本章计算得出的中国文化产品出口贸易成本纳入对中国文化产品出口的影响检测，运用贸易引力模型检测贸易成本因素对中国文化产品出口水平的影响。

目前国内外关于引力模型对于货物贸易的适用性问题并无异议，但对于其对服务贸易的适用性问题却存在着一定的分歧。如 Francois（2001）、Park（2002）、Grunfeld 和 Moxnes（2003）、Kimura 和 Lee（2004）的研究表明，引力模型不仅适用于货物贸易，还同样适用于服务贸易；但是 Lejour 和 Verheijden（2004）、Kox 和 Lejour（2005）的研究却表明，距离对于服务贸易没有货物贸易重要。综合国内外研究结论，鉴于 Anderson 和 Wincoop（2003）

---

① 限于篇幅，本章节并未给出 Panel GMM 方法检验的详细报告结果。

认为引力方程是经济学在实证研究上所取得的最伟大的成功之一，考虑到文化产品贸易兼具货物贸易与服务贸易的特征，本书认为贸易引力模型同样适用于文化产品贸易。

基于贸易引力模型，根据可能影响中国文化产品出口的因素，同时，为了考虑被解释变量的动态效应，本书将中国文化产品出口滞后一期纳入解释变量建立的动态面板数据，如式（7-13）所示。

$$\text{LnTC}_t = \beta_0 + \alpha \text{LnTC}_{t-1} + \beta_1 \text{LnPer GDPgap}_{it} + \beta_2 \text{LnGD}_i + \beta_3 \text{Ln }T_{it} +$$
$$\beta_4 \text{Ln Triffs}_{it} + \beta_5 \text{LnERC}_{it} + \beta_6 \text{Ln TOI}_{it} + \mu_t + \delta_i \qquad (7\text{-}13)$$

其中，LnTC_t 表示中国文化产品 t 时期的出口额，这是本书的被解释变量。

动态面板数据模型的优点在于，不仅考虑影响中国文化产品出口的诸多因素对本期被解释变量的影响，还重点关注中国文化产品出口的滞后项对本期的影响，即中国文化产品出口贸易在时间上的延续。

解释变量中，LnTC_{t-1} 用于捕获被解释变量的持续性，反映中国文化产品出口的变动趋势对被解释变量均衡值的动态影响。LnPer GDPgap_{it} 表示贸易伙伴与中国实际人均收入水平绝对差额。该变量除了能反映影响被解释变量的经济因素外，也能反映中国文化产品出口中是否存在"林德"效应，即贸易伙伴与中国实际人均收入水平绝对差额越小，中国文化产品向其出口的贸易流量就越大，中国文化产品出口规模水平就越高；反之则反是。LnGD_i 表示贸易伙伴与中国之间的地理距离，用来反映影响被解释变量的地理因素，该变量中包含着国际贸易当中的运输成本和信息成本。一般来说，贸易的空间特征是地理距离越远，对中国文化产品出口的阻碍影响力越强。$\text{Ln }T_{it}$ 表示中国文化产品向各贸易伙伴出口的贸易成本，直观来看，贸易成本越高，越不利于中国文化产品出口水平的提升。LnTriffs_{it} 表示贸易伙伴 t 时期的平均名义关税率，用来反映影响被解释变量的关税壁垒因素。该变量与被解释变量之间应呈反方向变动关系。LnERC_{it} 表示人民币对贸易伙伴在 t 时期的实际有效汇率水平。按照外汇理论，直接标价法下的汇率水平越高，表示本币被贬值的幅度越大，以外币表示的本国商品在国外市场的价格水平相应就越低，中国文化产品出口就越强，即理论上人民币汇率水平变化与中国文化产品出口呈现同方向变动。Ln TOI_{it} 表示贸易伙伴在 t 时期的贸易开放度，直观来看，贸易伙伴的贸易开放度越高，中国文化产品对其出口量越大。

另外，μ_t 为时间固定效应（加入时间扰动项 μ_t，可以剔除不可观察的时间因素对模型的影响，避免时间的周期性因素可能对被解释变量造成的影响），δ_i 为贸易伙伴固定效应，ε_{it} 为随机误差项。

二、数据来源

LnPer GDPgap$_{it}$ 数据在计算过程中需要用到的贸易伙伴与中国的 GDP 来自联合国数据库，人口数量来自世界银行数据库，计算得到的 2003—2012 年中国内地（大陆）和 25 个贸易伙伴的人均 GDP 如附表 7-2 所示。LnGD$_i$ 数据用中国北京与各国和地区的首都或首府城市的最近直线距离衡量，其数据从世界城市经纬度查询系统获得。Ln Triffs$_{it}$ 数据根据世贸组织数据库网站公布的的原始数据计算得到。LnERC$_{it}$ 数据来源于联合国贸易和发展会议数据库。LnTOI$_{it}$ 数据用各国或地区的商品与服务贸易进出口总额与其 GDP 的比值来衡量，商品与服务贸易进出口数据（对外开放度）来源于联合国商品贸易数据库，计算结果如附表 7-3 所示。

三、计量方法与回归结果分析

本书采用 LLC 检验、Breitung 检验、ADF-Fisher 检验、PP-Fisher 检验和 Hadri 检验 5 种方法联合对面板模型进行单位根检验，以判断样本各变量序列的稳定性。检验结果表明，除 LnTC$_t$、Ln TC$_{t-1}$ 和 LnPer GDPgap$_{it}$ 在一阶差分时平稳外，其余变量均为原序列平稳，地理距离等非时变序列被认为是原序列平稳，因此可以认定所有的变量均在一阶水平上单整即 I（1）序列。

为避免可能存在的"伪回归"问题，本书采用 Kao 检验对面板模型中各变量存在协整关系情况进行验证。Kao 检验结果显示，其 ADF 的 t 统计量为 -8.264 7，相伴概率为 0.000 0。Kao 回归残差协整检验通过 1% 的显著性水平，表明式（7-13）中各面板变量存在长期的均衡关系。

本书采用广义距估计方法（GMM）作为动态面板模型具体的回归检验方法，该方法是统计中常用的一种参数估计方法，是拉尔斯·彼得·汉森根据矩估计（method of moments）发展而来。GMM 方法相对于传统的 OLS 估计、工具变量估计方法的优势在于，可以通过利用样本矩的信息组成方程组来求总体矩，以此得到渐进性质下的一致性估计量[1]，而不必像传统方法那样必须知道样本的分布才能进行估计。

考虑到系统广义距估计（System GMM）在动态面板模型估计中能够克服存在非时变遗漏变量时估计值的有偏性问题，且当模型存在诸如被解释变量滞

---

[1] 杨雨，周欣，宋维. 基于广义矩估计的商业银行资本亲周期特征研究 [J]. 中央财经大学学报，2010（8）：39-43.

后项、人均收入差异水平等变量与贸易成本有内生性关联问题以及存在测量误差时，工具变量的使用仍会得到一致性的估计结果，所以我们选择系统广义矩估计（System GMM）作为本书的检验方法。

由于本书涉及解释变量的动态问题，且由于面板数据的时间跨度相对较短，故分析时我们将滞变量的时滞设定为一年。为检验模型的稳健性，本书分别采用一步差分 GMM、两步差分 GMM、一步系统 GMM 和两步系统 GMM 共 4 种方法进行估计[1]，并将发展最新且具有较多优势的两步系统广义矩估计（two‐step system GMM）作为最终检验结果，检验工具采用 Stata16.0（Eviews6.0 不能使用两步系统 GMM 估计方法）。

为检验过度识别的有效性和差序列 ε_{it} 是否存在序列相关，我们对模型进行约束条件的 Hansen 检验[2]和差分转换方程的一阶序列和二阶序列相关检验 [AR（1），AR（2）]，结果如表7-6所示。

表7-6 各变量对中国文化产品出口影响的检验结果

变量	模型 1	模型 2	模型 3	模型 4
$LnTC_{t-1}$	0.786 2 *** (0.167 3)	0.842 1 *** (0.296 8)	0.786 2 *** (0.167 3)	0.842 1 *** (0.296 8)
$LnPer\,GDPgap_{it}$	−0.076 6 ** (0.032 2)	−0.065 2 * (0.065 2)	−0.076 6 ** (0.032 2)	−0.065 2 * (0.068 6)
$LnGD_i$	—	—	−0.016 6 ** (0.068 5)	−0.049 9 * (0.092 3)
LnT_{it}	0.837 5 ** (0.836 1)	1.317 1 * (1.189 4)	0.847 5 * (0.836 1)	1.317 1 * (1.189 4)
$Ln\,Triffs_{it}$	−0.035 4 ** (0.024 6)	−0.039 2 ** (0.028 4)	−0.035 4 * (0.024 6)	−0.039 2 * (0.028 4)
$LnERC_{it}$	−0.000 5 (0.006 8)	−0.002 5 (0.011 3)	−0.000 5 (0.006 8)	−0.002 5 (0.011 3)
$Ln\,TOI_{it}$	0.481 1 * (0.362 3)	0.496 4 * (0.549 4)	0.481 1 ** (0.362 3)	0.496 4 * (0.549 4)

[1] 差分 GMM 是对原方程做差分，使用变量滞后阶作为工具变量，但差分时消除了非观测截面个体效应及不随时间变化的其他变量，且有时变量滞后阶并非理想工具变量，系统 GMM 是对差分 GMM 的扩展，相当于建立了差分方程和原水平方程，使用变量滞后阶作为差分方程的工具变量，同时使用差分变量的滞后项为水平方程的工具变量。

[2] Dang、Kim 和 Shin（2014）的研究表明，在 System GMM 中，Sargan 统计量存在过度拒绝问题，故本和选择 Hansen 统计量作为过度识别的检验条件。

表7-6(续)

变量	模型 1	模型 2	模型 3	模型 4
AR（1）检验（P）	0.007 0	0.016 0	0.037 0	0.025 0
AR（2）检验（P）	0.415 0	0.411 0	0.519 0	0.639 0
Hansen 检验（P）	0.476 0	0.464 0	0.561 0	0.496 0
观测值	200	200	225	225

注：表 7-6 中的模型 1 至模型 4 分别是 One-Difference GMM、Two-Difference GMM、One-step System GMM 和 Two-step System GMM 方法；AR（1）检验和 AR（2）检验的原假设是"不存在一阶自相关和二阶自相关"；Hansen 检验的原假设是"工具过度识别限制是有效的"；***、**、* 分别表示符合 1%、5% 和 10% 的显著性水平；括号内为系数相应的 White-Huber 稳健标准误。

表 7-6 显示，各变量的符号稳定。Hansen 检验的结果显示，所有的工具变量有效，原模型的误差项无序列相关性。

检验结果显示，被解释变量滞后一期 $LnTC_{t-1}$ 的系数显著为正，说明中国文化产品出口的滞后变量与当期成本正相关，出口的动态惯性是维持中国文化产品出口规模水平现状的重要因素。

$LnPer\,GDPgap_{it}$ 的系数显著为负，说明贸易伙伴与中国实际人均收入水平差额与中国文化产品出口呈反方向变动，也说明中国文化产品出口贸易成本中确实存在着"林德"效应，中国文化产品向与收入水平相近的国家或地区出口时的规模水平越高。

$LnGD_i$ 的系数显著为负，说明即使随着交通便利化程度的提高和信息通信技术的发展，但是地理距离因素仍然是中国文化产品出口的阻碍因素。这与国内学者涂远芬（2014）通过计量得出的"传统因素仍然是影响中国文化产品出口的主要因素，空间距离与中国文化产品出口之间负相关"的研究结论一致。

$LnTriffs_{it}$ 的系数显著为负，说明贸易伙伴平均名义关税率的下降确实能够提升中国文化产品的出口水平。

$LnERC_{it}$ 的系数虽然为负，但并不显著，说明人民币实际有效汇率水平变动可能与中国文化产品出口的变动呈反方向变动，但是人民币贬值和升值并不能从实质上影响中国文化产品出口水平的变动。

$Ln\,TOI_{it}$ 的系数在 5% 的水平显著为正，说明贸易伙伴的贸易对外开放度与中国文化产品的出口呈同方向变动，也就意味着贸易伙伴的对外开放度越高，越能够促进中国文化产品出口规模的扩大。

本章节重点考察的核心解释变量 LnT_{it} 的系数显著为正，说明中国文化产品对贸易伙伴的出口贸易成本与中国文化产品的出口规模水平呈同方向变动，也就意味着向贸易成本较高的经济体出口，有利于中国文化产品出口规模的扩大以及出口规模水平的提升。这个检验结果与前期的直观判断完全相悖，但深入思考，结果却在情理之中。一般来说，贸易成本较高的经济体多为发达经济体（根据之前计算出发达经济体的贸易成本均值为 1.162 8，而出口发展中经济体的贸易成本均值为 1.036 7），而中国近年来有 60%~70% 的文化产品都是出口至发达经济体，两者呈现同方向变动具有内在的逻辑。另外，从发达经济体对文化产品需求的品质角度来说，其对文化、科技和文化含量的需求要比发展中经济体更高。如果中国文化产品能够不断满足贸易成本较高的发达经济体对文化产品品质的各种市场需求，则自身文化产品的品质和质量也就能在不断适应较为苛刻市场需求的过程中得到提升，在开拓发展中经济体文化需求市场时就能够较为容易地提升市场的占有率，文化产品出口规模和水平就会得到相应提升，这也是中国文化产品出口规模水平不断提升的另一个途径，也可能与"失之东隅，收之桑榆"的道理有异曲同工之妙。

这里有一个值得深入思考的问题是：作为贸易成本之一的贸易伙伴平均名义关税率和地理距离这两个控制变量检验的结果与中国文化产品出口呈反方向变动，该如何解释？本书猜测，一种可能是，在所有贸易成本所包含的内容当中，如关税和距离等显性成本虽然能够对中国文化产品出口产生显著的影响，但并不是贸易成本当中最重要的影响因素，贸易成本中的隐性成本可能是影响中国文化产品出口的重要因素。又如，中国文化产品出口规模水平的提升，从市场占有率角度来说，意味着其文化产品在国际市场上进出口产品的供需会趋于更加稳定；从进口角度来说，意味着一国可以利用其文化产品进口需求稳定的条件和优势，弱化出口国对其设置的各项贸易限制尤其是非关税壁垒的敏感程度，以获取更高的贸易利润空间或达到保护国内其他相关利益集团的目的，从而造成文化产品出口国的贸易成本上升的现象。这与吴浜源和王亮（2014）检验得出的关于一国对外开放度的提高会不断弱化贸易条件变动对产出影响结论的内在逻辑一致，这个逻辑反过来理解应该也是成立的，即贸易成本上升提高了中国文化产品的出口规模水平。

另一种可能是，在中国文化产品不断走向世界的同时，各个国家或地区对于作为文化贸易核心的文化产品的进口保持了较高的敏感程度，对兼具经济与文化双重属性的中国文化产品的进口更多时候采取的是较为审慎的保护性贸易政策。一般来说，越是经济发达的国家或地区，其对中国文化产品所设置的各项限制措施越繁杂，保护性壁垒也越强。

所以，至少在考察期内，贸易伙伴的贸易成本越高，越能促进中国文化产品出口规模的扩大，是检验显示的合理结果。因此，本书推测，中国文化产品在走向世界的过程中存在着"抓沙"效应，就像在手中抓一把沙子，手握得越紧，沙子就流失得越多一样，中国文化产品面临的贸易成本尤其是隐性成本越高，其在国际市场上的占有率越高，产品的出口竞争力越强，相应的出口贸易规模就越大。

文化产品贸易之所以表现出与普通商品贸易对贸易成本反应不一样的特征，除了与自身具备的兼顾经济与文化双重属性特质有关系外，也与其种类当中包含的更多产品具有"异质性"特征有关系。比如，贸易当中的初级产品和传统的附加值不高的制造业产品在遇到各种进口国贸易限制和壁垒所形成的贸易成本时，其可以改造、改进或价值提升的空间并不广阔，与进口国自身产品或其他出口国产品形成的是"同质性"竞争关系，这就大大限制了其自身产品出口竞争力水平上升和出口流量的有效空间。但是，与贸易当中高附加值的服务类产品或高精尖制造业产品相类似，文化产品遇到类似的贸易限制和壁垒所形成的贸易成本时，其"文化"具有无限性，文化和科技含量提升的空间巨大，很容易在短时期内经过调整与进口国或其他出口国的文化产品进行"异质性"的竞争，这也能促进自身文化产品的出口竞争力水平和贸易流量有效提升与增加。正所谓"抽刀断水水更流"，就是相同的道理。

第六节　本章小结

本章在对 Anderson 和 Wincoop（2003）模型进行拓展的基础上得出了从双边实际贸易规模与双边贸易合理份额角度测度一国贸易成本的一般均衡模型，相对于目前国内外测度贸易成本时较为常用的 Novy（2006）模型，本书模型更具对一国单向进出口贸易成本测度的优势和对细分产业贸易成本测度的条件。基于推导模型对 2003—2012 年中国文化产品对 25 个主要贸易伙伴的出口贸易成本进行的测算，并通过构建的贸易引力模型对影响其出口贸易成本的经济、地理、文化和制度等在内的诸多因素进行的面板数据的回归检验，我们得出以下主要结论：

第一，2003—2012 年中国文化产品的出口贸易成本总体呈现下降趋势，中国与全球文化产品的分工贸易一体化程度越来越紧密，中国文化产品出口贸易的发展空间不断上升。

第二，相对于发达经济休来说，中国文化产品出口发展中经济体的贸易成本和贸易难度总体上较低，与其贸易关系也较为紧密。

第三，向贸易伙伴国的出口贸易成本与中国文化产品出口规模水平之间存在着"抓沙"效应，即贸易伙伴国的贸易成本尤其是隐性贸易成本越高，越有利于中国文化产品出口规模水平的提升。

对中国文化产品出口贸易成本的测度和对各种影响因素的检验，为促进中国文化产品出口贸易的发展提供了全新的微观分析视角，同时研究结论也蕴涵了以下较为丰富的政策含义：

一是中国文化产品出口贸易成本处于下降趋势，未来中国应充分利用全球分工贸易体系，围绕文化产品的生产链条和价值链条，有效整合国内外劳动力、资本、技术、信息和知识等文化资源，不断获取新贸易理论提出的规模经济效益，提升文化产品的国际竞争力水平。

二是相对于发达经济体来说，目前中国文化产品向发展中经济体出口的难度相对较小，发展中经济体市场应是中国企业初步涉足国际文化产品市场时的首选。

三是客观来讲，中国文化产品的出口规模水平正是在不断克服贸易对象国的各种形式贸易成本当中不断得以提升的，贸易成本对于中国文化产品出口来说其表面上是阻力，更多时候表现出来的实质是动力。因此，我们应从辩证角度看待贸易对象国贸易成本与中国文化产品出口之间的关系，不能一味地将其当作阻碍自身文化产品出口规模水平提升的因素。

第八章 本地市场效应与中国文化产品出口问题研究

第一节 本地市场效应与国际贸易

一、新贸易理论范式下的本地市场效应

一国重要出口产品的贸易模式是该国从事对外贸易中需要研究的核心问题，而贸易模式的基础一般是该国在国际分工体系中所具有的比较优势。目前学界对比较优势研究的理论范式主要有两个：一个是以完全竞争和规模报酬不变为基础的新古典框架（perfect competition and constant returns to scale, CRS-PC）；另一个是 Krugman（1980）构建的以垄断竞争和规模报酬递增为基础的新贸易理论框架（monopolistic competition and increasing returns to scale, IRS-MC）。在 CRS-PC 理论范式中，一国由劳动效率决定的技术水平与其所拥有的资本和劳动比率所决定的要素禀赋优势，决定了其从事国际贸易的模式；而在 IRS-MC 理论范式中，规模报酬递增所决定的生产效率优势决定了其参与国际贸易的模式。两种理论范式在解释现实世界不同的贸易现象时并行不悖，均具有较强生命力，但因为不同理论范式框架下的比较优势来源存在着本质区别，以此为基础的两种贸易模式便具有不同的经济政策含义与福利结果，因此我们对一国重要出口产品参与国际贸易的比较优势基础进行准确甄别具有重要的理论与实践价值。

2013 年，中国货物进出口贸易额为 4.16 万亿美元，首次突破 4 万亿美元的大关，跃居全球货物贸易第一大国，实现了对外贸易的历史性突破。2015 年中国货物进出口贸易额为 4.36 万亿美元，再创历史新高。在出口商品结构方面，中国机电产品出口贸易额为 1.27 万亿美元，占出口总值的比重达

57.47%，成为第一大类出口商品；第二大类出口商品为机械设备，出口贸易额为 0.56 万亿美元，占出口总值的比重为 22.41%；服装及衣着附件、纺织纱线、织物及制品、鞋类、家具、塑料制品、箱包及玩具 7 大类劳动密集型产品合计出口贸易额为 0.46 万亿美元，占出口总值的比重为 20.12%。中国长期坚持的稳增长、调结构的对外贸易政策效应初显端倪，中国对外贸易商品结构已经从传统的劳动密集型产品和低端加工制造向高端设计和生产转型。

但是我们需要清醒地认识到，中国虽然是贸易大国，但仍有较大的发展空间，中国对外贸易商品结构升级的目标远未完成。这是因为，对外贸易商品结构的优化依赖于国内的产业结构升级，而国内产业升级面临着两大挑战：一是发达工业化国家自第一次工业革命以来一直通过主导全球产业升级而获得超额利益，对中国的产业和贸易升级保持了高度警惕，利用其在国际分工中的优势地位对中国的高端贸易产品进行打压；二是从外贸商品整体上看，我国在资本技术密集型的高增值环节集中的服务贸易方面的发展依然落后，如 2015 年中国的服务贸易额为 5 396.4 亿美元，尚不足美国服务贸易额（11 323.1 亿美元）的一半。另外，近年来国际大宗原材料价格上涨导致国内生产原材料成本上升，人口红利消失导致的劳动力成本上升，以及环境瓶颈和碳排放量的限制等诸多因素制约，使得中国对外商品贸易的出口优势的可持续性岌岌可危，未来中国不仅要关注贸易增长的量，更要关注贸易增长的质，特别是要在大力实施创新驱动以及切实提升产品和服务的国际竞争力方面下足功夫，以寻求中国出口贸易的新支撑点。

作为近年来中国对外贸易快速发展的重点领域之一，文化产品贸易一直是中国商品对外贸易结构优化的重点发展方向，文化产品出口的快速发展不仅能够有效缓解我国诸如丧失劳动力充盈等传统比较优势的压力，其兼具经济和文化双重属性的特点也为中国文化走出去，以及弘扬中国传统文化和价值观念，促进世界文化与艺术表现形式的多样化发展提供了机遇。如前所述，国家从战略层面高度重视文化产品对外贸易的发展，国务院于 2014 年出台的《国务院关于加快发展对外文化贸易的意见》明确提出，要提升我国文化贸易整体实力和竞争力，扩大文化产品和服务在国际市场份额的目标。

在此背景下，基于新贸易理论框架视角，研究中国对外文化贸易中占比最高的文化产品参与国际分工和贸易的比较优势来源和贸易模式问题显得尤为重要，即中国文化产品出口过程中是否具有新贸易理论提出的本地市场效应？本地市场效应能否有效地促进中国文化产品出口规模的扩大和贸易水平的持续提升？不同类别的文化产品的本地市场效应是否存在着差异？本书试图通过构建本地市场效应模型，利用联合国贸易和发展会议数据库中的中国与美国文化产品双边贸易数据对上述相关重要问题进行实证检验。

二、本地市场效应视域下的中美文化产品双边贸易

选择美国作为检验中国文化产品出口本地市场效应对象国，原因为中国和美国分别为世界第一和世界第二的文化产品出口国，在国际文化产品贸易当中占据重要的份额。新时期，如何进一步降低双方重要贸易商品在世界市场上的竞争性，增强在双边市场上的互补性，不断开发市场潜力，提高合作水平，是中国与美国等各国政府与贸易部门需要面对的现实问题。这些问题的探索对促进我国文化产品贸易发展具有重要理论价值和现实意义。

根据联合国贸易和发展会议数据库相关数据，2015 年中国和美国的文化产品出口额为 1 685.07 亿美元和 405.04 亿美元，分别占到世界文化产品出口总额的 31.91%和 7.95%，各自占据世界文化产品贸易的第一大出口国位置和第二大出口国位置。2002—2015 年，中国对美国的文化产品出口额为 3 677.24 亿美元，占中国文化产品出口总额（13 876.12 亿美元）的 25.66%，美国是此期间中国文化产品出口的最大贸易伙伴国。2015 年，中国文化产品对美国的出口额为 434.46 亿美元，占同年中国文化产品出口额的 25.78%。另外，2002—2015 年，中国香港文化产品出口额为 4 101.31 亿美元，对美国的出口额为 1 224.41 亿美元，占中国香港文化产品出口总额的 26.70%。考虑到中国香港是中国内地商品贸易的重要中转地的实际情况，我们判断美国占中国文化产品出口额的比重比表面统计结果还要高一些，因此美国作为中国文化产品出口首屈一指的贸易对象国的地位异常重要。

（一）中国与美国文化产品在世界市场的贸易发展现状

2002—2015 年，世界、中国与美国文化产品在全球市场的进出口贸易额如附表 8-1 所示。其中，世界文化产品出口总额为 55 797.21 亿美元，年均增长率为 7.64%，进口总额为 54 295.94 亿美元，年均增长率为 6.04%；中国文化产品的进出口额分别为 13 876.12 亿美元和 1 278.70 亿美元，年均增长率分别为 14.35%和 18.08%；美国文化产品的进出口额分别为 4 393.58 亿美元和 12 079.77 亿美元，年均增长率分别为 7.26%和 3.76%。2015 年，世界文化产品进出口额分别为 5 097.53 亿美元和 4 543.95 亿美元；中国文化产品进出口额分别占当年世界文化产品进出口额的 33.06%和 3.25%；美国文化产品进出口额分别为 405.04 亿美元和 1 057.41 亿美元，分别占当年世界文化产品进出口额的 7.95%和 23.27%。

总体来看，中国文化产品贸易保持着顺差不断扩大的发展趋势，美国的贸易逆差有不断缩小的趋势。中国文化产品的出口规模是美国的4倍，且增长速度也明显高于美国，是美国文化产品出口增速的近3倍。美国在文化产品进口方面的规模是中国进口规模的6倍多，但中国文化产品进口的增速要明显快于美国，是美国进口增速的15倍多。另外，从贸易地理角度来看，2015年中国内地和美国的文化产品出口贸易前10位经济体及比重如表8-1所示。

表8-1 2015年中国内地和美国的文化产品出口贸易前10位经济体及比重

中国内地			美国		
排名	经济体	比重/%	排名	经济体	比重/%
1	美国	23.01	1	加拿大	24.39
2	中国香港	19.78	2	英国	11.41
3	日本	5.99	3	中国香港	8.04
4	德国	3.93	4	墨西哥	7.52
5	英国	3.82	5	日本	4.12
6	俄罗斯	2.61	6	法国	3.41
7	澳大利亚	1.82	7	中国	2.68
8	法国	1.81	8	德国	2.22
9	加拿大	1.80	9	澳大利亚	1.67
10	韩国	1.67	10	韩国	1.40

注：根据 UNCTAD 统计数据计算得出。

由表8-1可以看出，欧美发达经济体是中国内地与美国文化产品出口的共同重要目标市场，中国内地侧重于美国市场，而美国则更加侧重于加拿大市场。

（二）中美文化产品双边贸易发展现状

2002—2015年中国与美国文化产品双边贸易市场进出口额如附表8-2所示。其中，中国对美国的出口额以年均10.44%的速度增长，而美国对中国的出口额则以年均20.08%的速度增长。虽然双方文化产品在双边贸易市场保持了较高的增长速度，但文化产品相互出口额在各自文化产品出口贸易总额当中的占比却并不相同。2015年，中国对美国文化出口额占到中国文化产品出口总额的25.78%，而美国对中国的出口额只占到其出口总额的2.88%。

如附表8-3至附表8-6以及图8-1和图8-2所示，从贸易产品结构来看，双边文化产品贸易呈结构性不均衡发展态势。2015年，中国出口美国的文化产品当中，设计类产品比重最高，占到出口额的66.82%，工艺品、新媒体和视觉艺术类产品的比重在10%左右，其余产品的比重均在3%以下。2015年，美国出口中国的文化产品当中，设计、新媒体类产品的比重在30%以上，尤其是新媒体类产品在2006年后的比重不断攀升，2015年其比重提升至30.35%，视听产品的比重占到17.77%。中国文化产品多是以劳动密集型产品为主，而美国文化产品则多是以知识密集型或资本密集型产品为主。

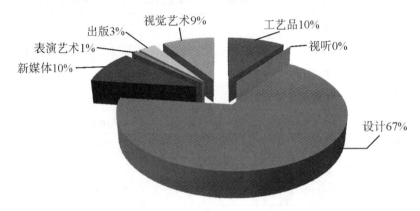

图8-1　2015年中国出口美国的7类创意产品比重

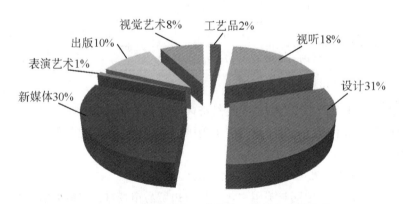

图8-2　2015年美国出口中国的7类创意产品比重

从贸易模式结构来看，依据Grubel-Lloyd指数计算结果（见附表8-7）[①]，

---

　　① Grubel-Lloyd指数是测量两国或地区间产业内贸易指数中被普遍采用的一种方法，其计算公式为IITik=1-［｜Xik-Mik｜/（Xik+Mik）］。如果IIT<0.5，贸易模式就是产业间贸易；如果IIT>0.5，贸易模式则是产业内贸易。

中国对美国文化产品的出口贸易模式总体以产业间贸易为主，视听类产品和出版类产品接近产业内贸易水平，而美国对中国文化产品的出口贸易模式也是以产业间贸易为主。视听类产品属于高度的产业内贸易。

（三）中国与美国文化产品贸易的显示性比较优势

我们依据第四章的显示性比较优势公式与 UNCTAD 数据库中关于中国与美国的文化产品贸易数据，计算得到 2002—2015 年中国与美国文化产品出口显示性比较优势指数，分别如表 8-2 和表 8-3 所示。

表 8-2　2002—2015 年中国文化产品出口显示性比较优势指数（RCA_{ix}^{k}）

产品类型	2002	2003	2004	2005	2006	2007	2008	2009	2010	2011	2012	2013	2014	2015
文化产品	3.51	3.64	3.33	3.24	3.04	3.03	3.00	2.81	2.94	3.11	3.53	3.58	3.31	3.62
工艺品	4.11	4.40	4.02	4.07	4.17	4.88	4.92	4.47	4.19	4.26	4.73	4.32	4.17	4.77
视听	0.23	0.34	0.22	0.15	0.12	0.48	0.47	0.46	0.41	0.46	0.51	0.48	0.47	0.52
设计	4.12	4.56	4.16	4.00	3.62	3.72	3.52	3.34	3.57	3.69	4.10	3.89	4.14	4.32
新媒体	5.62	6.02	5.46	5.32	4.95	4.34	4.39	3.45	3.07	3.06	3.54	3.78	4.11	4.27
表演艺术	3.87	4.14	3.92	3.81	3.58	3.82	4.03	3.66	3.36	3.27	3.35	3.37	3.41	3.49
出版	0.45	0.41	0.44	0.44	0.54	0.67	0.71	0.71	0.70	0.73	0.85	0.77	0.81	0.86
视觉艺术	2.11	3.09	2.67	2.32	2.07	1.72	1.77	2.13	2.28	2.74	3.47	2.89	3.16	3.27

表 8-3　2002—2015 年美国文化产品出口显示性比较优势指数（RCA_{jx}^{k}）

产品类型	2002	2003	2004	2005	2006	2007	2008	2009	2010	2011	2012	2013	2014	2015
文化产品	1.09	1.03	1.08	1.15	1.24	1.46	1.39	1.30	1.21	1.12	1.17	1.24	1.18	1.25
工艺品	0.79	0.85	0.92	0.93	0.86	0.89	0.78	0.69	0.66	0.57	0.58	0.61	0.53	0.63
视听	1.48	1.43	1.51	1.37	1.40	1.85	1.82	1.71	1.62	1.57	1.67	1.71	1.68	1.88
设计	0.61	0.63	0.67	0.72	0.80	0.89	0.83	0.80	0.75	0.71	0.79	0.76	0.79	0.82
新媒体	2.06	2.07	2.02	2.14	2.13	2.12	1.72	1.59	1.56	1.53	1.42	1.51	1.62	1.57
表演艺术	1.53	1.48	1.60	1.80	1.77	1.87	1.85	1.95	1.66	1.76	1.84	1.77	1.82	1.93
出版	1.48	1.52	1.52	1.61	1.63	1.72	1.72	1.76	1.84	1.77	1.84	1.72	1.79	1.84
视觉艺术	2.58	2.41	2.73	3.07	3.50	4.11	4.54	4.66	3.91	3.67	3.09	3.66	3.98	4.43

综合来看，2002—2015 年，中国相对于美国来讲，文化产品出口的总体性显示性比较优势较为明显，但在视听和出版等文化类产品上的优势不明显。这两类产品是贸易当中附加值较高的文化产品。

第二节 本地市场效应存在性检验模型与方法

正如第二章关于新贸易理论下本地市场效应理论研究的相关文献回顾中论述的，Krugman（1980）在构建新贸易理论框架过程中，将本地市场效应定义为"报酬递增和贸易成本会使某种具有较大国内市场需求商品的国家成为该商品的净出口国"，并将本地市场效应产生的原因归结为企业集聚于需求较大市场以减少运输成本和实现规模经济的需要。是否存在本地市场效应已经成为国际贸易当中甄别一国参与国际分工和贸易是以 CRS-PC 范式为基础的传统比较优势，还是以 IRS-MC 范式为基础的新贸易理论的规模报酬递增比较优势，并进而成为判断其对外贸易模式的标准。

国外学者对于本地市场效应存在性的测定判断标准存在着较大分歧。具体来说，在本地市场效应存在性的检验过程当中，学者们采用的实证方法大致有"超常需求"模型、引力拓展模型、本地需求多国模型三种。

一、"超常需求"模型

Davis 和 Weinstein（1999）提出的"超常需求"模型是通过对比某一行业的供给量和行业需求量之间所发生的变化关系，对本地市场效应的存在性进行检验。即当对某行业商品的超常需求使得厂商不断扩大生产规模和效率，并使得供给量的增长超过需求量的增长，进而引起出口的增长时，就说明该行业本地市场效应存在。

Davis 和 Weinstein（1996，1999）构建的检验本地市场效应的模型为

$$X_g^{nc} = \alpha_g^n + \beta_1\,\mathrm{SHARE}_g^{nc} + \beta_2\,\mathrm{IDIODEM}_g^{nc} + \Omega_g^n\,V^c + E_g^{nc} \qquad (8\text{-}1)$$

其中，X_g^{nc} 表示 c 国 n 产业 g 产品的产出量；SHARE_g^{nc} 表示 g 产品相对于其他国家的产出水平；$\mathrm{IDIODEM}_g^{nc}$ 是核心变量，表示超常需求，它被定义为 c 国在产品 g 上的支出与他国在产品 g 上支出的一个偏离，其系数的正负决定该产品行业是否存在本地市场效应；V^c 是要素禀赋向量。相关指标通过投入—产出数据进行计算。根据其理论，当 $\beta_2 < 0$ 时，表明 c 国的贸易模式由其传统的比较优势决定；当 $0 < \beta_2 \leqslant 1$ 时，表明存在贸易成本的比较优势情形；当 $1 < \beta_2$ 时，表明 c 国的贸易模式由本地市场效应决定。

二、引力拓展模型

Schumacher（2003）构建的检验本地市场效应的引力拓展模型，可以将总

收入（需求）和单位资本收入（资本劳动比）对比较优势共同的影响区别开来，从而弥补前期研究只重视需求而忽视资本—劳动比率对本地市场效应影响的缺陷。

Schumacher（2003）所构建的影响一国出口主要因素的贸易引力模型为

$$\ln X_{aij} = \beta_0 + \beta_1 \ln Y_i + \beta_2 \ln y_i + \beta_3 \ln Y_j + \beta_4 \ln y_j + \beta_5 \ln D_{ij} + \sum_{k=6}^{K} \beta_k Z_{kij}$$

$$(8-2)$$

其中，a 表示某部门或产业；i、j 分别表示出口国和进口国；X_{aij} 表示 i 国 a 部门向 j 国的出口额；Y_i、Y_j 分别表示 i 国和 j 国的产出，同时表示其供给能力和需求规模，用两国的实际 GDP 来衡量；y_i 和 y_j 表示两国的资本—劳动比率，反映其要素禀赋状况，用两国的人均 GDP 来衡量；D_{ij} 表示以两国地理距离来衡量的双边贸易成本；Z_{kij} 是虚拟变量，用来衡量诸如贸易政策等其他因素对两国贸易的影响。

因为存在 $\ln M_{aij} = \ln X_{aji}$ ，即 i 国从 j 国的进口就是 j 国向 i 国的出口，我们将式（8-2）中的方程互换可以得到

$$\ln M_{aij} = \beta_0 + \beta_1 \ln Y_j + \beta_2 \ln y_j + \beta_3 \ln Y_i + \beta_4 \ln y_i + \beta_5 \ln D_{ji} + \sum_{k=6}^{K} \beta_k Z_{kji}$$

$$(8-3)$$

而由于存在着 $D_{ij} = D_{ji}$ 和 $Z_{kij} = Z_{kji}$ ，故将式（8-2）减去式（8-3）得到

$$\ln X_{aij} - \ln X_{aji} = (\beta_1 - \beta_3)(\ln Y_i - \ln Y_j) + (\beta_2 - \beta_4)(\ln y_i - \ln y_j)$$

$$(8-4)$$

或是

$$\ln(X_{aij} / X_{aji}) = (\beta_1 - \beta_3) \ln(Y_i / Y_j) + (\beta_2 - \beta_4) \ln(y_i / y_j) \quad (8-5)$$

式（8-4）和式（8-5）表明，一国对另外一国出口与进口的比率或者两国的双边出口流量的比值，取决于分别以两国的 GDP 之比和两国人均 GDP 之比为代表的两国相对需求规模和相对要素禀赋。

该模型将一国的比较优势分解为本地市场效应及传统的要素禀赋优势。其中，当 $\beta_1 - \beta_3 > 0$ 时，就认为存在着当国内市场规模相对扩大时可以促进出口，即存在本地市场效应。$\beta_2 - \beta_4$ 则体现了该国的要素禀赋优势。

Gordon H，Hanson 和 Xiang（2002）认为，使用引力模型估计总量数据可能会丢失本可以在双边贸易中产生市场效应的产业变量。因此，他们使用倍差引力模型方法（difference-in-difference）对上述模型进行了改进，所构建的模型如下：

$$\ln\left(\frac{S_{mjk} / S_{mhk}}{S_{ojk} / S_{ohk}}\right) = \alpha + \beta \ln\left(\frac{Y_j}{Y_h}\right) + \varphi(C_j - C_h) + \theta \ln\left(\frac{d_{jk}}{d_{hk}}\right) + \varepsilon \quad (8-6)$$

其中，j、h 表示出口国；k 表示进口国；m、o 表示部门或行业；S_{mjk} 表示 j 国 m 部门对 k 国的出口额，其他类推；Y 表示出口国的市场规模；C 表示生产成本；d 表示双边距离；ε 表示误差项。模型左边是用倍差法衡量的贸易流量，即两国向共同的第三国市场出口的两类产品比率的差值。在两类产品当中，一类代表的是运输成本高、规模经济强的产品；另一类代表的是低运输成本、弱规模经济的产品。

式（8-6）中的（Y_j / Y_h）表示两国相对市场规模，一般用两国的 GDP 来衡量。如果系数 $\beta > 0$，说明规模越大的国家越倾向于出口高运输成本、低替代弹性的产品，即存在本地市场效应；否则该国不存在本地市场效应。（$C_j - C_h$）充分考虑到了两国的生产成本差异，能将本地市场效应和传统比较优势对贸易模式的影响分离开来。

因此，式（8-6）实质上是一个拓展后的三国模型，能够将两个出口国和同一个进口国融入一个模型当中。

三、本地需求多国模型

Behrens et al.（2004）构建的在多国框架的本地市场效应检测模型，能将本地需求分解为相对国内市场规模（吸引力）和同其他外国市场的接近程度（准入性），具体形式为

$$\lambda^* = \beta W \lambda^{\text{size}} + (1 - \beta) \lambda^{\text{hub}} \tag{8-7}$$

其中，λ^{size} 表示相对一国的国内市场规模；β 表示该国的贸易成本，λ^{hub} 表示其产品进入国际市场的准入性；显然，贸易成本越低，准入性因素对本地需求的影响程度就越大。由此可以推导出真实的本地需求多国模型为

$$\lambda^{\text{size}} = \beta W^{-1} \left[\lambda^* - (1 - \beta) \lambda^{\text{hub}} \right] \tag{8-8}$$

式（8-7）和式（8-8）可以将不同国家对某一出口市场国家同时融入同一个模型之内，将不同国家对同一国家出口时，因国内市场规模扩大而产生的本地市场效应转化为相对于另外一个国家市场规模扩大而产生的本地市场效应，即将多国对同一目的国贸易中的绝对本地市场效应转化为相对本地市场效应。

第三节 本地市场效应对文化产品出口影响的机理

本书认为，如果本地市场效应存在于一国某个外向型的文化产业，会带来该行业文化产品出口贸易优势的提升，即本地市场规模的扩大会促进该文化产业产品出口的增加。本地市场效应对文化产品出口的影响机理如图8-3所示。

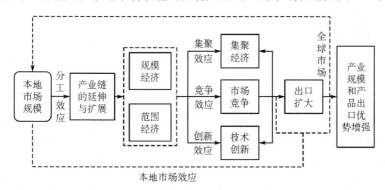

图8-3 本地市场效应对文化产品出口的影响机理

首先，本地市场规模的存在会加剧产业分工的深化和生产链条的延伸与扩展。亚当·斯密在《国富论》中提出的著名"市场范围"理论认为，交换能力是分工的起因，也决定着分工的程度，而分工的发展反过来也能够进一步促进交换能力的发展。交换能力本质上体现了市场的广狭，所以市场范围或市场规模与市场分工之间有着天然相互促进的"斯密动力"或"斯密增长"。其背后隐藏的逻辑，是某一地区市场规模的不断扩大，促进了分工的深化与扩展，在市场逐利激励的引导下会进一步促进满足市场多样化需求的产品及配件的生产与组装，产业分工链条得以构建与发展，进而形成更为系统的分工网络。分工网络形成的过程，既是垂直型或水平型生产规模逐渐扩大、劳动生产率不断提升的规模经济形成的过程，也是很多企业将不同部门上下游或同类型分工环节内部化、集中在一个部门或企业内部生产以节约生产成本与交易费用形成范围经济的过程。

其次，规模经济和范围经济一般会产生集聚、竞争和创新三个方面的效应。规模经济和范围经济可以不断促进该地区与分工相配套的本地企业的创立，吸引与分工网络属性相类似的外部企业的进入。在交易成本和规模报酬递增的作用下，基于降低交易成本和分享产业内知识、技术及管理外溢利益的诱导下，类似企业往往会形成在地理空间上的扎堆或集聚的现象，这就是所谓的集聚效应。在集聚过程当中，受限于土地、资本、人才和技术等稀缺性资源的制约，企业之间还会伴随着为获得稳固市场份额和更高利润而展开激烈竞争。在垄断竞争条件下，企业之间的竞争不仅表现在价格竞争，更多是表现在以产品质量、品牌和差异化为核心的非价格竞争。另外，企业在参与集聚过程中，集聚效应给企业自身所带来的知识、文化及技术的外溢往往会诱发企业在生产工艺、产品种类、质量档次等方面产生创新，企业也会主动采取各种创新策略满足市场多样化的需求，积极适应市场优胜劣汰生存法则，展现出更强劲的创造活力和发展潜力。

最后，三种效应会进一步促进劳动市场共享、中间产品投入和知识、文化及技术外溢等外部经济现象的发生，生产成本会进一步降低进而形成整体产业进入行业长期平均成本低端运行阶段。这又会刺激该地区产业生产规模的继续扩大，使得产品在满足本地消费市场后还有可供对外出口的剩余，形成"本地市场效应"。在面对全球市场环境下，出口规模的不断扩大将使得产业生产集聚地区面临全球生产网络下进一步分工的深化，以及生产效率的进一步提高，并最终促成该地区产业和产品出口规模的扩大。当然，最终是否真正能够促进出口的增加，即本地市场效应能否真正促进一个国家或地区产品出口流量增大还与其他国家或地区产业部门的市场规模、政府政策、贸易壁垒等诸多因素相关。但一般情况下，开放经济条件下的本地市场效应与一国或地区的产品出口规模有着相互深化和相互促进的内在逻辑，外在表现出的结果往往是某些产业在全球相对较大需求市场区域的空间集聚与产品对外出口，其产业和贸易竞争优势越来越强，最终导致产业规模不断扩大与产品出口越来越多。如果这个行业是文化产业，则本地市场效应的作用机理也符合上述分析逻辑，即一国文化产业发展过程中如果存在本地市场效应，则集聚、竞争和创新三种效应能够有效促进该国文化产业的发展、文化产品出口优势的提升和出口流量的增强。

第四节　中国文化产品出口中本地市场效应存在性检验：整体层面和分行业层面

一、模型构建

考虑到 Schumacher（2003）构建检验本地市场效应的引力拓展模型可以将总收入代表的需求和资本与劳动比率衡量的单位资本收入对比较优势的共同影

响进行区分，从而有效弥补 Davis 和 Weinstein（1999）提出的"超常需求"模型中只重视需求而忽视单位资本收入对本地市场效应影响的缺陷。因此，本书借鉴该模型对中国文化产品出口中本地市场效应的存在性进行实证检验。

Schumacher（2003）构建的影响双边贸易的引力模型为

$$\ln X_{aij} = \beta_0 + \beta_1 \ln Y_i + \beta_2 \ln y_i + \beta_3 \ln Y_j + \beta_4 \ln y_j + \beta_5 \ln D_{ij} + \sum_{k=6}^{K} \beta_k Z_{kij}$$

$$(8-9)$$

其中，a 表示某部门或产业；i、j 分别表示出口国和进口国；X_{aij} 表示 i 国 a 部门向 j 国的出口额；Y_i、Y_j 表示以实际 GDP 衡量的 i 国和 j 国的产出，既能代表两国的供给能力，也能代表其需求规模；y_i 和 y_j 表示两国的资本与劳动比率，反映其要素禀赋状况，用两国的人均 GDP 来衡量；D_{ij} 表示以两国地理距离来衡量的双边贸易成本；Z_{kij} 则用来衡量其他因素对两国贸易影响的虚拟变量。

因为 i 国从 j 国的进口就是 j 国向 i 国的出口，我们将式（8-9）变形可以得到

$$\ln M_{aij} = \beta_0 + \beta_1 \ln Y_j + \beta_2 \ln y_j + \beta_3 \ln Y_i + \beta_4 \ln y_i + \beta_5 \ln D_{ji} + \sum_{k=6}^{K} \beta_k Z_{kji}$$

$$(8-10)$$

由于存在着 $D_{ij} = D_{ji}$ 和 $Z_{kij} = Z_{kji}$，我们将式（8-9）减去式（8-10）可以得到

$$\ln X_{aij} - \ln X_{aji} = (\beta_1 - \beta_3)(\ln Y_i - \ln Y_j) + (\beta_2 - \beta_4)(\ln y_i - \ln y_j)$$

$$(8-11)$$

或者

$$\ln(X_{aij}/X_{aji}) = (\beta_1 - \beta_3)\ln(Y_i/Y_j) + (\beta_2 - \beta_4)\ln(y_i/y_j) \quad (8-12)$$

式（8-11）和式（8-12）表明，两国的双边出口流量的比值取决于分别以两国 GDP 之比和两国人均 GDP 之比所代表的两国相对需求规模和相对要素禀赋，即本地市场效应和传统要素禀赋共同构成了一国参与国际分工及出口贸易的比较优势来源。其中，当 $\beta_1 - \beta_3 > 0$ 时，则认为存在着当国内市场规模相对扩大时可以促进出口的本地市场效应；当 $\beta_2 - \beta_4 > 0$ 时，则认为该国参与国际分工和贸易主要依据的是本国要素禀赋形成的比较优势。

考虑到模型当中的解释变量 Y 和 y 分别用一国 GDP 和人均 GDP 衡量时，有可能会产生多重共线性问题，进而影响到检验结果的精度，因此本书将资本与劳动比率换成人均劳动力成本，即用两国的工人平均工资水平衡量模型中的人力资本。

故本书基于 Schumacher（2003）模型构建的本地市场效应检验修正模型

如下：

$$\ln X_{aij} - \ln X_{aji} = (\beta_1 - \beta_3)(\ln Y_i - \ln Y_j) + (\beta_2 - \beta_4)(\ln c_i - \ln c_j)$$

$$(8-13)$$

式（8-13）中，（$\ln c_i - \ln c_j$）所反映的是以一国劳动力资源为代表的要素禀赋优势。如果国家 i 和 j 的劳动力资源相同，则出口与进口比率唯一取决于两国相对需求规模（$\ln Y_i - \ln Y_j$），且随 β_1 增加而增加，随 β_3 增加而减少，说明需求规模较大的国家具有正向效应。$\beta_1 - \beta_3$ 本质上表示的是出口产品关于出口国总收入的双边出口与进口比率的弹性，若 $\beta_1 - \beta_3$ 为正，则表示厂商在大国市场上的聚集产生了更多的规模经济，最终导致了行业本地市场效应的产生。

需要说明的是，因为在式（8-5）的推导过程中，包括双边贸易成本和其他影响两国贸易的虚拟变量等因素都被消减掉，因此理论上不存在因为遗漏变量而产生的内生性问题。

二、数据来源与说明

本书选取 2002—2015 年中美两国双边文化产品出口数据进行检验，中国和美国的文化产品贸易数据来自联合国贸易和发展会议（UNCTAD）数据库，UNCTAD 统计的进行贸易的文化产品包括 7 个中类和 25 个小类，其中 7 个中类具体包括工艺品、视听、设计、新传媒、表演艺术、出版和视觉艺术。实际GDP 由世界银行数据库提供的名义 GDP 除以 GDP 平减指数得到。中美两国劳动力平均工资数据来自国际劳工组织（ILO）数据库（www. ilo. org），并采用当年两国货币平均汇率进行换算。双边距离选取了 CEPII 数据库中的两国首都的最短距离。

选择美国作为中国文化产品贸易对象进行本地市场效应存在性检验的原因，是 2002—2015 年中国和美国分别是仅次于欧盟的世界文化产品贸易的第二大贸易经济体和第三大贸易经济体。如果单纯从国家概念来讲，2002—2015 年中国和美国则是世界文化产品贸易的第一大贸易经济体和第二大贸易经济体，且美国是中国文化产品出口的第一贸易伙伴，在中国文化产品贸易中占据最为重要的市场份额。

2002—2015 年，世界文化产品出口额为 55 797.21 亿美元，年均增长率为7.64%，进口额为 54 296.94 亿美元，年均增长率为 6.04%；中国文化产品的进出口额分别为 13 876.12 亿美元和 1 278.70 亿美元，年均增长率分别为14.35% 和 18.08%；美国文化产品的进出口额分别为 4 393.58 亿美元和

12 079.77 亿美元，年均增长率分别为 7.26% 和 3.76%。2015 年，世界文化产品进出口额分别为 5 097.53 亿美元和 4 543.95 亿美元，中国文化产品进出口额分别占当年世界文化产品进出口总额的 33.06% 和 3.25%，美国文化产品进出口额分别为 405.04 亿美元和 1 057.41 亿美元，分别占当年世界文化产品进出口额的 7.95% 和 23.27%。中国对美国文化产品出口额占到中国文化产品出口总额的 25.78%，位居第一。

从贸易结构来看，2015 年中国出口美国的文化产品当中，设计类产品比重最高，占到 67.22%，工艺品、新媒体和视觉艺术类产品的比重在 10% 左右，视听、表演艺术和出版产品的比重则在 3% 以下。美国出口中国的文化产品当中，设计类产品比重在 30% 左右，视听和新媒体类产品在 2006 年后的比重不断攀升，2015 年两者比重分别达到 18.94% 和 16.89%。总体上中国对美国文化产品出口多是以劳动密集型文化产品为主，而美国对中国文化产品出口则多是以知识技术密集型或资本密集型文化产品为主。

三、检验结果与分析

由于模型采用的是时间序列数据，本书通过 ADF 检验方法对变量序列数据的平稳性进行检验。检验结果表明，$\ln(X_{aij}/X_{aji})$、$\ln(Y_i/Y_j)$ 和 $\ln(c_i/c_j)$ 三个变量的 ADF 统计量分别为 -5.825、-3.791 和 4.329，均小于 5% 的临界值，故拒绝单位根假设，且三个变量在考察期内为平稳序列数据，存在长期稳定关系。

进而，我们依据式（8-13）对中国文化产品出口贸易进行计量分析，采用最小二乘法进行多元回归估计，$(\ln c_i - \ln c_j)$ 用两国工人平均工资水平作为人均资本即资本与劳动比率的衡量指标，结果如表 8-4 所示。

表 8-4　中国文化产品出口中的本地市场效应估计结果
（按工人平均工资水平）

文化产品分类	本地市场效应弹性系数 $(\beta_1 - \beta_3)$	要素禀赋弹性系数 $(\beta_2 - \beta_4)$	调整决定系数 $(Adj\ R^2)$	杜宾值 (D.W.)	F 统计量 (F-Statistic)	F 对应概率值 (F 对应 Porb)
总体文化产品	1.299 1*	-0.481 5	0.902 8	2.199 8	42.815 5	0.000 1
工艺品	2.846 5**	-2.229 7	0.847 9	1.879 0	26.091 5	0.000 0
视听	0.562 2*	-1.251 7**	0.881 6	1.281 8	34.519 3	0.000 2

表8-4(续)

文化产品 分类	本地市场 效应弹性 系数 ($\beta_1 - \beta_3$)	要素禀赋 弹性系数 ($\beta_2 - \beta_4$)	调整决定 系数 ($Adj\ R^2$)	杜宾值 (D.W.)	F 统计量 (F-Statistic)	F 对应 概率值 (F 对应 Porb)
设计	0.040 4	−1.121 9	0.914 5	2.380 1	49.165 4	0.000 0
新媒体	−4.343 2*	3.994 5	0.758 6	2.278 5	15.141 7	0.002 8
表演艺术	0.607 4**	−0.004 5	0.635 0	2.720 0	8.829 8	0.012 2
出版	−1.392 5*	2.285 0	0.350 7	0.788 4	6.891 0	0.022 4
视觉艺术	0.556 7*	−0.271 3*	0.212 2	1.137 6	2.211 9	0.081 9

注：*** 、** 、* 分别表示符合 1%、5% 和 10% 的显著性水平。

本书进一步采用两国人均 GDP 指标作为 ($\ln c_i - \ln c_j$) 中两国人均资本的衡量指标，为上述检验结果提供参考，结果如表 8-5 所示。

表 8-5　中国文化产品出口中的本地市场效应估计结果

(按人均 GDP)

文化产品 分类	本地市场 效应弹性 系数 ($\beta_1 - \beta_3$)	要素禀赋 弹性系数 ($\beta_2 - \beta_4$)	调整决定 系数 ($Adj\ R^2$)	杜宾值 (D.W.)	F 统计量 (F-Statistic)	F 对应 概率值 (F 对应 Porb)
总体文化 产品	7.032 7**	−5.939 7*	0.902 2	2.120 8	41.528 7	0.000 1
工艺品	140.796 3***	−136.226 1**	0.852 7	2.030 5	27.057 0	0.000 0
视听	138.019 3*	−136.173 3*	0.924 1	1.253 8	42.601 0	0.000 1
设计	46.034 9*	−45.796 3	0.926 2	1.964 4	43.913 1	0.000 1
新媒体	−202.977 7*	196.748 3**	0.739 8	2.084 0	13.796 3	0.003 7
表演艺术	42.473 8*	−42.058 9**	0.647 7	2.921 6	9.273 5	0.010 7
出版	−139.682 7	136.624 0*	0.474 3	1.008 7	19.977 2	0.063 4
视觉艺术	8.192 3*	−8.733 7*	0.386 9	1.136 2	2.208 9	0.080 4

注：*** 、** 、* 分别表示符合 1%、5% 和 10% 的显著性水平。

从表 8-4 和表 8-5 的估计结果可以得出，总体文化产品的 $\beta_1 - \beta_3$ 系数显著为正，说明中国文化产品出口从整体上讲存在显著的本地市场效应。另外，综合来看，在中国对美国出口的 7 类文化产品当中，工艺品、视听、设计、表演艺术和视觉艺术 5 类文化产品存在本地市场效应，但新媒体和出版 2 类文化产品并不存在本地市场效应。这说明，总体上说，中国文化产品对外贸易中存在着本地市场效应，并能从根本上促进中国文化产品出口规模水平的提升，尤其是工艺品、视听、设计、表演艺术和视觉艺术 5 类文化产品通过此途径促进出口的优势明显。

中国文化产品出口之所以能够获得本地市场效应带来的竞争优势，主要源于近年来随着我国人均收入水平的增长，人们对文化教育、文化产品和服务的消费支出不断增多，巨量文化需求市场的形成为我国文化产业提供了广阔的发展空间。此外，政府为建设"文化强国"目标而在文化体制和管理制度方面的改革红利以及文化产业发展规划与资金的引导，吸引了越来越多的资本和企业投资于国内文化产业，在推动文化产业规模化发展和繁荣的同时，也从根本上促成了我国文化产品出口本地市场效应的形成。同时，中国加入 WTO 后对外资逐渐放宽了包括音像制品、娱乐软件和广告服务等文化领域方面的投资限制，境外文化企业所带来的先进文化理念、运营模式和制作工艺逐步被国内文化企业所吸收和模仿，加上"互联网+"背景下国内文化产业加速跨界融合带来的模式创新，在从整体上推动国内文化产业专业化经营和发展的同时，也使得其逐步嵌入国际文化产业分工的产业链和价值链，使之成为国际文化产品生产和贸易体系当中不可或缺的重要组成部分，有效地促进了中国文化产品出口本地市场效应的形成。

可以看出，中国文化产品出口贸易的比较优势来源已经发生了深刻的变化，本地市场效应已经成为中国文化产品出口优势获取的重要来源之一。长期以来，中国文化产品贸易的比较优势被定位在劳动力成本优势上，出口产品多是劳动密集型的低附加值产品，但在近年来中国劳动力供给不足、工资成本不断上升的背景下，过多的以劳动资源参与国际文化产品分工与贸易，已经不利于中国文化产品对外贸易的可持续发展，寻求并不断扩大以本地市场效应为代表的新优势参与国际文化产品贸易市场竞争应成为未来追求的重要目标，也应成为促进我国文化产品贸易结构转换升级的主要动力来源。

第五节　本章小结

本章通过对中国文化产品贸易发展中对美国文化产品出口过程的整体层面和分行业层面的本地市场效应进行检验，可得出以下结论：

一是中国和美国是世界文化产品出口的第一大出口国和第二大出口国，欧美发达国家和地区是中国与美国文化产品出口的共同且重要的目标市场。美国在中国文化产品出口目的地当中占据着最为重要的位置，但中国在美国文化产品出口目的地当中的位置却只排到第七，未来两国贸易发展仍有巨大的提升空间。

二是中国与美国双边文化产品的贸易模式总体是产业间贸易为主，中国文化产品对美国出口多是以劳动密集型产品为主，而美国文化产品对中国出口则多是以知识密集型或资本密集型产品为主，两国未来贸易模式有待向产业内分工贸易模式或产品内分工贸易模式转换。中国未来文化产品出口的产品结构有待进一步的优化。

三是中国文化产品出口过程当中，本地市场效应已经是中国文化产品出口重要优势的来源，除了新媒体和出版外，其他5类文化产品均存在本地市场效应。

中国产品出口增长过程中，在美国推行"逆全球化"背景下，与美国形成合理的文化产品分工与贸易体系仍需努力。但是令人欣喜的是，中国文化产品出口过程中存在着的本地市场效应，可以为双边进行错位竞争，避免文化产品结构雷同，进而获取由产品差异化而带来的外部规模效益提供新的比较优势来源。

合作共赢不仅是实现中国与美国经济共同发展的唯一途径，也是促进双方文化产品贸易在世界和双边市场实现合理竞争与互补的不二法门。中国与美国文化产品贸易存在广泛而深厚的合作基础：开放度较高和优越的生产能力为双方文化产品贸易合作提供了优越的环境条件；资本、技术、信息和知识等高级要素和低成本劳动力初级要素等生产要素完备而充盈，为双方文化产品的细化分工和规模生产提供了良好的生产合作条件；近17亿人口的市场释放出的巨大贸易创造效益，又会为双方文化产品贸易的发展提供持续的需求条件。

未来发展过程中，在不断有效降低政策性贸易壁垒的同时，中国与美国文化产品贸易应以新贸易理论指出的规模经济与差异竞争为导向，充分利用双方要素资源充盈的优势，构建合理的生产分工体系，形成专门化的供应商网络和便利化的知识技术外溢渠道，促进双方文化产品贸易互补性水平的提升，进而获取由专业化生产规模扩大而带来的内部规模效应，最终实现文化产品贸易在双边市场的优势互补和国际市场的合理竞争，是双方面向未来文化产品贸易必须考虑的重要问题。

具体来说，中国与美国文化产品贸易应以价值链和生产链为基础，将双方所拥有的各种要素资源进行优化配置，推动文化产品贸易逐步从产品分工转向要素分工，使得同一价值链的不同生产环节或工序按照其要素密集度特征被配置到具有不同要素禀赋的国家和地区，促进文化产品双边市场的贸易模式结构从产业间贸易向产业内贸易转变，不断提升双方文化产品贸易的互补水平。同时，中国可以利用自身产业结构转变的契机，从动态角度把握时机，利用中国对美国文化产品贸易中存在的本地市场效应，主动向文化产品生产链与价值链的高端迈进，积极谋求产品结构升级，实现产品的高端化与品牌化，这同时也是中国文化产品出口在国际市场实力和优势得以真正提升的最优战略选择。

第九章　基本结论、策略建议与研究展望

第一节　基本结论

一、文化贸易发展呈现出鲜明特质

文化产业在发展过程当中表现出了与传统产业发展不同的形态模式演变和运行方式，至少体现出文化密度高、附加值高、关联性强、人才素质高和与知识产权保护紧密相关5个方面的特征。文化产业通过向市场提供有确切文化内容的产品或服务来满足消费者需求进而达到盈利的目的。有别于传统产业需要物质资本投入的方式，文化产业更多是以文化资本的形式，通过市场机制与其他产业进行关联和融合，创造经济价值，实现文化价值。因此，文化产业在运行和实际发展过程中表现出一系列深刻的知识经济内涵，展现出多处与传统产业发展有所不同的原理和性质：文化资源的非稀缺性、文化资本的内生性、边际收益的递增性、竞争机制的变化性、经济增长模式的变迁性、经济结构的转换性和逆经济下滑的抗跌性。

世界各国文化产业的快速发展是全球文化产品贸易急剧扩张的原因之一。文化产品贸易在发展过程中表现出了与传统产品贸易有所不同的诸多鲜明特征：一是文化产品贸易受不同文化市场的影响方向的不确定性。二是文化产品的文化或精神属性造成了与传统产品的贸易成本有所不同，文化产品贸易更多受到的是交易成本和非关税壁垒成本的影响。三是文化产品最核心的东西是创新和创造力，这些创新和创造力必须是独特的、原创的、有价值的，因此文化产业和文化产品贸易与知识产权保护有着最为密切的关系；然而，现实研究却表明，文化产品贸易受进口国知识产权保护的影响复杂，作用方向并未明确。

四是文化产品贸易当中是否存在新贸易理论指出的规模经济效应并不明朗,而其本地市场效应的存在性将会指引文化产业及文化产品贸易向规模经济方向发展,成为获取竞争力的新来源。

二、中国各类文化产品出口模式与竞争力水平各异

中国文化产品出口的商品结构当中,设计类产品出口占有优势主体地位,工艺品、新媒体和视觉艺术 3 类产品比重在 5% ~ 10%,而视听、表演艺术和出版 3 类产品出口的比重较小。以视听、出版为核心的文化产品出口弱小,以劳动密集型为主的设计类产品较强,是中国文化产品出口商品结构的主要特征。中国文化产品出口主要以产业间贸易模式为主,其中视觉艺术、设计、表演艺术和工艺品 4 类产品是标准的产业间贸易,视听、新媒体和出版 3 类产品总体上是产业内贸易。贸易地理方向有从以发达经济体为主向以发展中经济体为主转变的趋势。未来几年内,出口发展中经济体比重超越发达经济体比重的趋势非常明显。

各种出口竞争力指标的测度结果均显示,中国文化产品出口竞争力水平有不断增强的趋势,且水平不低,但是视听和出版 2 类文化产品的竞争力水平明显偏弱。中国文化产品中竞争力较强的产品多是劳动密集型产品,多处于产业价值链的中下游,这部分产品的竞争优势很大程度上是我国自然资源和劳动力资源优势的自然延伸及体现,能够体现一定原创性和文化水平。然而,张扬中国文化元素的视听和出版 2 类产品却并未被国际市场广泛接受,国际竞争力羸弱,相对处于劣势的地位。

三、进口国知识产权保护是中国文化产品出口促进因素

文化产业当中有相当一部分是知识密集型产品,处于产业价值链的高端环节,增强知识产权保护可以在一定程度上给予中国文化产品生产投资者获得利润的保障,增加盈利预期,增强企业的研发及技术投资动机,促进中国文化生产企业自身技术进步,提升自身文化产品出口水平。与一般货物商品相比,知识产权保护对中国文化产品出口的影响更大,作为文化产品最重要的影响因素,进口国知识产权保护对中国文化产品出口贸易主要存在市场扩张效应和市场势力效应两种方向相反的影响效应。在不同发展阶段,中国文化产品最优出口量和均衡价格不唯一。现阶段,中国文化产品在国际市场仍处于价值链的低端,未形成垄断性的优势,知识产权保护对中国文化产品出口以市场扩张效应为主。无论进口国是发达经济体还是发展中经济体,其知识产权保护水平提升

对中国文化产品出口均有促进作用，均能促进中国文化产品出口规模水平的提升，但是相对于发展中经济体，发达经济体的知识产权保护水平变动更能影响中国文化产品的出口。从中国文化产品中类视角来说，进口国知识产权保护水平增强能够促进新媒体、表演艺术、出版和视觉艺术4类产品出口规模水平的提升，但却使得视听和设计2类文化产品出口规模水平的下降，而对工艺品类产品的出口不具有明显的影响。

四、国际文化差异对中国文化产品出口存在非线性影响关系

国际文化差异因素从总体上讲是中国文化产品出口的重要阻碍因素，贸易伙伴与中国的文化差异越大，对中国文化产品出口规模水平提升的阻碍效果就越强，但是5维度文化差异对中国文化产品出口有不同的影响：贸易伙伴社会对性别价值观的取向性越分明，越有利于中国文化产品出口规模水平的提升；对"异端"新奇事物容忍度越低，对传统美德和长期价值观念的坚守越强，越不利于中国文化产品出口规模水平的提升；而贸易伙伴社会民众对待社会架构的偏好以及对待社会不公的态度，对中国文化产品出口规模没有实质性的影响。

文化差异与中国文化产品出口之间存在着非线性关系，文化差异与中国文化产品向发展中经济体的出口水平提升之间有负向关系，而与中国文化产品向发达经济体出口水平提升之间有正向关系。其原因是文化差异因素会导致进口国消费者对文化产品消费的"文化折扣"效应和"偏好强化"效应同时发生：对于与中国文化差异较小、经济发展水平相对较低的发展中经济体来说，因其消费者更多关注的是文化产品的"实用性"需求，故"文化折扣"效应突出，即在一定范围内随着文化差异的不断增大，发展中经济体对中国文化产品的需求水平降低，进而对中国文化产品出口有阻碍作用；而对于与中国文化差异较大、经济发展水平相对较高的发达经济体来说，因其消费者更多关注的是文化产品的"体验性"需求，故"偏好强化"效应突出，即在一定范围内随着文化差异的不断增大，发达经济体对能带来多样性文化体验的中国文化产品的需求水平上升，进而对中国文化产品出口有促进作用。当然，无论是发展中经济体还是发达经济体的文化差异都应该是有度的，即在一定文化差异的范围内上述结果会发生，若超出了这个度，结果可能会出现逆转。

五、贸易成本在有限度范围内是中国文化产品出口促进因素

中国文化产品的出口贸易成本总体呈现下降趋势，中国与全球文化产品的

分工贸易一体化程度越来越紧密，中国文化产品出口贸易的发展空间不断上升。相对于发达经济体来说，中国文化产品出口发展中经济体的贸易成本和贸易难度总体上较低，与其贸易关系也较为紧密，发展中经济体市场应是中国企业初步涉足国际文化产品市场时的首选。在有限度的范围内，向贸易伙伴国的出口贸易成本与中国文化产品出口之间存在着"抓沙"效应，即贸易伙伴国的贸易成本尤其是隐性贸易成本越高，越有利于中国文化产品出口水平的提升。这之所以表现出与主观判断不一样的结果，除了与文化产品自身具备兼顾经济与文化双重属性特质有关系外，也与文化产品当中很多产品具有"异质性"产品特征有关系。

六、本地市场效应是中国文化产品出口优势重要来源

中国廉价劳动力时代或将一去不复返，"刘易斯拐点"已经到来或即将到来，以工艺品和设计等劳动密集型为代表的中国文化产品在国际市场上渐渐丧失优势，中国必须注重国内以资本技术文化密集型、高附加值文化产品的生产能力的提升。文化产业在新的历史阶段必须主动寻求捷径，破除瓶颈，逆势上扬，占领制高点；否则就会成为温水中的"青蛙"。

本书以新贸易理论为视角，在对本地市场效应对出口贸易影响机理分析的基础上，利用 UNCTAD 统计的 2002—2015 年中美文化产品双边贸易数据，对中国文化产品出口中整体层面和分行业层面的本地市场效应的存在性进行的实证检验研究表明，中国在对美国文化产品出口过程当中，除了新媒体和出版 2 类文化产品以外，中国在整体文化产品和包括工艺品、视听、设计、表演艺术、视觉艺术 5 类文化产品的出口中均存在本地市场效应。本地市场效应已经逐渐取代要素禀赋优势成为中国文化产品出口优势形成的重要来源。

目前，美国是中国的第一大出口国，在中国文化产品出口目的地当中占据着最为重要的位置，但是两国双边文化产品的贸易模式总体是以产业间贸易为主。相对于美国文化产品对中国出口多是以知识密集型或资本密集型文化产品为主，中国文化产品对美国出口则多是以劳动密集型产品为主，这严重阻碍了中国文化产品出口水平的快速提升。如何充分利用中美双边文化产品贸易当中存在的"本地市场效应"，促进两国贸易模式向产业内分工贸易模式或产品内分工贸易模式转换，促进中国文化产品出口的产品结构优化和贸易规模水平的大幅度提升，是需要我们认真思考和对待的重要问题。

第二节　策略建议

一、知识产权保护视角促进中国文化产品出口策略

与传统的一般出口商品相比,知识产权保护对文化产品出口表现出的市场扩张相应更强,进口国无论是发达经济体还是发展中经济体,加强知识产权保护均能促进中国文化产品出口水平的提升。针对知识产权保护对中国文化产品出口关系的研究,为中国文化产品出口贸易的发展提供了全新的分析视角,同时研究结论也蕴涵了较为丰富的启示。

（一）微观企业视角促进文化产品出口策略

第一,中国文化产品出口企业在寻找国际市场时应该认识到,文化产品相对于一般货物商品更易受知识产权保护的影响,应充分考虑进口国的知识产权保护水平因素。尤其是经营新媒体、表演艺术、出版和视觉艺术等文化产品出口的企业,更应该充分考虑进口国的知识产权保护水平因素,以便自身文化产品在当地市场得到充分有效的保护,形成长期稳定的市场供求关系。

第二,实证检验结果表明,中国文化产品出口的国际市场主要集中在欧美发达经济体,其每年进口了65%以上的中国文化产品,且相对于发展中经济体来说,中国文化产品出口对发达经济体的知识产权保护变化更为敏感。对于有实力且具有较高技术和创意水平的文化产品出口企业来说,发达国家应该是首要选择。

第三,相对于发达经济体,发展中经济体对文化、技术的吸收仿制能力相对较低,技术溢出较小。因此,对于初步涉足国际市场的中国文化产品出口企业来说,发展中经济体市场应该是不错的出口选择。

（二）中观产业视角促进文化产品出口策略

第一,注重文化产业链条系统构建。国内文化产业高质量发展是中国文化产品出口规模和质量提升的基础。文化产业在发展过程中要注意完整产业链的构建与打造,善于通过整合信息、人才、内容、技术等国内外优秀文化资源,提升文化产业发展中的内容、科技和文化价值含量的运用水平,尽快突破出口文化产品处于产业链及价值链低端的困境;要加强对文化投资的领域、方式、主体进行有效引导,通过"强链、固链、补链和延链"途径,构建具有竞争力的文化产业链,为开拓国际文化市场奠定强有力的产业基础;要逐步构建有较强辐射力的国际文化贸易交易平台,培育具有核心竞争力的外向型文化企

业，打造具有国际影响力的文化品牌。

第二，充分借鉴国际文化资源。文化产业在发展过程中要借鉴国际优秀文化资源，提升科技在产品当中的应用水平；通过精心谋划、精准布局和精细耕耘，努力打开国际市场"文化品牌"建设的新格局；要争取同类产品在国际市场当中既具有扩张效应，又能发展成为具有垄断势力影响效应的系列优质文化品牌产品。

第三，优化国内知识产权保护环境。文化产业在发展过程中要注重发展知识产权的市场中介服务机构的发展，为企业知识产权确权、维护和争端提供相关信息支撑、法律咨询等服务，让创新元素能够在顺利流动过程当中得以保护；要鼓励和引导文化企业将知识产权管理纳入研发、生产、销售等环节，形成自我保护的知识产权管理模式，在出现被侵权问题时应积极诉诸法律以保护自身的知识产权。

第四，促进文化企业生产与出口的投融资服务。文化产业在发展过程中要进一步创新文化企业的生产和出口贸易的投融资服务，促进文化产业和资本市场深度对接，推动文化投资与文化贸易相互促进；要通过拓宽合作领域、创新贸易发展模式，来促进文化服务贸易的高质量发展，以及加快文化产品贸易的转型升级。

第五，完善与知识产权保护相关的法规法律。大量的实证检验和国别实践已经证明，合理适度、循序渐进地从立法角度推进国家对知识产权保护力度，是发展中经济体的最优策略。我国在按照上述策略推进知识产权保护的同时，应尝试通过知识产权检索、侵权预警、风险规避和防范等途径促进知识产权管理运作模式和工作机制的改革，营造文化产业发展相适应的良好知识产权保护的制度环境。

（三）宏观政府视角促进文化产品出口策略

第一，加大与国际社会的知识产权保护力度。中国应与世界知识产权组织（WIPO）和国际保护知识产权协会（AIPPI）及世界各国，尤其要与发达国家和地区进行更加紧密的合作，首先要共同致力于世界知识产权保护制度措施的完善，其次要切实提升国际社会对保护商标权、专利权和著作权等国际公约及WTO框架下的与贸易有关的知识产权协定（TRIPs）的执行效力，共同致力于世界知识产权保护水平的提升。这样才能合法保障中国外向型文化企业文化创新的研发行为，促使其预期盈利的增加和研发投资动机的增强，并最终促进中国文化生产企业技术的进步、文化产品出口规模的扩大和文化产品在国际市场出口质量及竞争力水平的提升。

第二，加强国家层面的知识产权保护立法。强化国内知识产权保护力度能够有效影响我国文化产业发展，促进文化产品出口企业创新，以实现文化产品出口质量的提升。我国只有通过适时适势地加大国内知识产权保护力度，不断培育我国自身的产业优势，才能促进包括文化产业在内的产业稳定发展，赢得逆势形势下的出口优势。我国应在颁布实施《国家知识产权战略纲要》《深入实施国家知识产权战略行动计划（2014—2020年）》《国务院关于新形势下加快知识产权强国建设的若干意见》《2019年深入实施国家知识产权战略 加快建设知识产权强国推进计划》《2020年深入实施国家知识产权战略 加快建设知识产权强国推进计划》等一系列文件的基础上，继续完善著作权法、专利法、商标法、知识产权海关保护条例和反不正当竞争法等诸多涉及知识产权保护的法律法规，逐步完善立法体系，切实提升我国自身的知识产权保护水平，才能助推中国文化企业完成从模仿创新到自主创新的跨越发展。

第三，加大知识产权保护的执法力度。知识产权保护执法力度是知识产权保护的关键环节，相对于发达经济体，发展中经济体在知识产权保护执法力度方面普遍偏弱。我国应注意加大国内知识产权保护的执法力度，在强化国家层面立法机构与司法机构、行政执法机关应协同工作，加大整体知识产权保护执法力度的同时，还要完善地区之间、部门之间针对知识产权保护的执法联动协作机制，降低维权难度和惩罚门槛，提高违法成本，有效增强地方知识产权保护的执法力度。

二、国际文化差异视角促进中国文化产品出口策略

中国文化产品在出口过程中，除了要考虑贸易伙伴的经济规模、对外开放度、优惠的贸易政策或安排及是否属于儒家文化圈层等因素能够促进中国文化产品出口，地理距离、中国自身的人口数量则是制约中国文化产品出口的因素外，还要充分考虑并关注国家之间的文化差异因素。本书前期运用以国家文化距离为工具的文化差异对中国文化产品出口影响的研究结果表明，国际文化差异从总体上讲仍然是影响中国文化产品出口的约束性条件，即国际文化差异仍然是中国文化产品出口的重要阻碍因素，贸易伙伴与中国的文化差异越大，对中国文化产品出口的阻碍效果就越强。其内在原因是国际文化差异所显现出来的"文化折扣"效应较强，决定了其对中国文化产品出口具有明显的抑制作用。

文化产品承载着出口国或地区的民族意识、价值观念、习俗伦理、生活方式等诸多文化元素，产品是否会被不同文化背景下的进口国消费者所理解、接

受和喜爱，是否会被进口国政府视为对其本土文化存在无伤害等，均是中国文化产品出口过程中值得关注的重要问题。虽然国际文化差异是影响中国文化产品出口的重要因素，且中国与各贸易伙伴的文化差异随时间变化有所改变或基本不变，但是我们可以通过刻意改变文化产品中所凝结的文化与贸易伙伴的差异水平积极促进中国文化产品出口。

（一）构建促进文化产品出口机制

第一，构建符合 WTO 规则的文化出口贸易促进体系。从世界主要贸易大国对外文化贸易促进体制情况来看，由于 WTO 要求各成员对外贸易政策和管理要全国统一制定并统一实施，因此无论是美国还是日本或欧盟国家，基本上其地方政府都没有设立外贸行政管理部门，外贸管理事务主要采取由中央政府在主要地区设立直属派驻机构的体制。中央政府外贸主管部门负责制定促进政策，但不直接承担促进事务，而是由其直属的"外设机构"（如美国贸易开发署、英国国际投资与贸易署）或相对独立的"独立机构"（如美国进出口银行、日本国际协力银行）或"半官方机构"（如日本贸易振兴会、大韩贸易振兴公社）等促进机构组织实施。我国可以在现有文化出口管理体系的基础上，借鉴欧美发达经济体在促进文化出口贸易方面的经验，中央与地方政府都可以参与实施文化出口贸易促进，但作为具体面向企业的促进服务更多由地方承担，地方政府可以通过设立官方或半官方对外文化贸易促进机构或中小文化企业开拓国际市场服务机构，为本地文化企业开拓国际文化市场提供促进服务。中央政府可以在全国建立多个"文化出口辅导中心"，在我国文化产品和服务出口比重较大的市场建设多个"文化贸易初级代表机构"，向开拓或深耕国际文化市场的国内文化企业提供各种服务。

第二，构建文化贸易公共服务平台。为促进全国性文化贸易服务平台的建设，我国可以考虑构建文化产品与服务全球公共信息平台、国外文化需求市场调查平台以及中国文化产品与服务的对外整体推介平台；可以考虑重点通过政府、企业、商会等层面正当、广泛、合法地收集并反馈全球文化市场信息；可以借助互联网资源、大数据技术，分析各国在价值理念、文化信仰与审美兴趣等方面的差异，做好文化评估，为新时期中国文化产品"走出去"提供国际文化市场需求信息服务与指导；努力打造促进中国文化产品和服务在国际文化市场从事展览、培训、贸易咨询、企业辅导等与文化产品及服务出口相关的技术服务和其他促进服务。

（二）差异化经营不同发展经济体

中国文化产品出口需要研究主要文化产品贸易伙伴的需求特点，尤其是其民众对文化产品的关注点与消费偏好，制定差异化市场经营策略，在不断拓展不同发展经济体市场的基础上，保持文化产品出口的长期持续性增长。通过分析各贸易伙伴文化产品需求的市场潜力，依照不同发展水平经济体文化市场的情况，制定有针对性的市场经营策略是必要的措施。前期实证研究也表明，虽然国际文化差异对中国整体文化产品出口具有阻碍作用，但是国际文化差异与中国文化产品出口之间存在着非线性关系，文化差异与中国文化产品向发展中经济体的出口之间有负向关系，而与中国文化产品向发达经济体出口之间有正向关系。国际文化差异对不同发展水平经济体的作用机制和影响方向存在着明显的不同，因此我国有必要对发达经济体和发展中经济体采取差异化的市场策略。

1. 向发展中经济体出口策略

前期实证研究表明，相对于发达经济体来说，发展中经济体更多是注重文化产品的"实用性"需求。对文化产品中凝结的文化内涵进行"同质化"处理，提供与其民众审美情趣相符和传统价值观念一致的产品，尽量降低因为文化差异带来的"文化折扣"效应，是促进中国文化产品出口的主要策略。

"同质化"处理的主要途径是对发展中经济体的文化市场采取"异中求同"策略：一是寻找中华文化进入这些发展中国家和地区市场的切入点，并探寻两种文化所存在的共同之处；二是在产品上既要弘扬中华文化又要兼顾这些发展中经济体消费群体的理解力，可以尝试通过其本土的广告、报纸、书本、视频、互联网等方式将中华文化与其差异以趣味故事形式传达给消费者，以降低文化产品当中的"文化折扣"效应；三是在广大发展中经济体逐步构建中国文化产品的发行和分销网络，有序推进中国文化企业"走出去"，增强中国文化产品在广大发展中经济体的影响力。

2. 向发达经济体出口策略

近年来，中国文化产品贸易的国别结构逐渐趋向多元化，尤其是与"一带一路"沿线国家和地区文化产品的贸易增长迅速，但与东亚、北美和欧洲等国家和地区的贸易占比依然非常大。发达经济体在中国对外文化贸易当中依然占据着重要份额，发达经济体的文化市场依然是中国文化产品出口的最重要国际市场。

对于更多注重"体验性"需求的发达经济体而言，文化产品包含的文化越具有民族性，就越有价值和生命力。对文化产品中凝结的文化内涵进行一定限度的"异质化"处理，提供满足其民众对多样性文化体验需求的差异化文化产品，不断增强其需求偏好，是促进中国文化产品出口的主要策略。

"异质化"处理的主要途径对发达经济体应采取"同中求异"策略:一是重视提升中国文化产品的原创力,尤其是通过中国传统文化资源转化的创新动力,强化文化产品出口中比重偏大的传统工艺品的创新,提升新兴设计文化产品的创意水平,着力打造中国自有文化品牌,提升文化产品中的附加值。二是增强中国出口文化产品当中的科技含量,紧跟时代步伐,依托现代科技的应用,通过"创意+科技"不断提升中国文化产品的科技水平;尤其注意在数字时代,面向发达经济体需要逐步通过打造数字文化产品以构筑自身的全球竞争力优势。三是注重提升中华传统文化的含量。对于发达经济体来说,可能存在着文化产品消费过程中的"民族的就是世界的"理念和现象,以中国传统优秀文化作为文化产品设计的理念和底蕴是需要注意的出口策略。

另外,针对发达经济体市场,我国要积极参与国际文化贸易规则的制定,依据市场规律开发、销售文化产品与服务,尽量降低或削弱发达国家对文化贸易的隐性门槛限制;同时,要注重构建营销机制的合理性,在建立境外市场文化营销渠道与营销平台的基础上,充分利用文化贸易展会,结合网络为文化企业构造文化产品和服务贸易的信息平台,为中国文化产品更好地"走出去"提供优质服务,最终使得中国文化产品出口进一步融入全球文化贸易市场体系,打造中华文化国际品牌。

(三)精细化开拓多元化文化市场

国际文化市场是多元化的,这种多元化不仅表现在发展水平不同的经济体文化需求市场存在着不同之处,还表现在不同文化维度的文化市场存在着文化产品细分需求市场。在文化产品"走出去"的过程中,深入研究各国或各地区文化市场,以文化交流项目和国际性文化贸易平台为基础对该国或该地区的文化产业发展及文化产品需求进行调研,对不同国家或地区文化版图的市场应开展针对性的精细出口策略,实现具有针对性、精准度的文化市场开拓,是中国文化企业产品"走出去"的有效途径。

第一,对不同文化产品细分化市场采取不同营销策略。不同国家的文化是随着历史的发展而逐渐演变的,进而形成了其在价值观念、风土人情、消费习惯和生活方式等方方面面的差异,这些文化差异将会造成消费对中国文化产品的不同需求。本书在实践过程中充分考虑由 Hofstede 提出的 5 维度"国家文化距离"(National Culture and Distance)理论并根据实证检验结果认为,贸易伙伴社会对性别价值观的取向越分明,越有利于中国文化产品的出口;对"异端"新奇事物容忍度越低,对传统美德和长期价值观念的坚守越强,越不利于中国文化产品的出口;贸易伙伴社会民众对待社会架构的偏好以及对待社会不公的态度对中国文化产品出口没有实质性的影响。采取有针对性的文化产品营销方法，即依据出口产品的不同属性与特征针对不同文化维度的国家采取有倾向性，更加符合其文化审美和价值观的文化产品出口策略。

第二，对不同国家文化距离的市场采取不同出口策略。中国文化企业进行对外文化产品出口时，应根据不同国家的文化距离来安排出口优先顺序。从短期策略角度来看，尤其是对于初次进入国际文化市场的企业来说，建议优先选择与中国文化距离小即文化认同度较高的国家或地区作为海外目标市场，如将文化相近的东南亚等儒家文化圈层的国家或地区作为首选以便快速打开国际文化市场。从长期策略角度来看，应立足于更宏观的层面进行条件改善，对于文化距离较远的国家和地区，应树立多阶段、多层次的交流与合作目标，如通过本地化的宣传，提供当地语言翻译等方法，逐步实现文化冲突的减少与相互之间文化的磨合，努力降低文化折扣，争取更多的文化认同感，最终通过提升文化产品品质来扩大中国文化产品的世界市场版图。

（四）提升企业文化产品出口能力

文化企业出口能力的强弱和水平的高低对于一国的文化贸易至关重要，文化企业应该尊重彼此的文化习俗，从产品到服务各个方面来适应贸易对象的文化特色，从而提高贸易效率，获得更多文化贸易和文化传播回报。对于中国文化企业来说，其重点需要通过以下三个途径不断获取产品出口能力的提升：

第一，充分考虑贸易伙伴文化的适应性，依据其经济发展程度、需求市场情况、消费者的消费习惯和价值观念，在尊重其文化习俗的基础上采取有针对性的出口策略，忌讳想当然复制在其他国家的成功经验生搬硬套到目标市场。

第二，准确识别和科学判断中国与贸易伙伴的文化差异根源、国际文化差异程度以及文化差异造成的消费者偏好、行为差异的具体表现；充分利用文化差异各维度给出系统的营销策略，尽量降低因"文化折扣"效应和消费者偏好导致的贸易不确定性，避免或削弱文化差异对贸易效率的不利影响。

第三，提升企业加强科技与产品融合的水平。科技可以帮助文化企业跨越"文化折扣"，如全球渗透度最高的好莱坞电影就是科技投入高导致的震撼视觉效果而跨越语言、文化障碍行销全球。舞台更绚丽，画面更美，可以使传统艺术形式更具吸引力；通信更现代，模式更创新，可以使传统艺术形式具备可复制性，摆脱"鲍莫尔"成本病。文化企业可以通过现场直播的形式将影像、演艺产品规模化迅速传播，提高文化产品的劳动生产率和传播效率，从而提升其对外文化贸易的优势和能力。

（五）强化对外文化的交流和传播

我国以实现文化外交、文化交流、对外文化传播和国际文化贸易多方式良性互动为导向，夯实传统媒体、新媒体多渠道融合传播的中国文化产品出口的优良环境。在文化外交方面，我国积极举办大型文化活动，如"中法文化年""中俄文化年"等，这些活动不仅让中国文化成功走向海外，也让世界人民更深刻地了解中国。在文化交流方面，"欢乐春节""相约北京""亚洲艺术节"等一批重点文化交流活动已覆盖世界100多个国家和地区，吸引了数千万海外民众和华侨参与，成为对外文化交流的标志性品牌。在对外文化传播方面，截至目前，我国已经在三十多个国家设立了中国文化中心，特别是遍布全球的孔子学院，其对中国文化"走出去"起到了不可或缺的支撑作用，有效带动了中华文化的国际传播。在国际文化贸易方面，我国产生了一大批具有国际竞争力的文化企业，文化产品营销网络覆盖亚洲、欧洲、大洋洲、美洲、非洲近百个国家和地区，在取得良好经济效益的同时还有效传播了中华文化。

当前，随着互联网技术的不断发展，人类文化交流已经进入新媒体时代，不仅缩短了文化交流的时空距离，还改变了文化交流和传播的方式。我国文化产品出口过程中应注重通过互联网进行信息与文化的国际传播，促进传统媒体与新媒体的融合，以提升中国文化产品在国际文化市场当中的知名度与美誉度。新时代背景下，中国文化产品出口应从促进世界文明交流互鉴，从市场竞争力、社会影响力和价值引导力等方面着手，不断提升中国文化产品出口的规模、质量和品牌，提升中国文化"走出去"的效果，更好地实现中华优秀文化的对外传播。

（六）注重专业文化贸易人才培养

中国文化产品在出口过程中有效降低"文化折扣"效应的一个关键是培养专业性的文化贸易人才，专业性文化贸易人才既懂得文化产业运作，又熟悉文化贸易流程和营销运营策略，是文化贸易和文化产业发展的原动力。推动文化"走出去"，既需要专业的翻译人才，也需要依托技术研发人才、市场营销人才和经营管理人才，因此文化贸易以实用性人才为目标的培养模式必然更加注重基础学科知识、政策环境、产业发展现状和社会实践能力多方面的综合培养。

国家应当整合高校、文化企业等主动响应国际化文化人才培育战略，以满足文化产业和文化贸易需求为导向，着力培养懂技术、懂管理、懂文化、懂外语的复合型专业文化贸易人才，为中国文化产品"走出去"提供全方位人才支持。大学教育是实现文化贸易人才培养的核心，从高校角度来说，首先应依托于高等院校的学科教育优势，以大学教育学科建设为基础，建立并完善文化贸易专业构架及文化贸易课程体系，通过基础知识、专业知识、课程实践三者相结合的方式，系统地孵化出一批掌握多语种、跨文化和对外贸易等知识的文化贸易新鲜人才，最终实现文化贸易人才孵化阶段；其次应支持鼓励双方企业、院校间交流互访，逐步建立人员定期交流机制，在专业建设中根据学科发展前沿的学术情况、法律法规、业务标准对人才培养方案适时调整，整合高等院校教育和文化企业各自优势，搭建"课内+课外+实践"的课程体系，实现文化贸易人才孵化与培养。

三、贸易成本视角促进中国文化产品出口策略

基于1998—2013年中国文化产品对30个主要贸易伙伴的出口贸易成本进行的测算，并通过构建贸易引力模型对影响其出口贸易成本的经济、地理、文化和制度等在内的诸多因素进行了面板数据回归检验的结论表明，中国文化产品的出口贸易成本总体呈现下降趋势，中国与全球文化产品的分工贸易一体化程度越来越紧密，中国文化产品出口贸易的发展空间不断上升。相对于发达经济体来说，中国文化产品出口发展中经济体的贸易成本和贸易难度总体上较低，与其贸易关系也较为紧密。向贸易伙伴的出口贸易成本与中国文化产品出口水平之间存在着"抓沙"效应，即贸易伙伴的出口贸易成本尤其是隐性贸易成本越高，越有利于中国文化产品出口水平的提升，或者说中国文化产品的出口规模和水平正是在不断克服贸易对象各类贸易成本过程中不断获得扩大与提升的。贸易成本对于中国文化产品出口来讲，其表面上是阻力，更多时候表现出来的却是动力，所以应从辩证角度看待贸易对象的贸易成本与中国文化产品出口之间的关系，而不能一味地将其当成阻碍自身文化产品出口水平提升的因素。当然，中国文化产品出口在坦然面对贸易对象各式各样的贸易成本尤其是隐性成本不断提升自身在国际文化贸易市场竞争力的同时，通过各种渠道切实降低中国文化产品出口过程中的各类贸易成本仍是需要不断努力的方向。

对中国文化产品出口贸易成本的测度和对各种影响因素的检验，为从贸易成本角度促进中国文化产品出口贸易的发展提供了全新的微观分析视角，具体促进出口的政策措施包括优化文化贸易人文成本、降低文化企业生产成本、削减文化贸易隐性成本三个方面。

（一）优化文化贸易人文成本

"国之交在于民相亲，民相亲在于心相通"，中国文化产品出口要想在国际文化市场赢得长期市场，必须使出口对象对中国文化产品由衷的喜爱，这就需要中国不断强化与相邻国家或地区的经济与文化交流，增强出口对象对中华文化的了解和亲近，促进中国文化产品出口贸易环境的改善，降低产品出口过

程当中的人文成本。

第一，促进与进口市场经济体政府层面的人文合作。在共建人类命运共同体倡议下，政府应通过开展文化发展研讨会、文化艺术节等活动，鼓励我国民众要积极参与同目的国的文化交流互动，构建激励与监督机制；国际文化交流过程中在尊重文化的多元性、互补性和包容性的同时，还应充分挖掘中华文化的传统魅力；在推进过程中对卓越表现的组织或个人予以奖励，从而提升民众参与国际文化交流的主动性与自觉性；通过经济与文化交流，规避可能的文化冲突，促进中国文化产品出口贸易环境的改善。

第二，加强与进口市场经济体民间层面的文化交流。民间的对外文化交流是达成文化贸易合作的隐形桥梁，同时能够弥补文化外交存在的不足，在对外文化交流中的作用日益突出。我国政府要有序推进民间对外文化交流工作，将民间对外文化交流发展成为推动文化"走出去"的重要渠道，重视培育民间对外文化交流主体，构筑多边文化交流平台，出台激励政策，提供海外演出咨询服务，支持民间艺术团体走出国门、走向世界；鼓励国内文化企业和团体积极参与相应国家的各类影视节、文化类展销博览会等活动，重点开展文化产品在这些国家市场中的推广和宣传，进而拓宽中国文化贸易在全球的市场范围。

第三，强化文化出口企业的市场主体责任。中国文化产品出口企业在遵循国际文化市场规则发展过程中，应构建更能适应东道国文化的消费市场，根据东道国文化市场特点，主动应对文化差异，重视企业的文化责任，加速同当地文化的融合，开发精品品牌文化产品，全力营造共同发展的氛围。

第四，发挥海外华侨的纽带作用。海外华侨不断融入国外社会的过程，实质上是中华文化"走出去"的重要体现，他们不仅使传统美食、中医等扬名国外，还使得中华民族优秀传统文化在国外得以传承。因此，海外华侨无疑是推动中华文化"走出去"的一股重要力量。新时代，我国在调动海外华侨积极性的同时，还要发挥社会机构、在外企业甚至留学生对中国特色文化和优质文化产品的宣传作用，鼓励其将中华文化推广到世界各地，减少因文化理念的不同而给文化产品出口带来的不利影响，进一步优化中国文化产品出口的人文成本，从而促进中国的文化贸易发展。

（二）降低文化企业生产成本

政府在致力于促进文化产品出口环境优化的同时，还需要通过加强政府补贴等政策和措施，有效调节贸易成本对文化产品出口的影响，即通过政府补贴能够降低贸易成本对文化企业出口过程中的不利影响，削弱因贸易成本提高而对文化企业出口产生的制约作用。为此，我国需要构建针对文化企业合理的政府补贴体系。对于我国这样一个迈入高质量发展阶段、亟须构建本国出口优势的大国经济体而言，充分利用政府补贴这只"看得见的手"并成为支持文化企业发展的"援助之手"（helping hand），进而成为调节贸易成本对文化企业出口的有效政策工具显得尤为重要。在 WTO 政策框架内，政府应合理利用多种途径和形式，进一步加大对文化企业的补贴力度，并形成合理、科学的补贴政策体系。

第一，虽然根据 WTO 补贴与反补贴措施协定直接出口补贴（export subsidies）属于禁止性补贴不能使用，但是对文化出口企业削减进入国际贸易流程的固定成本和渗透国际市场的变动成本的作用效果明显的出口退税却是被允许使用的，政府应善于利用并以此增加企业出口产品在国际市场当中的占有率和竞争力。

第二，WTO 认为政府对企业 R&D 补贴具有非专项性和非贸易扭曲性特征而将其归类到可诉性补贴，且与出口退税容易致使出口企业形成惰性依赖不同，R&D 补贴不仅有利于企业自身效率水平与技术能力的提升，且其不存在出口退税由于"超额退税"可能引发的进口国贸易制裁风险，故政府可以基于整体文化产业技术成长构建动态的对企业研发投入的奖励性或鼓励性补贴制度，以引导提升整体生产效率，帮助企业跨越"创新门槛"以促进企业生产质量和市场竞争力的提高。当然，过程当中政府应建立有效的补贴甄别机制，提高补贴的针对性和有效性，尤其需要针对研发投入强度大、风险高且技术含量高的文化企业制定合理的优惠补贴政策，并争取撬动更多社会资本投入更多文化创新领域，逐步构建合理的文化企业层面的研发投入结构体系，通过多种渠道鼓励和引导文化企业提高自身科技创新能力和水平，同时也注重降低科技创新投入对文化企业可持续发展的风险程度。

第三，政府应针对不同文化产业的子行业设定合理的补贴强度区间，以有效激励企业从重"数量"向重"质量"方向转换，向高质量文化产品出口转型，逐步构建中国文化产品出口的系列优质品牌。

第四，政府应简化文化企业申请补贴流程，降低补贴申报成本，降低各类生产补贴分配发放机制，增加文化企业利润空间，并以此提升文化企业运营效率和在全球市场的竞争力；同时，还应不断优化公开、公平和公正的补贴申请评审机制，强化监督的同时消除分配过程中可能存在的寻租合谋现象。

（三）削减文化贸易隐性成本

中国文化产品在出口过程中需要坦然面对贸易对象在文化贸易设置的各类贸易成本尤其是隐性成本，在努力克服或降低各类成本的过程当中不断提升自身产品的出口水平，最终实现贸易利益与文化价值的双赢。

当前时期，世界各国尤其是发达经济体出于防范国外文化产品对本国文化、价值观的冲击，利用国际公约和"文化例外"条款对文化产品进口设置了各种门槛；同时，技术性壁垒、绿色壁垒、蓝色壁垒等各类壁垒也形成了种类繁多的文化贸易壁垒，这些门槛和壁垒是中国文化产品出口过程中的隐性成本且阻碍与限制作用较大。

第一，加强文化外交。文化外交是国家外交工作的重要组成部分，承担着传播国家真实声音、打造国家"负责任的大国"良好形象、营造良好舆论环境等使命。中国在积极参与全球治理，更多参与国际经贸事务，在全球经济治理结构中争取更多发言权的同时，也需要通过加强文化外交巧妙和智慧地破解贸易对象经济体尤其是发达国家和地区利用国际公约和"文化例外"条款对文化产品进口设置的各种门槛和限制。作为文化大国，中国除了需要继续以不卑不亢、有理有节的文化姿态与更多贸易对象确立并发展友好文化关系外，还要注意在向其出口的文化产品中所凝结的本土文化应不过于强调自身民族主义文化，弱化"价值观输出"动机，不断提升文化产品中有关"文化"的内涵，以固化文化产品优势；同时，要积极开展对外文化援助项目，建立定期交流机制，重视培育和储备文化外交人才也是需要不断加强的工作。中国可以在借鉴发达国家文化外交成功经验的基础上，科学制定适合本国的文化外交策略，如2003年美国成立文化外交咨询委员会，专门处理美国文化外交方面的项目与政策，在国外建立图书馆、学校等文化机构，使其文化更有利地发挥影响作用。中国可以考虑这个经验的合理性，找到适合本国国情的外交支点，以促进文化更为广泛的交流与合作。

第二，促进科技与文化的融合创新。科技是最能顺应时代发展、满足不同群体文化产品需要、降低贸易成本的利器，也是促进文化领域业态向好、转型升级的先行驱动力。近年来，数字技术逐渐成为文化产业发展的硬核支撑，其通过创新生产要素实现优化组合，使文化贸易辐射的国际市场范围越来越大。中国需要积极探索立足丰富的文化资源，加快云计算、大数据、虚拟现实、智能硬件等高新技术与文化创意的加速黏合，将中国优秀文化转化为数字化、信息化、网络化、智能化的创新产品；促进文化产品内容、形式和种类的不断丰富，重点开发可视化、交互性、沉浸式的数字文化产品；大力发展文化创意、数字创意、创意设计等产业，提高影视、动漫、游戏、音乐、演艺、旅游等业态的数字化程度，提升文化产品附加值，提升价值链，扩展产业链，创新产品链，强化出口产品的外观设计、花色质量和审美内涵；通过"文化创意+"和

"互联网+"相关产业融合模式，逐步形成跨界融合型、科技引领型、版权衍生型和沉浸体验型等文化产业新业态发展方向，不断带动外贸领域扩张，增进他国接受程度。此外，文化贸易领域的管理者和从业者要共同探索文化与科技融合的多样化方式，做好文化与科技融合创新的顶层设计和落地实施，搭建创新平台，整合创新资源，提升创新能力；把最新的科技成果融入文化产品的创作、生产、传播、消费和服务的每一个环节，优化文化内容生产和传播流程及载体建设，促进生产要素与产品的高效流通；打造中国与贸易对象经济体具有共同文化诉求点的文化产品，在提升产品文化和科技内涵的同时，提升文化出口贸易的效率与质量，提高国际化品牌的识别度，扩大在国际文化贸易市场的竞争优势。科技与文化的融合和创新，也是实现中国文化产品出口高质量发展的关键，更是以文化产品出口促进对外文化传播，提高国际话语权，推动中华文明的创造性转化和创新性发展，并以此筑牢国家文化软实力的最坚实根基。

第三，增强产品的绿色化。中国文化企业应将绿色理念渗透于文化产品生产全过程，创造绿色技术，实现绿色生产，打造绿色品牌；将在某些领域打造的优质国内产品标准积极向国际市场推广的同时，还要采用国际社会广泛采用的国际产品标准 ISO、改善技术标准和质量认证制度，严格绿色认证，提高文化产品技术含量与质量，削弱中国文化产品出口的绿色贸易壁垒限制。

第四，整合世界资源以实现优势互补。中国文化企业可采取兼并收购、联盟等合作方式，降低贸易成本及阻碍，以提高在国际市场竞争的话语权，为中国文化产品的海外竞争构建良好环境。中国在文化产业和文化贸易的国际化运作方面的经验还有所不足，中国文化企业进军海外市场时，应联同当地优秀企业协同运营，通过优势互补来加大中国文化产品在当地的宣传发行力度，提升中国文化产品的市场口碑，从而在国际市场竞争中赢得更大的份额；同时，可以参照好莱坞电影产业将各国优秀文化资源进行商业化开发的现代文化产业国际化运作模式，拓展中国文化产业和文化贸易的国际化市场新空间。

四、本地市场效应视角促进中国文化产品出口策略

前期我们对本地市场效应对出口贸易影响的机理分析和中国文化产品出口本地市场效应存在性的检验，为构建中国文化产品出口增长动力来源提供了全新视角。在传统劳动资源禀赋优势日益减弱的趋势下，中国应充分重视本地市场效应对自身文化产品出口的促进与推动作用，有意识地构建促进中国文化产品出口动能的新旧转换，以期获得在国际文化产品市场优势的保持与增长。

（一）注重国内文化消费市场的培育

开放经济下，国内文化产品需求市场的持续扩大是中国文化产品出口本地

市场效应形成的主要诱发因素，政府应在促进人均收入水平和民众受教育程度不断增长的同时，不断增加基本公共文化设施投入，提升公共文化服务水平，积极推进并扩大文化产品消费试点，逐步培育体量不断增长同时又能够满足不同群体多元化、个性化消费的文化产品需求市场是培养本地市场效应的主要途径。

同时，文化产业作为文化市场产品的供给端，决定了其向市场提供文化产品的种类、品质和质量，因此文化产业的创新发展是国内市场需求不断扩大的重要引导，也是促进对外文化出口贸易转型升级，推动中国文化产品出口从"中国制造"走向"中国创造"的重要力量。为此，一是要深化文化管理体制改革。文化产业的高质量发展要进一步深化文化管理体制创新，给予文化企业以税收、财政、金融、土地、人才等方面的政策支持。二是要创新文化产业生态系统，加强文化产业与旅游、农业和制造业等相关产业深度融合，积极创新发展新业态、新模式、新服务、新消费，创造内涵丰富、形式多样且满足新时代市场需求的文化产品。三是要创新文化产业投融资体系，探索市场化运作文化产业专项资金模式，推动金融资本、社会资本与文化资源的结合，尤其是积极推进文化产业的规模化、专业化水平。四是要加强文化及相关领域事务管理的统筹联动，建立文化旅游、工商经信、教育体育、科技农业等多部门联席会议制度，降低行政成本，提升管理效率，充分把握文化产业跨界融合能力强的特性。五是要完善文化市场机制，促进要素资源有效配置的集成，让市场在各类文化资源配置中起决定性作用，提高配置效率，激发企业作为市场主体的新动能，推动文化产业形成高质量发展新格局。

（二）构建完整产品生产与贸易链条

文化产业与文化贸易相辅相成、相互影响并相互作用，完整的文化产业生产与贸易链条是中国文化产品出口得以稳定增长的关键和核心。国内文化产业和出口贸易发展中要注重构建与完善专门化的供应商网络，借助"互联网+"积极推进文化产业的跨界融合，促进规模经济效应的实现，培育本地市场效应的形成。

第一，推动文化产品的产业链再塑和价值链提升。文化产业构建过程中要注意上下游资源的充分整合，以阿里巴巴集团为例，其进行文化娱乐产业布局时，全面打通了上下游的产业链，从产业链上游的音乐、文学、游戏等内容板块到产业链下游的宣传、播出、淘票票等企业全部被统筹到产业链上来，形成了分工有序、竞争有度的发展格局。阿里影业作为产业链的核心企业，负责内容制作、宣传发行、IP 授权及运营、院线票务及数据的服务与管理。因此，国内文化产业链构建过程中要注意充分发挥龙头骨干企业在全产业链发展过程当中通过布局、延展、构链、补链和强链等过程中构筑文化产业发展优势的巨大带动作用，推动文化产业链再塑和价值链提升，最终通过不断提高产业发展质量来保障国际文化产品出口贸易的高质量发展。

第二，注重国内文化产业与文化出口贸易的联动发展。在文化贸易过程中，"需求—供给传导机制"会反向促进国内文化产业供给侧结构性改革以及文化市场的优化升级，从而催生出高品质、高效益、高水平的文化产品，进而又会持续优化中国对外文化产品出口贸易结构。我国对外文化贸易过程中在注重文化与科技融合、借助"互联网+"模式不断拓展国际文化市场空间的同时，还应注重国际文化消费市场的升级与变化，进而不断促进国内文化产业发展模式的转型与升级，最终构建具有灵活弹性、适应国际文化消费市场的且具有竞争力的国内文化产业与文化出口贸易的联动发展模式。

第三，培养市场主体网络体系。我国应不断建立健全完善、规范的生活资料和生产资料市场，以及劳务人才市场、资金市场、信息市场、证券市场、技术市场、运输市场、房地产市场、企业产权交易市场等体系；构造以提供社会福利、社会保险服务为主的社会保障机构和从事会计、审计、律师职业介绍、资产评估、劳动就业培训、信息咨询业务的社会中介服务；完善法律规定，扶持建立由企业组成的地方外贸企业行会组织，如文化进出口同业公会或商会，开展文化贸易促进与行业自律活动。

第四，注重利用"互联网+文化贸易"发展模式。近年来，"互联网+"不仅成为中国文化产品开拓国际市场的新路径，也是构建相对完整的文化产品生产链条与贸易链条不可缺少的重要一环。"互联网+"发展模式突破了传统文化贸易形态，使得中国对外文化出口不受时空的限制，并创造了跨境电子商务、基于互联网交易和传输的服务贸易等交易方式。中国要顺应潮流，抓住机遇，借助互联网对文化产品与对外出口贸易进行创新升级，为文化贸易提供电子化与数据化服务，将文化形态用数据表现出来，积极探索基于文化贸易的跨境电子商务通关、检验检疫、结汇等管理体系，完善互联网相关文化贸易法律法规，强化消费者权益保护，拓展对外文化出口贸易新模式，不断完善新时代背景下的文化产品生产与贸易链条，充分利用低成本的网络为文化企业打通以数字文化产品为核心的绿色通道，加速我国文化产品"走出去"步伐，培育文化贸易竞争新优势。

(三) 提高文化产业的空间集聚程度

从产业本身发展角度考虑，产业集聚是规模经济和范围经济的基础，更是形成本地市场效应的首要条件。但是与其他传统产业的空间集聚不同，文化产业在一个区域的发展与兴起一般先是文化人才的集聚或者说是文化阶层的形成，然后才是文化企业在地理位置上的集聚，而文化人才往往更倾向于流向能够实现和维持他们文化阶层身份认同的地方。因此，作为文化产业主要集聚地的城市，应充分按照 Florida（2002）提出的构建文化城市的理念，依据技术水平（technology）、才能水平（talent）和容忍度（tolerance）"3T"维度标准，营造适宜文化阶层生存和文化资本形成的城市文化空间与氛围。

文化产业在集聚的过程中，重点需要运用国际和国内的文化资源，构建完整的且具有竞争力的文化产业链。

第一，借鉴国际文化资源。在"走出去"的战略指引下，我国文化产业可以依托国内市场，仿照迪士尼出品《功夫熊猫》的模式，借鉴全球优秀文化资源作为中国生产文化产品的"文化资本"，对各国的优秀文化资源在合理合法商业化加工过程中创造高质量的商业及艺术价值，用国内市场规模来支撑产生文化产品出口的"本地市场效应"，使得产业发展进入良性正反馈发展模式，提升中国文化产品的品质与质量。目前，中国已经或者正在成为全亚洲文化市场的增长中心，以中国文化产业市场的规模和增长速度来看，有能力做到"以我为主"，吸收全球优秀文化资源来生产以"中国市场为主体"并兼顾与中国文化相近的东南亚部分国家市场的投资额较大的电影、电视节目等影视文化产品。潜力巨大的本土市场将支撑中国文化产品提高投资额与质量，形成出口优势。

第二，挖掘国内文化资源。我国文化企业应充分挖掘国内文化资源尤其是传统中华文化资源，借助科技力量开发高品质文化产品。政府应主动在文化资源集中的城市营造适宜文化资本生存的空间，使得文化成为影响民众生产和生活的一种理念，并大力促进"创客"的成长与发展，将知识、技术和文化外溢的正外部性真正转换为中国文化产业发展的不竭动力。

另外，我国可以考虑将东部地区逐渐成形的文化产业园区所带来的产业集聚示范效应的成功经验因地制宜地逐渐向中西部地区推广，最终使得本地市场效应成为中国对外文化贸易发展的稳定源泉。

（四）优化文化贸易产品与市场结构

本地市场效应是促进中国文化产品出口的重要动力来源，中国文化产品在出口过程中可以利用本地市场效应加快中国文化出口产品结构和地理市场结构的优化。前期研究显示，从出口产品结构角度来看，目前中国文化产品出口结构当中以劳动密集型为主的设计类产品占出口主体地位，创意、艺术和科技含量较高的视听、表演艺术和出版等产品出口比重最少，工艺品、新媒体和视觉艺术等产品出口比重处于中间层次，而在全球分工处于价值链的中、低端文化产品很容易被替代。从地理市场结构角度来看，中国文化产品出口目的市场主要是以发达经济体为主。虽然近年来发展中经济体市场呈现快速发展态势，但是中国文化产品当中文化创意和科技含量较高的文化产品的出口对象仍是以发达经济体为主，而这部分对于未来中国文化产品出口的转型升级能够起到重要的引导与促进作用。因此，优化出口产品结构和市场结构已经成为中国文化贸易亟须解决的关键问题。

第一，促进文化出口产品结构转变。从动态发展角度来看，我国文化企业应巧妙利用不同文化产品出口中存在本地市场效应的差异性，改变以往以劳动密集型的设计类产品为主的出口贸易结构，强化工艺品、新媒体和视觉艺术等产品的出口比重；通过产业规划和引导，加快创意、艺术和科技含量较高的视听、表演艺术和出版等产品的出口比重，最终使得出口产品结构向创意密集型、科技密集型的文化出口产品结构转变。

第二，促进文化出口市场结构优化。目前，中国文化产品出口的市场结构仍以欧盟、日本等西方发达经济体市场为主，因此出口的市场结构存在较大的不平衡，依赖发达国家市场的特点明显。未来中国应积极调整文化产品出口的国际市场结构，加强对发展中经济体市场的深入调查和研究，分析其文化市场的文化特性和消费偏好，选定重点国家或地区，分区域、有选择性地加大对发展中经济体潜力文化市场的开拓力度，促进中国文化产品出口市场结构向着更加均衡、稳定的方向发展。

第三，促进出口产品品质的高端化。我国要把握国际文化贸易数字化发展趋势，强化"互联网+文化"贸易模式，重点通过"技术+文化+创意+品牌+时尚"等方式，加大对国际主流动漫、影视、游戏、音乐、文学等文化产品的供给力度，拓展期刊、图书、试听等文化产品出口渠道，促进中国文化产品向高附加值文化产品出口转变，提升文化产品的不可替代性以及进行内容创新来赋予已有文化产品更深的文化内涵以延展文化产业链和价值链，促进文化产品出口向生产链与价值链的高端迈进，促进文化产品出口质量实质性的提升，实现在国际市场当中出口产品的高端化与品牌化。

第四，提升产品国际竞争力水平。中国文化产品在出口过程中结合国际潮流的同时还要融入民族特色，不断加强文化创新和科技创新，充分利用全球分工贸易体系，围绕文化产品的生产链条和价值链条，有效整合国内外劳动力、资本、技术、信息和知识等文化资源，不断获取新贸易理论提出的规模经济效益，提升文化产品的国际竞争力水平。

（五）善于利用"文化例外"之贸易规则

保护本国文化产业发展是培育本地市场效应的有效途径，而保护本国文化最有效的手段则是"文化例外"。如前所述，"文化例外"主要是将一般的商品贸易原则与文化贸易进行区分，文化与商品贸易存在较大差异性，其并不属于普通的产品，文化贸易具有较强的价值及精神意义，并且其所传递的生活方式及价值观念皆已远超商品本身。

作为全球最大的发展中国家，中国文化产业的基础相对薄弱，起步较其他国家也相对较晚，在培养自身文化产业发展和文化产品出口过程中的本地市场效应时，我们应充分思考如何在文化贸易发展中保护本国文化企业、产业和文化本身的问题。我国加入WTO后，文化市场开始受到国外文化产品的威胁，既有来自欧盟发达国家科技和文化含量较高的影视产品，又有来自成本较低的国外产品等。在此种形势下，中国必须采取有效措施使得国内文化企业得以保护，产业生态和文化不应受到较大冲击，这就需要中国善于利用"文化例外"贸易规则，通过强调全球化时代保护民族传统文化特色的文化多样性价值，切实采取有效手段以保护本国的文化企业、文化产业和本国文化，培育文化产业发展过程中的本地市场效应，以孕育更强劲的发展动能来促进中国文化产品出口的增长。

第一，借鉴发达国家相关的成熟做法和通行做法。我国可以主张"文化多样性"思想，借鉴法国和加拿大等国家执行"文化例外"时采取的相关措施，在遵照WTO贸易自由化普遍原则的基础上，强化监管文化贸易，重点对涉及本国文化安全及文化主权的文化产品进口进行监管和限制，使得本国民族文化及传统文化能够得到保护的同时，完善现行文化贸易体系，创新文化贸易进出口措施，使其能够具备较为公平、公正与透明的文化贸易体系。

第二，加大对蕴含文化价值的产品的审查力度。WTO多边贸易协定当中已经批准了各国关于电影放映配额的相关规定，使各国本身文化身份受到保护。许多国家针对文化产品贸易已经采取相应的限制措施，并出台许多国际协议，但在实际的协议中，并没有针对娱乐性文化产品进行相应规定。我国政府在引进国外文化价值的产品尤其是影视产品时应强化文化主权，运用价值判断，执行较为审慎的进口策略，从引进影视作品的时长、数量等方面进行配额限制。

（六）稳定文化产品出口的贸易环境

相对稳定的贸易环境是一国从事对外贸易的必要条件和基础，更是反向促进一国国内文化产业发展的重要拉动因素，但是实际在国际贸易过程中，关税优惠计划不延续、临时贸易禁令、经济制裁、知识产权争端、反倾销措施等贸易政策不确定性却无处不在。近年来，由于以 WTO 为代表的多边贸易协定谈判裹足不前，其在世界经济中的协调作用不断减弱。尤其是席卷全球的新冠疫情引发的全球经济衰退或将强化一些国家的保护主义倾向，导致新的"逆全球化"发展趋势加剧。此外，其引发的全球产业链和供应链紊乱、大宗商品价格持续上涨、能源供应紧张等风险相互交织，进一步加剧了经济复苏与贸易政策的不确定性，较强地影响着中国文化产品对外出口贸易的国际环境。

近年来，以区域自由贸易协定为基础的自由贸易区（free trade area, FTA）的构建成为降低贸易政策不确定性的重要措施，进而成为世界各国关注的重点。相对于 WTO 多边贸易协定，FTA 所涉及的国家或地区相对较少，达成协定的国家或地区一般在地理和文化上具有相近性。FTA 建设推进速度也相对较快，加上近些年 FTA 建设内容从传统货物贸易不断拓展到服务贸易、投资、知识产权和政府采购等领域，从而使得 FTA 成为近年来降低文化贸易过程中贸易政策不确定性的重要措施。根据 WTO 官方统计，2021 年全球已有超过320 个区域自由贸易协定生效并正式执行，基于 FTA 的贸易已占到全球总体贸易量的一半以上，区域自由贸易协定在促进全球文化贸易稳定发展方面起到了关键作用。在推进文化贸易环境稳定过程中，我国除了要坚持维护以 WTO 为核心的多边贸易体制，以公平正义为理念引领全球治理体系变革，推动经济全球化向着更加开放、包容、普惠、平衡、共赢方向发展的同时，还要在推进FTA 建设，推动区域贸易朝着开发、公正和非歧视的有利环境方面有所建树。

相对于发达国家，我国推进 FTA 建设相对较晚，但近年来提速明显，尤其是党的十八大以来，推进 FTA 建设与发展已经上升为国家战略。截至 2021 年年底，我国同其他国家或地区就双边自由贸易协定已签署 19 个、谈判 14 个，正在研究的有 8 个。未来，鉴于贸易政策不确定性对稳定中国文化产品出口贸易环境的重要影响，我国应当更加坚定不移地坚持贸易自由化道路，以更加开放和积极的心态秉承互利共赢理念参与国际市场，积极寻求与国际交往中的利益契合点和合作公约数；在推动以 WTO 为核心的多边贸易协定的同时，积极参与以区域贸易协定为基础的 FTA 谈判及签订，不断致力于通过推进 FTA 的构建和升级发展战略，以此为我国文化产品出口增长营造更加稳定、和谐与安全的国际环境。

首先，要加快推进以中国—东盟自由贸易区（CAFTA）升级版为核心的高质量 FTA 建设。党的十八届三中全会指出，我国要"形成面向全球的高标准的 FTA 网络"，以此为实现"两个一百年"奋斗目标和中华民族伟大复兴贡献出更大的力量。中国—东盟自由贸易区是我国参与的最大的自贸区，也是当今世界发展中国家间最大的自贸区。我国应在加强对"跨太平洋伙伴关系协议"（trans-pacific partnership，TPP）和"跨大西洋贸易与投资伙伴协议"（transatlantic trade and investment partnership，TTIP）等全球高标准贸易规则深入研究与充分借鉴的基础上①，进一步降低乃至消除中国同东盟各国之间在传统货物贸易的关税壁垒，实现原有贸易政策稳定性和可持续性的同时，逐步消除在服务贸易、投资、知识产权等领域的非关税壁垒，推动我国同东盟各国的文化交流与合作；同时，还要高质量推动我国与新加坡、智利、新西兰和秘鲁等国的自由贸易协定升级版建设，进一步拓展我国对外文化贸易的发展空间。

其次，要快速推进《区域全面经济伙伴关系协定》（Regional Comprehensive Economic Partnership，RCEP）的建设。2022 年 1 月，我国与东盟十国以及日本、韩国、澳大利亚、新西兰等共 15 方签署的《区域全面经济伙伴关系协定》优先在包括我国在内的 10 个国家正式生效。RCEP 成员总人口、经济体量和贸易总额均占全球总量的 30% 左右，是世界最大的自由贸易区，这对于我国未来经济与对外贸易发展，尤其是进一步推动区域内自由贸易、稳定产业链和供应链、促进我国高水平开放等方面均具有重大影响和意义。我国应快速推进落实与其他相关国家达成的协定，争取早日实现 RCEP 既定建设目标，为我国文化贸易奠定良好的国际市场环境基础。

再次，要探索与重点国家构建 FTA 的可行性。我国应探索与"一带一路"沿线国家和地区以及欧盟、日韩构建 FTA 的可行性，也不排除加入 CPTPP 等高水平自由贸易协定的可能性，由此促进我国对外文化贸易更加顺畅的发展。虽然我国与欧盟投资协定目前由于欧盟原因处于搁置状态，但是不排除与欧盟在适当时候的积极沟通，并促进双边构建 FTA 的可能性。日韩是我国对外贸易中重要的周边国家，三方从 2002 年以来一直致力于探索高质量 FTA 的谈判，但是由于域外大国的干预一直没有实质性进展，我国未来应积极排除困难和干扰，推动中日韩自贸区的构建，为我国文化产品出口赢得国际市场空间。

最后，要在更大的范围和领域内推动与更多国家以 FTA 为核心的经贸合

① 2015 年 10 月，美国、日本及加拿大等 12 个国家达成 TPP。2017 年 1 月 23 日，美国时任总统特朗普上任后签署行政命令正式宣布美国退出 TPP。2017 年 11 月 11 日，日本与越南共同宣布除美国外的 11 个国家将继续推进 TPP 并签署新的自由贸易协定，即《全面与进步跨太平洋伙伴关系协定》（comprehensive and progressive agreement for trans-pacific partnership，CPTPP）。2018 年 12 月 30 日，CPTPP 正式生效，参加国包括日本、加拿大、澳大利亚、智利、新西兰、新加坡、文莱、马来西亚、越南、墨西哥和秘鲁 11 个国家。

作。当前，我国主要是围绕周边国家达成区域自有贸易协定，参与国家大部分是发展中国家和地区，所涉及的合作领域主要是科技含量较低的劳动密集型传统文化产品贸易，且主要停留在关税减让或投资便利等合作方面，经贸合作层级相对较低。未来，我国应充分利用在"一带一路"贸易网络中我国对外经贸发展中的重要地位，积极推进全球范围内以优势互补为基础的更广泛领域内的以 FTA 构建为核心的文化贸易合作，削减贸易壁垒，简化贸易手续，优化贸易机制，形成新时期对外文化贸易发展新格局，为我国文化产品出口贸易创造更好、更开放的合作空间。

第三节　研究展望

一、采用数据尚待进一步更新

本书在研究过程当中主要采用的是以联合国贸易和发展会议（UNCTAD）官方网站于 2016 年 12 月 22 日公布的文化产品分类标准和统计数据，部分章节对于相关问题研究时因涉及与相关变量数据匹配的问题，也采用联合国教科文组织对文化产品的分类与海关商品编码相关匹配数据进行相关问题研究。在未来的研究过程中，涉及文化产品出口的数据可能有两个方面需要我们更加关注：一是文化贸易分类和统计的变化。2015 年，商务部、原文化部等五部门联合发布了《对外文化贸易统计体系（2015）》，该体系依据 HS2015 共包含268 种海关商品编码，并将文化产品分为核心层和相关层。其中，核心层包括图书、报纸、音像制品等纸质出版物和电子出版物，相关层则包括工艺美术品及收藏品、文化用品、文化专用设备。此体系更加符合中国对文化贸易统计的需求，故有关中国文化贸易的研究采用此分类体系和统计标准的趋势明显。二是虽然目前不同统计体系都对文化贸易尤其是文化出口产品进行了一定的分类，但是分类标准并不统一，细分小类有所区别，基于进出口贸易数据测度的贸易额度流量和竞争力等一系列指标虽然能够显示出中国文化产品出口在全球文化贸易当中规模和竞争力的大致位置，但是由于现有文化进出口贸易数据只能反映贸易的流量而不能区分其在全球生产网络下本国加工贸易的出口情况，尤其是不能反映中国文化贸易过程中的中间品贸易的实际情况，即不能精确反映本国文化产品出口当中包含的真实增加值和技术复杂度水平，这会在一定程度上影响我们对现有文化贸易尤其是中国文化产品出口现实的真实判断。如何仿照国际上类似 OECD 投入产出数据库逐步丰富和完善中国文化产业及文化贸易领域相关数据，尤其是从国家产业生产效率角度研究中国文化产品出口以从内部生产和贸易角度更加精准地把握其真实水平，是值得我们关注的问题。因此，未来中国文化产品出口问题研究过程中如何采用更加科学的分类体系和统计标准，以及如何获取能够真实反映本国文化生产增加值或技术复杂度的相关贸易数据，需要学界更多关注其发展与更新。唯有此，我们才能真正衡量并测量得出中国文化产品出口过程中获得的贸易福利水平。

二、影响因素需要进一步完善

中国文化产品出口有诸多影响因素，但本书只重点研究了包括知识产权保护、国际文化差异、出口贸易成本和新贸易理论下的本地市场效应四个重要因素的影响效应和影响方向，对于其他影响因素并未进行深入研究。事实上，文化产品和传统的工业制成品有着较多的不同之处，影响中国文化产品出口的因素有很多，如文化人才的数量、国家对文化产品贸易管控程度、消费偏好等因素对文化产品出口影响的研究也是相当重要且很有意义的，但是由于时间限制，这些问题在日后的研究中需要加以关注并进一步深入分析和研究。

三、实证精度有待进一步提高

在实证分析的过程当中，由于诸多数据收集的限制，对诸如国际文化差异、出口贸易成本、知识产权保护和本地市场效应等因素对中国文化产品出口影响效应的实证分析过程中还存在着数据在时期、国别方面的不统一，虽然总体上不会影响结果的方向性，但会对检验的结果造成一定程度的影响。

四、拓展研究仍需进一步深入

在研究部分章节所进行的实证分析过程中，我们依然采用的是比较传统的模型和计量工具，如在分析新贸易理论的本地市场效应对中国文化产品出口关系时，所检验中美双边文化产品贸易是否存在本地市场效应时所采用的是双边效应模型，而没有采用本地市场效应的多国模型，同时我们分析针对的是中观层面的产业而非微观层面的企业，这在一定程度上会对中国文化产品出口当中本地市场效应的存在性研究结果造成一定程度的偏差。随着数据的可得性及企业层面研究的深入拓展，今后我们可以沿此方向进一步针对多边层面和微观层面进行深入研究。

参考文献

安礼伟，马野青，2012. 国际碎片化生产与中美贸易失衡 [J]. 南京大学学报（人文社科版）(3)：31-39.

陈昊，陈小明，2011. 文化距离对出口贸易的影响：基于修正引力模型的实证检验 [J]. 中国经济问题 (6)：76-82.

陈启斐，王晶晶，2013. 多边框架下的中国制造业本土市场效应测算 [J]. 南方经济 (2)：12-23.

陈少峰，2011. 走向文化产业强国的对策思考 [J]. 福建论坛（人文社会科学版）(4)：39-42.

陈伟，祝鹏飞，2010. 基于经济全球化的知识产权与国际贸易发展关联研究 [J]. 科技管理研究，30 (3)：214-216.

陈晓清，詹正茂，2008. 国际文化贸易影响因素的实证分析 [J]. 南京社会科学 (4)：90-94.

代中强，梁俊伟，王中华，2009. 内生知识产权保护与知识产权制度变迁：来自中国的经验 [J]. 世界经济研究 (2)：53-57，86，88-89.

代中强，刘从军，2011. 知识产权保护、地区行政垄断与技术进步 [J]. 国际贸易问题 (4)：126-134.

戴翔，2010. 创意产品贸易决定因素及对双边总贸易的影响 [J]. 世界经济研究 (6)：46-50.

邓慧慧，孙久文，2009. 贸易自由化、本地市场需求与制造业分布：基于空间经济学本地市场效应的视角 [J]. 西南民族大学学报（人文社科版）(9)：65-71.

董雪兵，史晋川，2012. 累积创新框架下的知识产权保护研究 [J]. 经济研究 (5)：97-105.

段军芳，2011. 生态约束机制下创意产业聚集的组织演化研究 [D]. 上海：东华大学.

范爱军，刘馨遥，2011. 中印工业制成品贸易的本地市场效应比较研究 [J]. 世界经济研究 (1)：76-81.

范红忠，2007a. 有效需求规模假说、研发投入与国家自主创新能力 [J]. 经济研究 (3)：33-44.

范红忠，侯晓辉，2007b. 国际贸易对一国研发投入及自主创新能力影响的实证研究 [J]. 国际贸易问题 (2)：13-17.

范剑勇，谢强强，2010. 地区间产业分布的本地市场效应及其对区域协调发展的启示 [J]. 经济研究 (4)：107-119.

方虹，彭博，冯哲，等，2010. 国际贸易中双边贸易成本的测度研究：基于改进的引力模型 [J]. 财贸经济 (5)：71-76.

冯子标，焦斌龙，2005. 分工、比较优势与文化产业发展 [M]. 北京：商务印书馆.

高长春，李红，章超斌，2012. 中日韩创意产品贸易发展及国际竞争力比较研究 [J]. 价格月刊 (11)：79-82.

顾江，2009. 全球价值链视角下文化产业升级的路径选择 [J]. 艺术评论 (9)：80-86.

顾江，2011. 文化产业经典命题100例 [M]. 南京：东南大学出版社.

关祥勇，2011. 创意企业与创意产业的共同演化研究 [D]. 西安：西北大学.

郭梅君，2011. 创意产业发展与中国经济转型的互动研究 [D]. 上海：上海社会科学院.

郭新茹，顾江，朱文静，2010. 中日韩文化贸易模式的变迁：从互补到竞争 [J]. 经济问题探索 (5)：89-94.

韩玉雄，李怀祖，2003. 知识产权保护对社会福利水平的影响 [J]. 世界经济 (9)：69-77, 80.

何敏，田维明，2012. 贸易模式的测度和演变规律综述 [J]. 当代经济 (10)：120-123.

何琼隽，1997. 技术革新、南北贸易与知识产权的经济分析 [J]. 数量经济技术经济研究 (4)：54-56.

贺京同，李峰，2007. 影响自主创新的因素：基于 BACE 方法对中国省际数据的分析 [J]. 南开经济研究 (3)：68-79.

侯博，2009. 基于资源产业的文化创意产业研究 [D]. 北京：中国地质大学.

胡惠林，2000. 文化产业发展与国家文化安全：全球化背景下中国文化产业发展问题思考 [J]. 上海社会科学院学术季刊 (2)：114-122.

胡惠林，2004. 论中国文化产业发展的"走出去"战略 [J]. 思想战线 (3)：89-91，106.

花建，2012. 中国文化地缘战略和中国文化"走出去"的新格局 [J]. 东岳论丛，33（1）：46-52.

霍步刚，2008. 中国文化贸易偏离需求相似理论的实证检验 [J]. 财经问题研究（7）：15-18.

贾伟，秦富，2013. 中国谷物贸易成本测度及其对贸易增长的影响 [J]. 国际贸易问题（4）：62-72.

金元浦，2014. 当下文化服务贸易的世界经贸背景 [J]. 中国对外贸易 (8)：26-27.

阚大学，罗良文，2011. 文化差异与我国对外贸易流量的实证研究：基于贸易引力模型 [J]. 中央财经大学学报（7）：77-83.

克鲁格曼，1993. 市场结构和对外贸易：报酬递增、不完全竞争和国际贸易 [M]. 尹翔硕，译. 上海：上海三联书店.

李怀亮，2005a. 当代国际文化贸易与文化竞争 [M]. 广州：广东人民出版社.

李怀亮，闫玉刚，2005b. 当代国际文化贸易综论：上 [J]. 河北学刊 (6)：113-119.

李怀亮，闫玉刚，2006. 当代国际文化贸易综论：下 [J]. 河北学刊 (1)：108-115.

李坤望，黄玖立，2006. 中国贸易开放度的经验分析：以制造业为例 [J]. 世界经济（8）：11-22.

李平，崔喜君，刘建，2007. 中国自主创新中研发资本投入产出绩效分析：兼论人力资本和知识产权保护的影响 [J]. 中国社会科学（2）：32-42，204-205.

厉无畏，王慧敏，2006. 创意产业促进经济增长方式转变：机理·模式·路径 [J]. 中国工业经济（11）：5-13.

林发勤，唐宜红，2010. 比较优势、本地市场效应与中国制成品出口 [J]. 国际贸易问题（1）：18-24.

刘润生，佟贺丰，李薇，等，2007. 美国文化创意产业发展研究 [J]. 中国科学技术信息研究所（2）：1-6.

刘志彪，张杰，2009. 从融入全球价值链到构建国家价值链：中国产业升级的战略思考 [J]. 学术月刊，41（9）：59-68.

马野青, 2010. 产品内分工视角的中国外贸顺差及其利益分析 [J]. 世界经济与政治论坛 (1): 27-36.

聂聆, 薛元, 2012. 中国与东盟创意商品贸易的比较优势与分工模式研究 [J]. 经济问题探索 (10): 112-118.

聂聆, 薛元, 2013. 中国与东盟创意商品贸易的互补性与竞争性研究[J]. 国际商务研究, 34 (4): 38-48.

潘士远, 2008. 最优专利制度、技术进步方向与工资不平等 [J]. 经济研究 (1): 127-136.

平新乔, 关晓静, 邓永旭, 等, 2007. 外国直接投资对中国企业的溢出效应分析: 来自中国第一次全国经济普查数据的报告 [J]. 世界经济 (8): 3-13.

齐勇锋, 蒋多, 2010. 中国文化走出去战略的内涵和模式探讨 [J]. 东岳论丛, 31 (10): 165-169.

钱学锋, 陈六傅, 2007. 中美双边贸易中本地市场效应估计: 兼论中国的贸易政策取向 [J]. 世界经济研究 (2): 49-54.

钱学锋, 梁琦, 2007. 本地市场效应: 理论和经验研究的新近进展 [J]. 经济学季刊 (6): 969-990.

钱学锋, 梁琦, 2008. 测度中国与 G-7 的双边贸易成本: 一个改进引力模型方法的应用 [J]. 数量经济技术经济研究 (2): 53-62.

邱斌, 尹伟, 2010. 中国制造业出口是否存在本土市场效应 [J]. 世界经济(7): 44-63.

曲如晓, 韩丽丽, 2010. 中国文化商品贸易影响因素的实证研究 [J]. 中国软科学 (11): 19-31.

尚涛, 陶蕴芳, 2011. 创意产业的贸易方式与分工格局: 国际竞争力视角 [J]. 改革 (4): 34-41.

沈国兵, 2008. TRIPS 协定下中国知识产权保护的核心难题及基准 [J]. 财经研究 (10): 50-62.

沈坤荣, 耿强, 2001. 外国直接投资、技术外溢与内生经济增长: 中国数据的计量检验与实证分析 [J]. 中国社会科学 (5): 82-93, 206.

沈坤荣, 张茹, 2009. 文化产业发展与经济增长方式转变 [J]. 文化产业研究 (3): 3-17.

施炳展, 2008. 我国与主要贸易伙伴的贸易成本测定基于改进的引力模型 [J]. 国际贸易问题 (11): 24-30.

施惟达, 2006. 民族文化: 中国—东盟文化产业发展的重要资源 [J]. 民族艺术研究（6）：22-25.

孙福良，2008. 中国创意经济比较研究［M］. 上海：学林出版社.

田晖，蒋辰春，2012. 国家文化距离对中国对外贸易的影响：基于 31 个国家和地区贸易数据的引力模型分析［J］. 国际贸易问题（3）：45-52.

万伦来，高翔，2014. 文化、地理与制度三重距离对中国进出口贸易的影响：来自 32 个国家和地区进出口贸易的经验数据［J］. 国际经贸探索，30（5）：39-48.

王洪涛，2014a. 文化差异是影响中国创意产品出口的阻碍因素吗：基于中国创意产品出口 35 个国家和地区的面板数据检验［J］. 国际经贸探索，30（10）：51-62.

王洪涛，2014b. 中国创意产品出口贸易成本的测度与影响因素检验［J］. 国际贸易问题（10）：132-143.

王洪涛，2014c. 中国文化产品出口贸易成本的测度与影响因素分析：基于中国文化贸易出口面板数据的实证检验［J］. 当代财经（10）：97-107.

王华，2011. 更严厉的知识产权保护制度有利于技术创新吗？［J］. 经济研究（2）：124-135.

王华，赖明勇，柴江艺，2010. 国际技术转移、异质性与中国企业技术创新研究［J］. 管理世界（12）：131-142.

王娟，2005. 中国—东盟产业内贸易的趋势、动因与对策［J］. 世界经济研究（7）：60-65.

王林，顾江，2009. 文化产业发展与区域经济增长：来自长三角 14 个城市的经验数据［J］. 中南财经政法大学学报（2）：85-88.

王宇，刘志彪，2013. 补贴方式与均衡发展：战略性新兴产业成长与传统产业调整［J］. 中国工业经济（8）：57-69.

魏守华，2010. 本土技术溢出与国际技术溢出效应：来自中国高技术产业创新的检验［J］. 财经研究（1）：54-65.

魏守华，周斌，张来军，2014. 中国高技术产品出口绩效：创新能力、本国市场效应、抑或兼而有之？［J］. 第十一届中国技术管理（MOT2014）年会论文集：579-586.

吴浜源，王亮，2014. 发展中国家贸易条件对经济增长影响的实证研究［J］. 国际贸易问题（3）：63-71.

吴延兵，2008. 创新的决定因素：基于中国制造业的实证研究［J］. 世界经济文汇（2）：46-58.

向勇，范颖，2012. 中国对外文化贸易的战略方向和政策建议［J］. 国际服务贸易评论（12）：135-144.

熊澄宇，2012. 世界文化产业研究［M］. 北京：清华大学出版社.

许陈生，程娟，2013. 文化距离与中国文化创意产品出口［J］. 国际经贸探索（11）：25-38.

许德友，梁琦，2010. 中国对外双边贸易成本的测度与分析：1981—2007年［J］. 数量经济技术经济研究（1）：119-139.

许统生，陈瑾，薛智韵，2011. 中国制造业贸易成本的测度［J］. 中国工业经济（7）：15-25.

许统生，李志萌，涂远芬，等，2012. 中国农产品贸易成本测度［J］. 中国农村经济（3）：14-24.

许统生，涂远芬，2010. 中国贸易成本的数量、效应及其决定因素［J］. 当代财经（3）：95-101.

颜银根，2010. 中国全行业本地市场效应实证研究：从新经济地理角度诠释扩大内需［J］. 上海财经大学学报，12（3）：58-64.

易先忠，张亚斌，刘智勇，2007. 自主创新、国外模仿与后发国知识产权保护［J］. 世界经济（3）：31-40.

于津平，2003. 中国与东亚主要国家和地区间的比较优势与贸易互补性［J］. 世界经济（5）：33-40.

余长林，2006. 知识产权保护、模仿威胁与中国制造业出口［J］. 经济学动态（11）：43-54.

余长林，王瑞芳，2008. 知识产权保护、技术差距与发展中国家的技术进步［J］. 当代经济科学（4）：13-22，124.

臧新，林竹，邵军，2012. 文化亲近经济发展与文化产品的出口：基于中国文化产品出口的实证研究［J］. 财贸经济（10）：102-110.

詹映，2013. 我国知识产权保护水平的实证研究：国际比较与适度性评判［J］. 科学学研究（9）：1347-1354.

张帆，潘佐红，2006. 本土市场效应及其对中国省间生产和贸易的影响［J］. 经济学（季刊）（2）：307-328.

张欣，高长春，2010. 中日创意产业发展比较分析［J］. 现代日本经济（3）：51-57.

张燕，张先锋，2013. 国际贸易成本的测度方法：一个文献综述［J］. 云南财经大学学报（3）：15-21.

张雨，戴翔，2013. 出口产品升级和市场多元化能够缓解我国贸易摩擦吗？ [J]. 世界经济研究（6）：73-78.

郑晓东，2008. 创意城市的路径选择 [D]. 上海：上海社会科学院.

中宣部文化体制改革和发展办公室，文化部对外文化联络局，2005. 国际文化发展报告 [M]. 北京：商务印书馆.

朱文静，2011. 我国文化贸易中存在的问题及对策研究 [J]. 文化产业研究（4）：210-220.

ALFARO L, A CHANDA, S KALEMLI – OZCAN, 2004. FDI and economic growth: the role of local financial market [J]. Journal of international economics, 64: 113-134.

ALLRED, BRENT, WALTER G, 2007. Patent rights and innovative activities: evidence from national and firm – level data [J]. Journal of international business studies, 38 (6): 878-900.

AL-MAVVALI N, 2005. Bilateral intra – industry trade allows and intelleclutil property rights protection: first empirical evidencc [J]. Applied economics letters (13): 823-828.

ALMEIDA R, MARGARIDA F, 2008. Openness and technological innovations in developing countries: evidence from firm-level surveys [J]. Journal of development studies, 44 (5): 701-727.

ANDERSON J E, VAN WINCOOP E, 2003. Gravity with gravitas: a solution to the border puzzle [J]. American economic review, 93 (1): 170-192.

ANDERSON J E, VAN WINCOOP E, 2004. Trade costs [J]. Journal of economic literature, 42 (3): 691-751.

BEDASSA, TADESSE, ROGER, et al., 2010. Cultural distance as a determinant of bilateral trade flows: do immigrants counter the effect of cultural differences? [J]. Applied economics letters (17): 147-152.

BRANSTETTER, LEE, RAYMOND FISMAN C, et al., 2006. Do stronger intellectual property rights increase international technology transfer? Empirical evidence from US firm-level panel data [J]. Quarterly journal of economics , 121 (1): 321-349.

CAIRNCROSS, FRANCES, 2001. The death of distance: how the communications revolution will change our lives [M]. London: Texere.

CANER, MEHMET, BRUCE E, et al., 2005. Instrumental variable estimation of a threshold model [J]. Econometric theory, 20 (5): 813-843.

CASELLI, FRANCESCO, GERARDO E, et al., 1996. Reopening the convergence debate: a new look at cross-country growth empirics [J]. Journal of economic growth, 1 (3): 363-389.

CHEN, YONGMIN, THITIMA P, 2005. Intellectual property rights and innovation in developing countries [J]. Journal of development economics, 78 (2): 474-493.

COMBES P, LAFOURCADE M, 2005. Transport costs: Measures, determinants, and regionalpolicy implications for france [J]. Journal of economic geography, 5 (12): 319-349.

CRANE D, 2002. Culture and globalization: theoretical models and emerging trends [J]. Global culture: media, arts, policy, and globalization (1): 1-25.

DAVID THROSBY, 2001. Economics and culture [M]. Cambridge: Cambridge University Press.

DAVIS, DONALD R, DAVID E, et al., 1999. Economic geography and regional production structure: an empirical investigation [J]. European economic review, 43: 379-407.

DONALD R, DAVIS, DAVID E, et al., 1996. Does economic geography matter for international specialization? [J]. NBER working paper: 5706.

EICHER, THEO, CECILIA, 2008. Endogenous strength of intellectual property rights: implications for economic development and growth [J]. European economic review, 52 (2): 237-258.

FERRANTINO M J, 1993. The etTecl of intellectual property rights on international trade and investment [J]. Welwtirt schaftliches archive, 12 (9): 300-331.

FINK C, PRIMO B, 1999. How stronger protection of intellectual pmperty rights affects international trade flows [J]. World bank working paper, 20 (5): 1-23.

FLORIDA R, MELLANDER C, STOLARICK K, 2008. Inside the black box of regional development-human capital, the creative class and tolerance [J]. Journal of economic geography (5): 615-649.

FREUND, CAROLINE, DIANA W, 2004. The effect of the internet on international trade [J]. Journal of international economics, 62 (1): 171-189.

FUJITA M, KRUGMAN P, VENABLES A, 1999. The spatial econom y: cities, regions, and international trade [M]. Cambridge: MIT Press.

FURMAN J, STERN S, PORTER M E, 2002. The determinants of national innovative capacity [J]. Research policy, 31 (6): 899-933.

GINARTE J C, PARK W G, 1997. Determinants of patent rights: a cross-national study [J]. Research policy, 26 (3): 283-301.

GLAESER, EDWARD L, JANET E, et al., 2003. Cities, regions and the decline of transport costs [J]. Papers in regional science, 83 (1): 197-228.

GLICK, REUVEN, ANDREW K, 1998. Rose, Contagion and trade: why are currency crises regional? [J]. NBER working paper: 68-69.

GOULD D M, GRUBEN W C, 1996. The roul of intellectual property rights in economic growth [J]. Journal of development economics, 48 (2): 323-350.

HANSON, GORDON H, 2005. Market potential, increasing returns, and geographic concentration [J]. Journal of international economics, 67 (1): 1-24.

HEAD, KEITH, RIES, et al., 2001. Increasing returns versus national product differentiation as an explanation for the pattern of US canada trade [J]. American economic review, 91: 858-876.

HELPMAN E, KRUGMAN P, 1985. Market structure and foreign trade [M]. Cambridge: MIT Press.

HENRI L F, GROOT D, GERT-JAN M, et al., 2009. The trade-off between foreign direct investments and exports: the role of multiple dimensions of Distance [J]. The world economy (34): 1395-1416.

HOFSTEDE G, 1983. National cultures in four dimensions: a research-based theory of cultural differences among nations [J]. International studies of management and organization XIII: 1-2.

HOWKINS J, 2001. The creative economy: how people make money from ideas [M]. London: Allen Lane.

HSU C, 2007. Internationalization and performance: The s-curve hypothesis and product diversity effect [J]. Multinational business review (14): 29-46.

HUMMELS, DAVID, 1999. Have international transportation costs declined? [D]. West Lafayette: Purdue University.

KOGUT B, SINGH H, 1988. The effect of national culture on the choice of entry mode [J]. Journal of international business studies, 19 (3): 411-432.

KRUGMAN P, 1980. Scale economies, product differentiation, and the pattern of trade [J]. America economic review, 70 (5): 950-959.

LIMAO N, VENABLES A J, 2001. Infrastructure, geographical disadvantage, transport costs, and trade [J]. The world bank economic review (15): 451-479.

LINDERS, SLANGEN, HENRI L, et al., 2005. Cultural and institutional determinants of bilateral trade flows. Tinbergen institute discussion paper (7): 1-28.

MARC J, MELITZ S, 2003. The impact of trade on intra-industry reallocations and aggregate industry productivity [J]. econometrica, 71 (6): 1695-1725.

MARVASTI A, 1994. International trade in cultural goods: a cross-sectional analysis [J]. Journal of cultural economies (18) : 135-148.

MASKUS K E, PENUBARTI M, 2011. How trade-related are intellectual property rights? [J]. Journal of international economics, 39 (3): 227-248.

MASKUS K, PENUBARTI M, 1995. How trade-related are intellectual property rights? [J]. Journal of International economics (39): 227-248.

MAUREEN, LANKHUIZEN, HENRI L F, et al., 2011. The trade-off between foreign direct investments and exports: the role of multiple dimensions of distance [J]. The world economy (34): 1395-1416.

MCCALLUM, JOHN, 1995. National borders matter: canada-U.S. regional trade patterns [J]. American economic review, 85 (3): 615-623.

MELITZ M, 2003. The impact of trade on intra-industry reallocations and aggregate industry productivity [J]. Econometrica, 71 (6): 1695-1725.

MINZHOU, 2011. Intensification of geo-cultural homophily in global trade: evidence from the gravity model [J]. Social science research (40): 193-209.

OBSTFELD M, ROGOFF K, 2000. The six major puzzles in international macroeconomics: is there a common case? In bens berns bernanke and kenneth Rogoff, eds., NBER macroeconomics annual [M]. Cambridge: MIT Press.

RANAIVOSON H, 2014. New evidence on development and cultural trade: diversification, reconcentration and domination [J]. Observatorio (4): 215-249.

RATLQUZZAMAN M, 2002. The impact of patent rights on international trade: evidence from canada [J]. Canadian journal of economics (35): 307-309.

RICHARD C, 2000. Creative industries [M]. Boston: Harvard University Press.

SAMUELSON P A, 1954. The transfer problem and transport costs, II: analysis of effects of trade impediments [J]. The economic journal, 64: 264-289.

SCHUMACHER, DIETER, 2003. Home market and traditional effects on comparative advantage in a gravity approach [J]. DIW discussion paper: 344.

SCOTT A J, 2000. French cinema economy, policy and place in the marking of a cultural-products industry [J]. Theory, culture&society, 17 (1): 46-53.

SMITH P, 1999. Are weak patent rights a barrier to U.S. Exports? [J]. Journal of international economics (48): 77-151.

THROSBY D, 2003. Determining the value of cultural goods: how much (or how little) does contingent valuation tell us? [J]. Journal of cultural economics, 27 (3): 275-285.

TINBERGEN J, 1962. Shaping the world economy [M]. New York: The Twentieth Century Fund Press.

TOMLINSON J, 1999. Globalization and culture [M]. Chicago: University of Chicago Press.

ZIGIC K, 1998. Intellectual property right villations and spillovers in north-south trade [J]. European economic review, 42 (9): 1779-1799.

附　录

　　正文中涉及的大量附表，均作为附录放于此部分中。为了与正文内容保持一致，附表序号均与相关章节对应。第四章相关附录参见附表 4-1 至附表 4-11，第六章相关附录参见附表 6-1，第七章相关附录参见附表 7-1 至附表 7-3，第八章相关附录参见附表 8-1 至附表 8-7。

附表 4-1 2002—2015 年世界商品与服务和文化产品出口数据

单位：亿美元

产品类型	2002	2003	2004	2005	2006	2007	2008	2009	2010	2011	2012	2013	2014	2015
商品与服务	80 180.01	93 528.36	113 654.59	129 256.74	148 774.88	173 362.26	198 450.88	159 240.40	189 687.20	224 388.86	226 623.55	234 405.02	23 830.75	211 572.6
总体文化产品	2 084.93	2 320.26	2 631.94	2 915.92	3 174.13	4 006.20	4 391.72	3 772.84	4 197.66	4 915.36	5 198.94	5 317.88	5 771.91	5 097.53
工艺品	199.18	224.45	245.60	263.71	284.45	312.41	327.88	271.22	315.97	360.04	364.06	392.82	404.60	357.20
视听	102.68	124.68	139.62	153.88	154.70	375.44	385.76	332.26	355.06	362.18	306.95	249.79	241.29	218.75
设计	1 182.10	1 328.89	1 532.17	1 714.52	1 863.82	2 151.50	2 371.64	2 103.20	2 405.60	2 990.71	3 265.97	3 423.15	3 859.02	3 182.16
新媒体	109.74	94.82	102.22	125.95	160.82	373.75	469.16	395.30	404.54	405.70	415.63	391.55	411.49	421.94
表演艺术	28.17	32.03	36.84	38.60	39.99	45.87	50.86	41.97	46.30	51.92	52.53	51.76	52.78	43.87
出版	303.26	338.68	375.67	396.59	418.33	455.25	486.95	401.61	404.68	431.90	401.48	405.46	396.36	336.61
视觉艺术	159.79	176.71	199.81	222.68	252.01	291.99	299.48	227.28	265.51	312.90	392.32	403.34	406.37	537.00

资料来源：根据 UNCTAD 网站（http://unctadstat.unctad.org/）公布资料整理，按照现行物价和汇率水平计算的美元来衡量，下同。

单位：亿美元

产品类型	2002	2003	2004	2005	2006	2007	2008	2009	2010	2011	2012	2013	2014	2015
商品与服务	79 940.81	92 761.29	112 666.34	126 783.42	145 029.52	168 143.62	194 053.3	154 496.09	183 770.43	218 146.26	221 712.18	227 391.26	232 510.83	207 280.41
总体文化产品	2 274.69	2 490.01	2 811.85	3 126.81	3 332.89	4 312.10	4 588.75	3 739.31	4 200.74	4 638.45	4 656.30	4 673.86	4 906.24	4 543.95
工艺品	211.39	231.55	258.17	269.77	281.10	306.96	301.87	244.36	282.39	309.11	308.67	324.27	357.96	284.53
视听	120.99	139.26	158.87	170.56	168.63	406.89	416.43	336.86	355.62	369.83	287.15	267.66	265.40	214.83
设计	1 288.57	1 448.44	1 649.87	1 870.66	1 979.86	2 295.00	2 455.03	2 013.78	2 336.15	2 679.81	2 811.27	2 848.95	3 019.49	2 676.92
新媒体	128.09	118.32	119.19	143.85	183.62	462.02	565.81	485.09	509.64	486.98	479.25	466.77	498.06	471.45
表演艺术	32.64	35.19	40.56	43.12	45.20	49.97	55.50	46.23	49.81	54.08	54.31	51.71	53.79	47.28
出版	316.17	347.12	384.96	412.51	433.24	475.33	500.32	410.31	415.64	438.15	408.17	396.01	382.62	323.17
视觉艺术	176.83	170.12	200.21	216.35	241.25	315.92	293.79	202.67	251.51	300.49	307.48	318.48	328.92	525.77

附表4-3 2002—2015年中国商品与服务和文化产品出口数据

产品类型	2002	2003	2004	2005	2006	2007	2008	2009	2010	2011	2012	2013	2014	2015
商品与服务	3 653.955	4 850.297	6 583.059	7 674.98	9 828.20	12 481.84	14 798.98	12 416.54	16 564.12	20 088.53	21 750.92	23 555.95	24 629.02	23 613.88
总体文化产品	320.00	381.80	450.56	548.51	618.98	776.32	902.89	797.15	1 017.75	1 290.33	1 506.45	1 666.20	1 914.10	1 685.07
工艺品	35.69	43.94	50.41	62.06	75.91	93.64	107.22	89.80	106.15	128.67	146.90	161.55	170.35	173.83
视听	1.68	1.94	1.63	1.35	1.22	12.58	12.94	12.02	12.12	14.05	9.36	9.77	8.17	10.92
设计	227.75	273.60	326.39	397.04	433.25	495.78	560.63	522.65	709.53	929.91	1 054.68	1 216.66	1 486.11	1 223.57
新媒体	23.54	26.46	29.02	39.47	51.72	109.44	147.52	104.57	103.02	104.46	130.63	110.99	111.74	140.97
表演艺术	4.31	5.51	6.99	8.05	8.69	10.83	13.21	10.81	12.91	14.36	15.30	14.79	15.26	14.99
出版	5.35	6.51	8.53	10.31	14.51	20.44	24.21	21.26	23.91	26.61	29.33	30.95	31.66	31.86
视觉艺术	21.69	23.84	27.59	30.22	33.68	33.61	37.15	36.05	50.11	72.26	120.25	121.49	90.81	88.94

附表 4-4　2002—2015 年中国商品与服务和文化产品进口数据

单位：亿美元

产品类型	2002	2003	2004	2005	2006	2007	2008	2009	2010	2011	2012	2013	2014	2015
商品与服务	3 653.96	4 850.30	6 583.06	6 487.12	7 828.12	9 490.17	11 464.85	10 295.93	14 333.87	18 269.49	19 432.47	21 202.16	22 416.03	20 021.03
总体文化产品	25.34	29.91	32.97	36.10	39.70	94.40	98.56	93.77	113.73	140.54	141.14	139.71	145.07	147.77
工艺品	5.14	5.50	6.62	6.96	8.02	8.53	8.95	8.51	10.20	11.27	11.54	11.75	10.18	8.96
视听	4.67	6.39	8.86	10.53	10.23	29.42	29.29	28.19	34.72	39.21	38.44	32.07	32.27	29.84
设计	10.05	10.88	11.07	12.92	13.80	17.99	22.98	22.96	28.56	43.34	44.43	50.36	55.82	57.78
新媒体	1.88	2.72	2.26	0.62	2.24	32.40	30.49	24.65	28.41	33.94	32.40	25.05	29.32	34.68
表演艺术	0.30	0.29	0.38	0.47	0.43	0.62	0.81	0.88	1.09	1.42	1.63	1.71	2.07	2.36
出版	3.01	3.83	3.40	4.17	4.32	4.94	5.36	7.82	9.68	10.06	10.75	9.92	9.15	9.04
视觉艺术	0.29	0.29	0.38	0.43	0.64	0.50	0.68	0.75	1.08	1.30	1.96	8.87	6.26	5.11

単位：亿美元

附表4-5 2002—2015年世界主要经济体文化产品出口数据

主要经济体	2002	2003	2004	2005	2006	2007	2008	2009	2010	2011	2012	2013	2014	2015
发达经济体	1 229.11	1 358.14	1 521.10	1 645.27	1 791.78	2 269.78	2 429.10	1 942.58	2 070.28	2 325.33	2 235.95	2 296.64	2 412.80	2 416.24
发展中经济体	523.65	567.1	642.23	701.95	740.34	932.62	1 026.46	1 006.84	1 083.02	1 267.34	1 421.08	1 312.66	1 401.44	965.74
G8	846.2	917.71	1 022.11	1 127.39	1 232.11	1 568.09	1 639.35	1 299.99	1 399.82	1 552.76	1 513.94	1 543.42	1 621.24	1 678.21
欧盟	851.19	973.43	1 090.16	1 162.23	1 271.07	1 584.88	1 712.79	1 361.75	1 447.99	1 632.36	1 559.02	1 612.1	1 681.54	1 707.83
欧元区	786.27	900.28	999.86	1 062.9	1 158.06	1 437.19	1 538.37	1 220.12	1 293.79	1 453.83	1 384.51	1 419.69	1 471.11	1 500.52
北美自由贸易区	302.05	306.00	334.01	370.70	407.45	492.91	522.48	433.47	452.80	479.57	484.82	499.51	530.27	521.39
东盟	93.47	103.77	122.05	134.29	145.43	218.09	243.72	237.84	303.54	326.71	314	320.45	355.28	234.62
美国	172.37	178.87	201.25	231.10	267.84	352.78	375.46	324.51	339.02	362.25	377.91	389.95	415.22	405.04
日本	43.39	38.23	43.42	58.62	52.04	114.34	115.79	83.86	89.10	97.45	76.10	66.16	67.63	66.31
韩国	33.34	39.67	38.21	37.47	38.40	48.73	54.97	47.68	55.72	61.03	57.56	60.46	60.13	33.34
中国香港	231.31	236.37	252.73	264.46	269.59	328.90	347.90	298.06	298.30	338.43	341.45	316.85	298.24	278.72
中国台湾	28.36	27.29	32.06	31.07	32.46	32.62	32.29	65.56	85.48	95.70	93.80	84.94	96.56	86.71
法国	86.44	101.37	113.2	122.79	135.13	163.57	179.37	154.66	161.31	197.57	197.91	210.8	214.39	344.46
德国	143.57	165.19	191.48	217.00	246.44	326.50	365.73	308.16	299.67	328.92	285.34	281.18	291.58	258.82

附表4-5（续）

主要经济体	2002	2003	2004	2005	2006	2007	2008	2009	2010	2011	2012	2013	2014	2015
英国	135.92	155.15	164.41	179.12	188.06	232.97	213.98	142.28	197.21	210.35	229.98	217.62	241.87	259.26
意大利	163.87	175.41	197.81	202.39	226.56	264.96	278.16	208.01	231.46	270.22	268.08	293.24	305.12	266.72
加拿大	92.65	95.15	100.00	104.23	102.65	98.04	93.37	65.01	70.06	72.11	62.45	62.92	62.43	61.88
印度	33.19	43.49	65.81	74.43	89.27	95.81	92.55	181.56	139.67	222.12	258.46	180.03	202.1	169.37
俄罗斯	8.00	8.33	10.54	12.13	13.39	14.93	17.49	13.49	11.98	13.88	16.17	21.55	22.99	15.72
巴西	6.28	7.72	10.19	10.44	10.13	10.43	11.08	8.89	9.05	9.45	9.17	9.42	9.23	8.83
澳大利亚	6.23	7.52	9.33	9.77	9.83	11.33	10.7	8.92	10.26	14.83	13.3	12.03	10.97	10.11
墨西哥	37.04	31.97	32.75	35.37	36.96	42.09	53.65	43.94	43.73	45.21	44.46	46.64	52.63	54.47
南非	3.25	3.50	3.49	3.70	3.23	3.41	4.14	3.10	6.22	6.29	5.97	5.95	5.99	5.01

附表4-6 2003—2015年世界和中国商品与服务进出口增长率

单位：%

进出口范围	2003	2004	2005	2006	2007	2008	2009	2010	2011	2012	2013	2014	2015	平均
世界出口	16.65	21.52	13.73	15.10	16.53	14.47	-19.76	19.12	18.29	1.00	3.43	1.66	-11.22	8.50
世界进口	16.04	21.46	12.53	14.39	15.94	15.41	-20.38	18.95	18.71	1.63	2.56	2.25	-10.85	8.36
中国出口	32.74	35.72	16.59	28.06	27.00	18.56	-16.10	33.40	21.28	8.28	8.30	4.56	-4.12	16.48
中国进口	32.74	35.72	-1.46	20.67	21.23	20.81	-10.20	39.22	27.46	6.37	9.11	5.73	-10.68	15.13

附表 4-7 2003—2015 年世界与中国文化产品进出口增长率

单位:%

进出口范围	2003	2004	2005	2006	2007	2008	2009	2010	2011	2012	2013	2014	2015	平均
世界出口	11.29	13.43	10.79	8.86	26.21	9.62	-14.09	11.26	17.10	5.77	2.29	8.54	-11.68	7.64
世界进口	9.47	12.93	11.20	6.59	29.38	6.42	-18.51	12.34	10.42	0.38	0.38	4.97	-7.38	6.04
中国出口	19.31	18.01	21.74	12.85	25.42	16.30	-11.71	27.67	26.78	16.75	10.60	14.88	-11.97	14.36
中国进口	18.03	10.23	9.49	9.97	137.78	4.41	-4.86	21.29	23.57	0.43	-1.01	3.84	1.86	18.08

附表 4-8 2002—2015 年中国文化产品中 7 类文化产品出口额占文化产品出口总额的比重值

产品类型	2002	2003	2004	2005	2006	2007	2008	2009	2010	2011	2012	2013	2014	2015
工艺品	0.11	0.12	0.11	0.11	0.12	0.12	0.12	0.11	0.10	0.10	0.10	0.10	0.09	0.10
视听	0.01	0.01	0.00	0.00	0.00	0.02	0.01	0.02	0.01	0.01	0.01	0.01	0.00	0.01
设计	0.71	0.72	0.72	0.72	0.70	0.64	0.62	0.66	0.70	0.72	0.70	0.73	0.78	0.73
新媒体	0.07	0.07	0.06	0.07	0.08	0.14	0.16	0.13	0.10	0.08	0.09	0.07	0.06	0.08
表演艺术	0.01	0.01	0.02	0.01	0.01	0.01	0.01	0.01	0.01	0.01	0.01	0.01	0.01	0.01
出版	0.02	0.02	0.02	0.02	0.02	0.03	0.03	0.02	0.02	0.02	0.02	0.02	0.02	0.02
视觉艺术	0.07	0.06	0.06	0.06	0.05	0.04	0.04	0.05	0.05	0.06	0.08	0.07	0.05	0.05

附表 4-9　2002—2015 年中国文化产品出口的产业内贸易指数（IIT）

产品类型	2002	2003	2004	2005	2006	2007	2008	2009	2010	2011	2012	2013	2014	2015
总体文化产品	0.15	0.15	0.14	0.12	0.12	0.22	0.20	0.21	0.20	0.20	0.17	0.15	0.14	0.16
工艺品	0.25	0.22	0.23	0.20	0.19	0.17	0.15	0.17	0.18	0.16	0.15	0.14	0.11	0.10
视听	0.53	0.47	0.31	0.23	0.21	0.60	0.61	0.60	0.52	0.53	0.39	0.47	0.40	0.54
设计	0.08	0.08	0.07	0.06	0.06	0.07	0.08	0.08	0.08	0.09	0.08	0.08	0.07	0.09
新媒体	0.15	0.19	0.14	0.03	0.08	0.46	0.34	0.38	0.43	0.49	0.40	0.37	0.42	0.39
表演艺术	0.13	0.10	0.10	0.11	0.09	0.11	0.12	0.15	0.16	0.18	0.19	0.21	0.24	0.27
出版	0.72	0.74	0.57	0.58	0.46	0.39	0.36	0.54	0.58	0.55	0.54	0.49	0.45	0.44
视觉艺术	0.03	0.02	0.03	0.03	0.04	0.03	0.04	0.04	0.04	0.04	0.03	0.14	0.13	0.11

附表 4-10 2002—2015 年中国内地（大陆）文化产品对世界主要经济体的出口额

单位：亿美元

主要经济体	2002	2003	2004	2005	2006	2007	2008	2009	2010	2011	2012	2013	2014	2015
发达经济体	229.22	267.37	301.15	364.59	415.76	502.16	576.51	514.81	622.39	741.26	782.59	802.77	813.76	894.85
发展中经济体	82.92	98.00	122.00	145.48	179.31	245.85	287.95	254.21	355.60	503.37	669.89	791.19	1 018.86	736.33
G8	202.42	239.58	282.34	336.24	362.70	432.42	490.36	431.46	535.40	636.37	670.65	702.47	715.12	757.05
欧盟	64.70	80.90	87.74	119.11	142.24	169.63	203.88	187.19	227.83	278.14	277.96	274.43	289.60	311.30
欧元区	62.37	77.80	84.37	114.40	135.91	159.19	188.90	174.81	214.89	262.64	257.48	252.83	268.82	291.06
北美自由贸易区	129.43	147.52	168.48	195.68	221.63	268.92	293.92	252.00	315.94	361.18	388.11	411.95	418.78	484.86
东盟	5.96	7.45	7.78	8.56	11.11	22.28	36.64	44.16	62.52	73.20	99.94	127.52	145.68	154.24
美国	119.93	136.65	156.43	180.33	202.92	245.32	266.34	229.39	286.13	326.30	347.27	369.41	376.36	434.46
日本	30.36	32.45	36.54	40.11	42.47	51.34	63.97	60.03	60.71	79.37	90.04	88.16	78.35	69.37
韩国	4.18	4.98	5.89	7.14	9.69	11.44	13.23	13.26	14.80	20.07	25.19	21.21	27.27	32.16
中国香港	49.95	57.52	71.05	81.50	92.41	121.92	124.06	86.74	124.67	214.14	298.78	383.72	556.68	252.94
中国台湾	2.01	2.38	2.6	3	3	5.99	7.23	7.23	11.13	12.61	11.12	10.35	10.6	12.49
新加坡	2.32	2.44	1.93	2.22	2.65	6.46	11.57	13.71	13.26	15.19	22.07	29.79	35.76	41.16

主要经济体	2002	2003	2004	2005	2006	2007	2008	2009	2010	2011	2012	2013	2014	2015
法国	5.77	6.75	8.08	10.27	11.31	14.48	16.67	16.24	22.50	26.65	27.30	27.22	27.07	26.77
德国	12.26	15.56	19.32	26.30	32.95	33.96	42.92	39.15	51.04	68.91	59.41	54.54	54.01	55.75
英国	13.10	16.75	17.31	22.08	28.27	35.90	40.45	36.45	44.62	54.48	57.63	59.00	63.37	72.94
意大利	6.47	7.86	9.67	12.13	14.50	16.92	19.66	17.65	23.05	26.42	22.43	22.33	24.47	24.88
加拿大	7.40	8.38	9.23	11.82	13.55	17.10	19.17	16.25	20.99	23.75	27.16	28.40	26.93	32.39
印度	0.54	0.71	1.18	1.41	2.73	4.20	5.97	6.60	11.91	13.90	15.35	19.95	21.64	25.84
俄罗斯	7.14	15.17	25.77	33.2	16.73	17.4	21.18	16.3	26.35	30.49	39.41	53.4	64.57	40.48
巴西	0.98	1.13	1.77	2.41	3.76	6.07	7.72	7.73	12.37	17.87	20.23	19.66	19.43	17.97
澳大利亚	4.47	6.02	7.66	8.91	9.63	12.38	15.95	15.55	18.12	22.55	27.48	28.21	28.82	31.26
墨西哥	2.11	2.49	2.82	3.53	5.16	6.5	8.42	6.35	8.82	11.12	13.67	14.13	15.5	18
南非	1.02	1.24	1.88	2.63	3.48	4.15	4.66	4.79	7.11	10.13	12.15	13.03	11.09	11.10

附表 4-11 2002—2015 年中国内地（大陆）文化产品出口贸易的地理结构演变情况

主要经济体	2002	2003	2004	2005	2006	2007	2008	2009	2010	2011	2012	2013	2014	2015
发达经济体	0.72	0.70	0.67	0.66	0.67	0.65	0.64	0.65	0.61	0.57	0.52	0.48	0.43	0.53
发展中经济体	0.26	0.26	0.27	0.27	0.29	0.32	0.32	0.32	0.35	0.39	0.44	0.47	0.53	0.44
G8	0.63	0.63	0.63	0.61	0.59	0.56	0.54	0.54	0.53	0.49	0.45	0.42	0.37	0.45
欧盟	0.20	0.21	0.19	0.22	0.23	0.22	0.23	0.23	0.22	0.22	0.18	0.16	0.15	0.18
欧元区	0.19	0.20	0.19	0.21	0.22	0.21	0.21	0.22	0.21	0.20	0.17	0.15	0.14	0.17
北美自由贸易区	0.40	0.39	0.37	0.36	0.36	0.35	0.33	0.32	0.31	0.28	0.26	0.25	0.22	0.29
东盟	0.02	0.02	0.02	0.02	0.02	0.03	0.04	0.06	0.06	0.06	0.07	0.08	0.08	0.09
美国	0.37	0.36	0.35	0.33	0.33	0.32	0.29	0.29	0.28	0.25	0.23	0.22	0.20	0.26
日本	0.09	0.08	0.08	0.07	0.07	0.07	0.07	0.08	0.06	0.06	0.06	0.05	0.04	0.04
韩国	0.01	0.01	0.01	0.01	0.02	0.01	0.01	0.02	0.01	0.02	0.02	0.01	0.01	0.02
中国香港	0.16	0.15	0.16	0.15	0.15	0.16	0.14	0.11	0.12	0.17	0.20	0.23	0.29	0.15
中国台湾	0.01	0.01	0.01	0.01	0.00	0.01	0.01	0.01	0.01	0.01	0.01	0.01	0.01	0.01
新加坡	0.01	0.01	0.00	0.00	0.00	0.01	0.01	0.02	0.01	0.01	0.01	0.02	0.02	0.02

附表4-11（续）

主要经济体	2002	2003	2004	2005	2006	2007	2008	2009	2010	2011	2012	2013	2014	2015
法国	0.02	0.02	0.02	0.02	0.02	0.02	0.02	0.02	0.02	0.02	0.02	0.02	0.01	0.02
德国	0.04	0.04	0.04	0.05	0.05	0.04	0.05	0.05	0.05	0.05	0.04	0.03	0.03	0.03
英国	0.04	0.04	0.04	0.04	0.05	0.05	0.04	0.05	0.04	0.04	0.04	0.04	0.03	0.04
意大利	0.02	0.02	0.02	0.02	0.02	0.02	0.02	0.02	0.02	0.02	0.01	0.01	0.01	0.01
加拿大	0.02	0.02	0.02	0.02	0.02	0.02	0.02	0.02	0.02	0.02	0.02	0.02	0.01	0.02
印度	0.00	0.00	0.00	0.00	0.00	0.01	0.01	0.01	0.01	0.01	0.01	0.01	0.01	0.02
俄罗斯	0.02	0.04	0.06	0.06	0.03	0.02	0.02	0.02	0.03	0.02	0.03	0.03	0.03	0.02
巴西	0.00	0.00	0.00	0.00	0.01	0.01	0.01	0.01	0.01	0.01	0.01	0.01	0.01	0.01
澳大利亚	0.01	0.02	0.02	0.02	0.02	0.02	0.02	0.02	0.02	0.02	0.02	0.02	0.02	0.02
墨西哥	0.01	0.01	0.01	0.01	0.01	0.01	0.01	0.01	0.01	0.01	0.01	0.01	0.01	0.01
南非	0.00	0.00	0.00	0.00	0.01	0.01	0.01	0.01	0.01	0.01	0.01	0.01	0.01	0.01

附表 6-1　中国内地（大陆）与 35 个文化产品主要贸易对象经济体 5 维度文化差异指数与总文化差异指数（CD）

主要经济体	PDI	IDV	MAS	UAI	LTO	CD	主要经济体	PDI	IDV	MAS	UAI	LTO	CD
中国内地（大陆）	—	—	—	—	—	—	马来西亚	1.155 7	0.062 6	0.599 7	0.061 0	5.587 2	1.493 2
美国	3.210 4	8.758 9	0.037 5	0.433 9	13.621 5	5.212 4	墨西哥	0.002 0	0.173 8	0.021 1	4.582 9	9.416 9	2.839 3
澳大利亚	3.884 6	8.513 9	0.058 6	0.747 4	13.016 1	5.244 1	荷兰	3.539 5	6.255 1	6.334 2	0.896 6	9.416 9	5.288 5
奥地利	9.553 0	2.128 5	0.395 9	2.711 8	13.016 1	5.561 1	新西兰	6.749 9	6.048 4	0.149 9	0.611 8	13.317 1	5.375 4
比利时	0.451 5	5.256 1	0.337 3	6.942 1	11.005 9	4.798 6	挪威	4.817 6	4.171 8	7.880 3	0.677 9	9.416 9	5.392 9
巴西	0.242 8	0.563 0	0.677 0	3.586 3	4.830 5	1.979 9	菲律宾	0.393 3	0.250 2	0.009 4	0.332 2	16.854 4	3.567 9
中国台湾	0.971 1	0.015 6	1.033 1	2.577 9	1.652 6	1.250 1	波兰	0.288 9	2.780 1	0.009 4	6.726 9	12.718 6	4.504 8
捷克	1.061 4	2.509 0	0.189 7	3.281 2	18.959 3	5.200 1	葡萄牙	0.579 9	0.085 0	2.869 6	9.281 0	13.317 1	5.226 5
丹麦	7.713 0	5.066 7	5.856 3	0.083 0	8.914 7	5.526 8	新加坡	0.072 2	0.000 0	0.759 0	0.820 3	8.426 4	2.015 6
芬兰	4.432 4	3.212 7	3.748 0	1.425 4	10.195 9	4.602 9	西班牙	1.061 4	1.669 8	1.349 3	5.315 1	16.854 4	5.250 0
法国	0.288 9	4.519 3	1.239 2	5.315 1	10.732 4	4.419 0	瑞典	4.817 6	4.519 3	8.716 6	0.001 7	16.515 7	6.914 2
德国	4.063 2	3.838 2	0.000 0	2.076 2	13.016 1	4.598 7	瑞士	4.245 8	4.003 3	0.037 5	1.328 8	10.462 4	4.015 5
匈牙利	2.319 5	6.255 1	1.133 8	4.582 9	7.951 7	4.448 6	泰国	0.513 7	0.000 0	2.398 8	1.959 3	6.610 4	2.296 4
印度	0.018 1	1.362 2	0.234 3	0.169 5	5.587 2	1.474 2	英国	4.063 2	8.272 4	0.000 0	0.042 4	14.873 4	5.450 3
爱尔兰	5.425 6	4.343 8	0.009 4	0.042 4	9.673 1	3.898 9	越南	0.200 7	0.000 0	1.583 6	0.000 0	2.483 2	0.853 5
意大利	1.805 9	5.448 9	0.037 5	3.432 1	12.134 0	4.571 7	加拿大	3.372 9	6.255 1	0.459 1	0.549 1	15.520 0	5.231 3
日本	1.356 4	1.174 6	1.970 1	6.515 0	2.483 2	2.699 9	中国香港	0.288 9	0.043 4	0.189 7	0.001 7	0.832 3	0.271 2
韩国	0.802 6	0.007 0	1.707 7	5.126 9	3.179 7	2.164 8	俄罗斯	0.339 1	0.627 3	2.108 3	7.160 8	20.058 2	6.058 7

资料来源：依据 Hofstede 官方网站（http://www.geert-hofstede.com）公布的调查数据以及 Kogut 和 Singh（1988）测量美国文化差异时所采用的计算方法整理得到。

附表7-1 2003—2012年中国内地（大陆）文化产品对25个贸易伙伴的出口贸易成本测算结果（σ=6）

主要经济体	2003	2004	2005	2006	2007	2008	2009	2010	2011	2012
美国	0.996 2	0.991 3	0.996 2	0.992 9	0.997 3	0.978 1	0.964 0	0.970 5	0.964 7	0.986 3
加拿大	1.091 9	1.092 3	1.084 9	1.084 3	1.093 2	1.088 6	1.084 8	1.084 9	1.077 3	1.087 1
英国	1.124 4	1.144 5	1.128 0	1.107 8	1.127 3	1.094 5	1.069 7	1.072 7	1.070 8	1.095 2
意大利	1.074 0	1.073 7	1.066 5	1.060 0	1.086 9	1.072 7	1.056 7	1.053 6	1.059 7	1.131 0
法国	1.191 6	1.186 3	1.173 1	1.172 6	1.191 8	1.186 9	1.160 6	1.137 8	1.142 1	1.164 5
德国	1.099 8	1.082 9	1.069 9	1.042 0	1.093 7	1.070 8	1.071 0	1.045 7	1.031 0	1.065 7
俄罗斯	0.778 7	0.743 1	0.732 6	0.842 8	0.906 0	0.922 5	0.924 8	0.920 8	0.934 1	0.952 1
印度	1.134 5	1.060 6	1.071 2	1.020 1	0.997 5	0.976 0	1.053 3	0.970 6	1.018 1	1.105 8
中国香港	0.926 8	0.912 1	0.910 6	0.910 4	0.920 7	0.932 3	0.961 4	0.938 7	0.905 3	0.891 7
新加坡	1.081 8	1.141 2	1.152 5	1.139 1	1.093 1	1.028 2	0.974 0	1.038 9	1.048 6	1.048 3
日本	0.948 9	0.950 7	0.966 6	0.971 1	0.979 2	0.952 7	0.947 2	0.970 5	0.960 2	0.979 6
韩国	0.963 9	0.944 1	0.958 0	0.946 3	1.028 9	1.013 6	0.969 7	1.010 2	0.990 7	0.967 7
巴西	0.925 4	0.904 8	0.913 3	0.903 7	0.916 3	0.927 6	0.908 1	0.901 9	0.899 1	0.907 4
南非	0.982 5	0.986 0	0.986 2	0.989 3	0.997 7	0.980 1	0.958 5	0.955 5	0.934 9	0.927 8

主要经济体	2003	2004	2005	2006	2007	2008	2009	2010	2011	2012
中国台湾	1.031 7	1.035 4	1.044 6	1.048 7	0.982 9	0.980 4	0.996 0	1.001 3	1.011 1	1.042 0
澳大利亚	1.006 6	1.000 7	1.002 0	1.003 4	1.019 1	1.004 6	0.994 4	1.004 3	1.000 3	0.998 7
新西兰	1.098 8	1.114 1	1.103 4	1.107 0	1.107 3	1.099 4	1.093 8	1.084 0	1.073 7	1.089 0
马来西亚	0.973 0	0.976 1	0.983 7	0.969 9	0.971 3	0.915 6	0.892 4	0.931 4	0.926 2	0.919 7
泰国	1.163 0	1.125 2	1.129 5	1.113 6	1.098 5	1.100 5	1.040 1	0.974 5	1.029 2	1.030 3
菲律宾	0.991 3	0.991 1	1.008 2	1.003 4	1.017 1	0.979 6	0.930 5	0.919 8	0.924 8	0.965 1
墨西哥	1.141 1	1.126 0	1.118 8	1.090 2	1.093 7	1.096 0	1.105 1	1.084 6	1.063 4	1.049 9
挪威	1.253 9	1.241 3	1.245 3	1.231 4	1.260 8	1.252 0	1.252 6	1.246 9	1.253 5	1.243 4
瑞士	1.578 4	1.553 8	1.567 6	1.542 6	1.563 2	1.590 2	1.611 0	1.640 1	1.637 2	1.615 6
波兰	1.060 7	1.100 2	1.091 4	1.079 5	1.104 3	1.105 0	1.086 8	1.088 7	1.072 7	1.029 4
印度尼西亚	1.020 7	1.017 7	1.049 4	1.032 8	0.999 1	0.974 6	0.984 9	0.935 8	0.966 7	0.956 9

数据来源：依据第七章式（7-7）和相关经济体文化产品贸易数据计算得出，贸易数据根据 UNCTAD 数据库得到。

附表7-2 2003—2012年中国内地（大陆）和25个贸易伙伴人均GDP

单位：美元

主要经济体	2003	2004	2005	2006	2007	2008	2009	2010	2011	2012
中国内地（大陆）	1 281.26	1 498.97	1 751.66	2 126.02	2 651.48	3 421.14	3 808.02	49.01	5 359.44	5 992.74
美国	38 497.77	40 575.12	42 807.94	44 918.93	46 656.54	47 073.18	45 621.73	46 934.78	48 438.34	50 008.36
加拿大	27 336.25	31 011.94	35 087.80	39 249.88	43 248.54	45 101.54	39 659.04	46 211.53	50 367.42	50 838.96
英国	31 154.38	36 695.14	38 121.53	40 480.99	46 330.27	43 146.82	35 331.27	36 390.74	38 710.57	38 470.84
意大利	26 290.32	29 832.62	30 478.85	31 776.98	35 826.05	38 563.06	35 073.14	34 008.36	36 162.84	33 041.53
法国	28 850.64	32 850.52	33 886.72	35 530.35	40 435.28	44 093.95	40 573.75	39 538.31	42 548.06	39 739.89
德国	29 366.27	33 040.05	33 542.78	35 237.61	40 403.02	44 132.06	40 275.23	40 427.39	44 060.68	41 415.15
俄罗斯	2 976.13	4 108.04	5 337.17	6 946.89	9 146.40	11 700.23	8 615.64	10 446.85	12 995.03	13 780.78
印度	540.63	644.19	743.03	829.11	1 040.56	1 101.69	1 120.89	1 392.06	1 553.94	1 502.04
中国香港	23 559.16	24 454.34	26 092.29	27 698.59	29 941.88	30 953.03	30 018.07	31 914.81	34 405.51	35 961.20
新加坡	23 319.97	27 047.06	29 403.39	33 113.55	38 700.26	39 253.63	37 219.91	44 789.33	50 128.29	50 911.45
日本	33 690.95	36 441.65	35 781.17	34 102.12	34 095.03	37 972.06	39 473.37	43 063.20	45 927.73	46 543.85
韩国	13 451.18	15 028.96	17 550.92	19 676.11	21 590.17	19 028.07	16 958.64	20 540.17	22 424.05	23 111.73

主要经济体	2003	2004	2005	2006	2007	2008	2009	2010	2011	2012
巴西	3 039.20	3 607.04	4 738.54	5 789.77	7 194.08	8 622.71	8 373.34	10 978.09	12 575.97	11 344.88
南非	3 647.70	4 695.04	5 234.31	5 468.30	5 930.13	5 612.89	5 738.27	7 271.73	8 070.03	7 624.29
中国台湾	13 747.85	14 985.77	16 022.96	16 450.66	17 122.39	17 372.29	16 330.96	18 572.74	20 110.00	20 433.29
澳大利亚	28 017.33	33 648.41	37 249.54	39 403.71	46 821.60	49 118.10	46 316.97	58 161.55	67 885.45	68 973.44
新西兰	20 639.15	24 841.10	27 531.63	26 324.38	31 980.94	30 551.66	27 471.62	32 759.74	36 952.47	38 695.27
马来西亚	4 606.55	5 117.11	5 553.98	6 179.64	7 218.29	8 453.92	7 277.96	8 729.11	10 011.97	10 379.23
泰国	2 356.98	2 652.40	2 877.08	3 351.74	3 962.44	4 380.67	4 212.12	5 136.63	5 553.16	5 852.44
菲律宾	1 015.78	1 084.76	1 201.01	1 398.83	1 680.55	1 927.55	1 831.99	2 135.94	2 364.50	2 587.92
墨西哥	6 481.09	6 935.17	7 640.94	8 464.96	9 100.49	9 498.13	7 559.54	8 746.63	9 678.23	9 710.05
挪威	49 263.34	56 627.63	65 767.00	72 959.79	83 556.21	95 189.77	77 609.91	85 384.23	98 002.70	98 980.27
瑞士	46 008.71	51 109.49	52 226.30	54 674.85	60 273.33	69 219.86	66 372.19	71 034.82	84 291.39	79 829.42
波兰	5 674.74	6 620.07	7 963.01	8 956.10	11 152.22	13 886.23	11 294.73	12 303.66	13 341.80	12 649.02
印度尼西亚	1 076.22	1 160.61	1 273.47	1 601.03	1 871.29	2 178.20	2 272.04	2 941.82	3 473.45	3 558.33

附表 7-3 2003—2012 年中国内地（大陆）和 25 个贸易伙伴的对外开放度

主要经济体	2003	2004	2005	2006	2007	2008	2009	2010	2011	2012
中国内地（大陆）	0.265 5	0.265 5	0.265 5	0.265 5	0.265 5	0.265 5	0.265 5	0.265 5	0.265 5	0.265 5
美国	0.065 3	0.069 2	0.072 1	0.077 6	0.082 8	0.091 3	0.076 4	0.088 8	0.099 2	0.099 6
加拿大	0.329 4	0.332 6	0.328 1	0.313 0	0.303 4	0.307 2	0.242 6	0.249 1	0.266 3	0.260 9
英国	0.165 8	0.159 1	0.167 7	0.182 6	0.156 4	0.174 9	0.162 4	0.181 3	0.197 3	0.195 1
意大利	0.196 4	0.202 7	0.208 4	0.222 9	0.235 2	0.234 7	0.192 4	0.217 6	0.238 4	0.249 3
法国	0.201 1	0.204 2	0.205 1	0.214 3	0.211 5	0.212 0	0.183 5	0.201 9	0.211 9	0.215 3
德国	0.307 8	0.332 6	0.355 4	0.390 8	0.406 6	0.412 1	0.353 3	0.402 4	0.434 7	0.444 5
俄罗斯	0.315 9	0.310 0	0.319 1	0.306 6	0.272 7	0.284 0	0.249 5	0.270 6	0.282 1	0.271 4
印度	0.103 0	0.108 9	0.122 0	0.130 6	0.127 5	0.153 5	0.126 1	0.134 6	0.157 6	0.156 5
中国香港	1.416 7	1.568 9	1.628 9	1.672 2	1.670 7	1.695 9	1.414 7	1.626 1	1.688 5	1.694 7
新加坡	1.681 9	1.766 6	1.854 0	1.883 4	1.708 6	1.810 5	1.588 2	1.659 6	1.699 8	1.636 5
日本	0.104 1	0.115 8	0.124 4	0.141 3	0.155 4	0.154 2	0.107 9	0.132 7	0.133 8	0.129 4
韩国	0.310 2	0.360 3	0.343 1	0.353 5	0.371 3	0.466 7	0.429 5	0.454 7	0.494 3	0.478 3
巴西	0.132 3	0.145 4	0.134 1	0.126 5	0.117 5	0.119 7	0.094 4	0.094 3	0.103 4	0.107 8

主要经济体	2003	2004	2005	2006	2007	2008	2009	2010	2011	2012
南非	0.230 1	0.220 2	0.227 7	0.252 2	0.267 1	0.314 4	0.235 1	0.235 7	0.252 3	0.239 5
中国台湾	0.484 6	0.536 3	0.543 9	0.594 6	0.627 1	0.636 9	0.538 7	0.636 5	0.658 3	0.629 3
澳大利亚	0.126 5	0.128 7	0.140 9	0.153 2	0.144 7	0.180 0	0.153 2	0.166 4	0.179 2	0.165 1
新西兰	0.201 6	0.201 5	0.193 2	0.205 2	0.201 1	0.235 9	0.212 4	0.222 8	0.235 3	0.220 3
马来西亚	0.915 7	0.977 0	0.988 0	0.989 1	0.910 5	0.865 3	0.781 2	0.807 3	0.795 0	0.751 0
泰国	0.513 7	0.550 2	0.579 8	0.579 3	0.577 6	0.604 3	0.540 1	0.561 7	0.592 7	0.578 5
菲律宾	0.421 2	0.424 6	0.390 6	0.380 7	0.331 5	0.277 0	0.223 4	0.254 3	0.170 6	0.185 1
墨西哥	0.235 6	0.248 2	0.253 7	0.263 8	0.263 5	0.267 3	0.261 3	0.290 0	0.303 0	0.317 0
挪威	0.305 3	0.319 2	0.342 8	0.360 6	0.346 6	0.378 4	0.324 1	0.317 1	0.330 3	0.321 4
瑞士	0.351 9	0.375 6	0.389 6	0.408 7	0.440 5	0.455 6	0.400 8	0.464 2	0.485 8	0.489 2
波兰	0.280 8	0.322 8	0.317 6	0.343 2	0.340 5	0.333 0	0.327 4	0.352 5	0.379 1	0.386 4
印度尼西亚	0.273 1	0.275 5	0.304 3	0.284 0	0.273 6	0.273 6	0.222 4	0.223 2	0.237 4	0.214 0

资料来源：依据一国或地区的商品与服务贸易进出口总额及其 GDP 的比值计算得出。

附表 8-1　2002—2015 年世界、中国与美国文化产品在全球市场的进出口贸易额

单位：亿美元

区域范围	进出口情况	2002	2003	2004	2005	2006	2007	2008	2009	2010	2011	2012	2013	2014	2015
世界	出口	2 084.93	2 320.26	2 631.94	2 915.92	3 174.13	4 006.20	4 391.72	3 772.84	4 197.66	4 915.36	5 198.94	5 317.88	5 771.91	5 097.53
世界	进口	2 274.69	2 490.01	2 811.85	3 126.81	3 332.89	4 312.10	4 588.75	3 739.31	4 200.74	4 638.45	4 656.30	4 673.86	4 906.24	4 543.95
中国	出口	320.00	381.80	450.56	548.51	618.98	776.32	902.89	797.15	1 017.75	1 290.33	1 506.45	1 666.20	1 914.10	1 685.07
中国	进口	25.34	29.91	32.97	36.10	39.70	94.40	98.56	93.77	113.73	140.54	141.14	139.71	145.07	147.77
美国	出口	172.37	178.87	201.25	231.10	267.84	352.78	375.46	324.51	339.02	362.25	377.91	389.95	415.22	405.04
美国	进口	687.39	707.01	769.68	835.07	880.72	991.22	934.17	742.48	846.12	864.19	875.74	919.19	969.37	1 057.41

注：相关数据按照现行价格和汇率计算，数据采取四舍五入；出口与进口统计口径及方法存在差异，从而导致世界进口额与出口额不等，下同。

数据来源：根据 UNCTAD 统计数据整理。

附表 8-2　2002—2015 年中国与美国文化产品双边贸易市场进出口额

单位：亿美元

区域范围	进出口情况	2002	2003	2004	2005	2006	2007	2008	2009	2010	2011	2012	2013	2014	2015
中国	出口	119.93	136.65	156.43	180.33	202.92	245.32	266.34	229.39	286.13	326.30	347.27	369.41	376.36	434.46
中国	进口	2.60	3.07	2.96	3.69	4.65	7.11	8.47	9.08	10.51	12.51	14.42	13.66	13.46	12.85
美国	出口	1.56	1.52	1.94	2.31	2.63	5.43	6.27	5.86	9.40	12.21	10.14	10.17	11.21	11.67
美国	进口	296.09	340.54	377.98	420.89	451.49	518.16	517.24	425.86	487.11	479.03	482.50	493.33	514.02	555.15

附表 8-3　2002—2015 年中国出口美国的 7 类文化产品贸易额

单位：亿美元

产品类型	2002	2003	2004	2005	2006	2007	2008	2009	2010	2011	2012	2013	2014	2015
总体文化产品	119.93	136.65	156.43	180.33	202.92	245.32	266.34	229.39	286.13	326.30	347.27	369.41	376.36	434.46
工艺品	12.75	14.52	15.54	17.22	18.64	21.94	23.27	19.06	22.66	29.06	34.58	36.71	38.03	44.25
视听	0.36	0.61	0.79	0.67	0.45	1.55	1.31	1.01	1.03	1.19	0.37	0.30	0.27	2.39
设计	85.35	99.50	114.41	132.08	147.23	162.17	170.66	155.25	199.56	226.93	232.45	255.60	269.28	303.81
新媒体	7.93	6.97	8.22	11.66	15.95	37.83	48.10	32.49	35.43	33.20	35.16	36.56	33.90	43.02
表演艺术	1.96	2.41	3.11	3.27	3.00	3.47	4.52	3.03	3.72	4.05	4.18	4.10	4.28	4.63
出版	1.31	1.79	2.50	3.05	4.03	5.65	6.96	6.49	7.51	7.90	8.14	8.82	9.01	9.47
视觉艺术	10.27	10.85	11.85	12.37	13.61	12.71	11.51	12.06	16.23	23.97	32.39	27.33	21.58	26.88

资料来源：根据 UNCTAD 网站（http://unctadstat.unctad.org/）公布资料整理，按照现行物价和汇率水平计算的美元来衡量。

附表 8-4　2002—2015 年中国出口美国的 7 类文化产品贸易比重

单位:%

产品类型	2002	2003	2004	2005	2006	2007	2008	2009	2010	2011	2012	2013	2014	2015
工艺品	10.63	10.63	9.94	9.55	9.19	8.94	8.74	8.31	7.92	8.91	9.96	9.94	10.10	10.19
视听	0.30	0.44	0.51	0.37	0.22	0.63	0.49	0.44	0.36	0.37	0.11	0.08	0.07	0.55
设计	71.17	72.81	73.14	73.25	72.56	66.11	64.08	67.68	69.74	69.55	66.94	69.19	71.55	69.93
新媒体	6.62	5.10	5.25	6.47	7.86	15.42	18.06	14.16	12.38	10.17	10.12	9.90	9.01	9.90
表演艺术	1.63	1.76	1.99	1.81	1.48	1.41	1.70	1.32	1.30	1.24	1.20	1.11	1.14	1.07
出版	1.10	1.31	1.60	1.69	1.98	2.30	2.62	2.83	2.63	2.42	2.34	2.39	2.39	2.18
视觉艺术	8.56	7.94	7.58	6.86	6.71	5.18	4.32	5.26	5.67	7.35	9.33	7.40	5.73	6.19

附表 8-5　2002—2015 年美国出口中国的 7 类文化产品贸易额

单位：亿美元

产品类型	2002	2003	2004	2005	2006	2007	2008	2009	2010	2011	2012	2013	2014	2015
总体文化产品	1.56	1.52	1.94	2.31	2.63	5.43	6.27	5.86	9.40	12.21	10.14	10.17	11.21	11.67
工艺品	0.21	0.22	0.42	0.44	0.37	0.24	0.23	0.18	0.17	0.17	0.16	0.14	0.16	0.18
视听	0.19	0.20	0.21	0.25	0.26	1.59	1.46	1.44	1.54	1.60	1.76	2.09	2.21	2.21
设计	0.35	0.38	0.51	0.60	0.83	1.25	1.18	1.30	1.58	2.51	3.20	3.11	4.63	4.83
新媒体	0.19	0.20	0.18	0.37	0.31	1.33	1.91	1.72	4.67	5.92	3.08	2.75	1.57	1.91
表演艺术	0.03	0.04	0.04	0.06	0.06	0.10	0.11	0.10	0.09	0.15	0.12	0.10	0.12	0.16
出版	0.31	0.35	0.37	0.42	0.50	0.50	0.55	0.58	0.92	1.01	1.04	1.13	1.11	1.29
视觉艺术	0.28	0.13	0.22	0.16	0.29	0.42	0.84	0.54	0.43	0.85	0.79	0.85	1.40	1.10

附表 8-6 2002—2015 年美国出口中国的 7 类文化产品贸易比重

单位：%

产品类型	2002	2003	2004	2005	2006	2007	2008	2009	2010	2011	2012	2013	2014	2015
工艺品	13.63	14.65	21.48	18.84	14.22	4.38	3.72	3.15	1.84	1.37	1.55	1.36	1.40	1.55
视听	11.85	12.89	10.62	10.90	10.04	29.25	23.23	24.60	16.36	13.09	17.33	20.51	19.72	18.92
设计	22.46	24.81	26.06	25.93	31.57	23.02	18.76	22.21	16.79	20.57	31.51	30.60	41.35	41.37
新媒体	12.39	13.22	9.08	16.09	11.79	24.56	30.54	29.26	49.65	48.49	30.34	27.05	13.97	16.33
表演艺术	1.74	2.67	2.08	2.81	2.11	1.88	1.70	1.63	0.97	1.25	1.21	0.98	1.11	1.34
出版	19.76	23.20	19.28	18.33	19.10	9.18	8.71	9.95	9.81	8.26	10.28	11.11	9.94	11.05
视觉艺术	18.17	8.56	11.40	7.11	11.17	7.73	13.35	9.20	4.58	6.98	7.78	8.39	12.49	9.45

附表 8-7 2002—2015 年中国与美国文化产品产业内贸易指数

产品类型	2002	2003	2004	2005	2006	2007	2008	2009	2010	2011	2012	2013	2014	2015
总体文化产品	0.041 3	0.043 9	0.037 2	0.040 1	0.044 8	0.056 4	0.061 6	0.076 2	0.070 9	0.073 9	0.079 7	0.081 2	0.079 1	0.082 1
工艺品	0.012 1	0.011 6	0.014 0	0.010 8	0.013 1	0.012 6	0.012 2	0.014 0	0.013 4	0.011 1	0.010 6	0.014 1	0.012 5	0.014 2
视听	0.412 2	0.587 1	0.625 4	0.439 4	0.278 6	0.485 4	0.370 3	0.288 2	0.276 5	0.311 6	0.215 7	0.275 3	0.249 1	0.287 6
设计	0.004 3	0.004 9	0.004 6	0.004 5	0.004 5	0.005 8	0.007 0	0.007 9	0.010 3	0.012 5	0.014 3	0.015 6	0.013 8	0.014 8
新媒体	0.176 2	0.209 8	0.078 1	0.011 1	0.025 2	0.034 9	0.037 0	0.064 5	0.058 7	0.132 8	0.109 7	0.125 1	0.127 6	0.133 2
表演艺术	0.003 8	0.004 6	0.005 5	0.009 7	0.009 9	0.007 3	0.011 6	0.017 1	0.022 0	0.021 3	0.024 1	0.032 1	0.027 4	0.028 7
出版	0.312 1	0.387 9	0.321 5	0.414 3	0.408 7	0.283 6	0.245 1	0.272 9	0.359 7	0.384 9	0.400 8	0.412 5	0.414 2	0.427 8
视觉艺术	0.005 1	0.004 6	0.005 4	0.008 5	0.019 3	0.008 3	0.012 4	0.033 6	0.017 3	0.013 9	0.010 4	0.011 7	0.021 0	0.019 8

资料来源：依据 Grubel-Lloyd 指数计算。

后　记

　　本书是我在上海交通大学安泰经济与管理学院应用经济学博士后流动站期间发表的系列文化贸易文章的基础上深化拓展而成，相关成果先后在《国际贸易问题》《国际经贸探索》《江西社会科学》和《江苏社会科学》等期刊上发表。初期成果只是针对文化贸易的某一领域问题的研究，本书则是近年来我对文化贸易尤其是对中国文化产品出口问题的思考形成的较为完整的系统研究，以期对该领域的研究有边际理论贡献。

　　在站过程中我得到了上海交通大学安泰经济与管理学院诸多教授的悉心指导，他们都是国内学界大家，能够将深奥且富有哲理的句子用深入浅出的语言表述出来，达到"上传高层以决策，下达基层以实践"的至臻境界，对吾辈专心科研、投身教育、奋发努力起到了很好的方向指引和目标鞭策之作用。在此，特向前辈们致以最诚挚的敬意与感谢！

　　同时，还要感谢所有支持和帮助过我的领导、老师和同学，以及我的家人；感谢上海交通大学安泰经济与管理学院应用经济学博士后流动站带给我的弥足珍贵的经历；感谢上海这座大气而不失细腻生活，且钟灵毓秀充满人文气息的城市！

　　因写作水平及时间有限，书中疏漏之处在所难免，还请广大专家学者批评指正。

　　以往不谏，来者可追！我将以自强不息的精神，投身自己所热衷的教育事业！

王洪涛

2023 年 2 月 20 日